GÜNTER OGGER

Das Kartell der Kassierer

Günter Ogger

Das Kartell der Kassierer

Die Finanzbranche macht Jagd auf unser Geld

Droemer Knaur

Die Deutsche Bibliothek – CIP-Einheitsaufnahme

Ogger, Günter:
Das Kartell der Kassierer: die Finanzbranche
macht Jagd auf unser Geld / Günter Ogger. –
München: Droemer Knaur, 1994
ISBN 3-426-26734-9

Die Folie des Schutzumschlags sowie die Einschweißfolie
sind PE-Folien und biologisch abbaubar.
Dieses Buch wurde auf chlor- und säurefreiem Papier gedruckt.

Umschlaggestaltung: Agentur ZERO, München
Umschlagfoto: Bavaria/Keute, Gauting
Satzarbeiten: Ventura Publisher im Verlag
Druck und Bindung: Mohndruck, Gütersloh
Printed in Germany
ISBN 3-426-26734-9

10 9 8 7 6

Inhalt

Die Banken

1.

Ein feiner Verein

Sie ist das Feinste vom Feinen, das Zentrum der Macht. Turmhoch überragt die Finanzwirtschaft die Niederungen der Industrie und des Handels. Denn sie verwaltet das Allerheiligste des Kapitalismus: das Kapital.

Ehrfurcht befällt daher nicht nur den sprichwörtlichen kleinen Mann, wenn er die imponierenden Pforten der Geldtempel durchschreitet. Selbst gestandene Unternehmer verspüren allzuoft ein mulmiges Gefühl in der Magengegend, wenn sie ihren Bankiers gegenübersitzen. Die Herren des Geldes sind unangreifbar. Sie verfügen über das im Überfluß, was den meisten von uns fehlt. Sie beherrschen die Kunst, ihren Reichtum zu mehren, ohne neue Werte zu schaffen. Sie agieren wie Hochseilartisten in einer uns fremden Welt voller komplizierter Regeln und Wagnisse. Und viele von uns haben gelernt: Am Ende gewinnt immer die Bank.

Während die Industrie schwer angeschlagen durch die Rezession dümpelt und sich nur mit Massenentlassungen und rigiden Sparprogrammen über die Runden retten kann, durchpflügen die Banken und Versicherungskonzerne das Konjunkturtal wie Luxusliner, denen nichts und niemand etwas anhaben kann.

Keine andere Branche verdient so dauerhaft gut wie die Finanzwirtschaft. Aktien der Banken und Versicherungskonzerne zählen deshalb seit Jahrzehnten zu den Favoriten der Börsianer. Scheinbar unaufhaltsam mehren die Geldhäuser ihr Vermögen, ihre Macht und ihren Einfluß. Viel ist über die Macht der Banken geschrieben, zahl-

reiche Initiativen zur Begrenzung dieser Macht sind gestartet worden – doch bisher war noch jeder Versuch zum Scheitern verurteilt.
Banken und Versicherer beherrschen über direkte Beteiligungen wie über das von ihnen vertretene Kapital ihrer Kunden den größten Teil der deutschen Industrie. Ihre Vertreter in den Aufsichts- und Beiräten bestimmen bei nahezu allen Großunternehmen die Geschäftspolitik. Sie entscheiden über die Besetzung der Vorstandsposten und damit über den Gang der Geschäfte. Und der hat sich logischerweise ganz nach den Interessen der Geldgeber zu richten.

Kleinvieh macht Mist

Doch viel bedrohlicher als die Bankenmacht über die Wirtschaft ist mittlerweile der hemmungslose Expansionsdrang des Geldgewerbes für seine Kundschaft. Haben es die Finanzprofis in den Firmen immerhin noch mit ausgebildeten Unternehmern und Managern zu tun, so fällt es ihnen bei privaten Kunden meist viel leichter, ihren Vorteil zu wahren. Und weil das Großgeschäft mit Konzernen und Staaten nicht mehr so stürmisch wächst wie früher, konzentrieren sie sich stärker auf die Masse der kleinen Kunden. »Kleinvieh macht auch Mist«, pflegte beispielsweise Eckard van Hooven, im Vorstand der Deutschen Bank lange Jahre zuständig für das Privatkundengeschäft, seinen Vorstandskollegen einzubleuen.
Der Großangriff der Finanzwirtschaft auf die Geldbeutel der kleinen Leute ist in vollem Gang. Er läuft unter dem Kennwort »Allfinanz« und wird geführt von zwei mächtigen Heeren. Zusammen zählen sie nach der letzten Statistik 965469 Köpfe. Die Infanterie der Banken, Versicherungen, Bausparkassen und Investmentfonds in den Schalterhallen und Verwaltungssilos der Geldkonzerne wird verstärkt von mobilen Einsatzkommandos aus Hunderttausenden Versicherungsvertretern und »Finanzberatern«. Dieser gewaltige Apparat, doppelt so stark wie Napoleons »Grande Armée« beim Marsch auf Moskau, tarnt sich als »Dienstleistungsunternehmen«. Doch in Wirklichkeit kennt er nur ein Ziel: Er will an Ihr Geld.

Natürlich ist die Finanzwirtschaft, zu der auch Rechtsanwälte, Steuerberater, Bauträger und Vertriebsgesellschaften gehören, nicht im eigentlichen Sinn mafios. Sie erpreßt keine Schutzgelder und läßt ihre Gegner im allgemeinen am Leben. Die meisten ihrer Mitglieder sind nichts weiter als brave Angestellte, die einmal jährlich um ein paar Prozent mehr Gehalt streiten. Den wenigsten von ihnen ist bewußt, daß sie Teil einer bedrohlichen Maschinerie sind, deren Macht sich in immer weniger Händen konzentriert und die sich anschickt, die totale Kontrolle über das Einkommen und Vermögen einer der reichsten Nationen der Erde zu übernehmen.
Das Allfinanzkonzept, das Banken und Versicherungskonzerne zunächst entzweite, führt mittlerweile zu einer neuen, beispiellosen Konzentrationswelle im Finanzbereich. Die Assekuranz kauft sich zielstrebig ins Bankgewerbe ein, und die Geldhäuser ziehen sich Versicherer, Bausparkassen und Immobiliengesellschaften an Land. Am Ende werden sich allenfalls einige wenige Riesenkonzerne gegenüberstehen, die den gesamten Geld-, Versicherungs- und Immobilienverkehr der Nation beherrschen. Sie werden uns alle so vollkommen abhängig machen, daß wir nicht die geringste Chance mehr haben, ihren Pressionen zu entgehen.

Machtlos gegen die Giganten

Bescherte das Universalbankensystem bisher schon den deutschen Geldhäusern eine beispiellose Machtfülle – in den USA und den meisten anderen Industrieländern dürfen die einzelnen Banken immer nur Teilbereiche des gesamten Geldgeschäfts betreiben –, so erlangen sie durch das Allfinanzkonzept eine die übrige Volkswirtschaft erdrückende Dominanz.
Wenn sich zum Beispiel Deutschlands größter Versicherer, die Allianz-Gruppe, der unter anderem auch die Münchner Rückversicherung, die Deutsche Krankenversicherung und andere millionenschwere Beteiligungen gehören, nun auch noch einen beherrschenden Einfluß auf Deutschlands zweitgrößtes Geldinstitut, die Dresdner

Bank, und die ertragsstarke Münchner Hypo-Bank sichern darf, entsteht hier ein Finanzmoloch, der kraft seiner schieren Größe jeden Widerstand erdrücken kann.
Nicht minder stark ist die Deutsche Bank, die bereits weite Teile der Industrie und des Handels kontrolliert und sich nun auch noch zielstrebig ins Versicherungsgeschäft drängt, indem sie Branchengrößen wie den Kölner Gerling-Konzern oder den Deutschen Herold in Bonn aufkaufte. Die Marktmacht der Finanzriesen erstickt den Wettbewerb und degradiert die Kunden zu wehrlosen Opfern, die jeden noch so dreisten Griff in ihre Taschen erdulden müssen.
Den krakenhaft langen Armen der Geldkonzerne kann keiner entgehen, der in Deutschland Einkünfte bezieht, Vermögen hat, Kredite benötigt, ein Dach über dem Kopf haben möchte oder sich gegen die Wechselfälle des Lebens absichern will. Wer immer ein Konto eröffnet, einen Sparvertrag abschließt, Wertpapiere ordert, ein Schließfach eröffnet, einen Bausparvertrag unterzeichnet oder auch nur eine Kreditkarte beantragt, landet mit seinen persönlichen Daten im Computerspeicher irgendeines Finanzkonzerns. Deren Angestellte wissen oft mehr über unsere materiellen Verhältnisse als wir selber.

Der gläserne Kunde

Der gläserne Bürger, Horrorvision aus dem Roman *1984* des britischen Utopisten George Orwell, ist zehn Jahre später für die deutschen Allfinanzkonzerne längst alltägliche Realität geworden. Die ausgefuchsten Such- und Analyseprogramme der zu gigantischen Netzwerken verknüpften Rechner der Bank- und Versicherungskonzerne sind in der Lage, in Sekundenschnelle ein sogenanntes Finanzprofil von jedem einzelnen Kunden zu ermitteln.
Wenn sie wollen, können die Herren des Geldes ganz genau feststellen, welche Käufe wir mit unserer Kreditkarte getätigt haben, wie hoch unsere Schulden bei den verschiedenen Instituten sind, ob wir unsere Steuern pünktlich zahlen und was wir an Vermögenswerten besitzen. Genauer als das Finanzamt wissen Banken und Versicherer

über unsere materiellen Verhältnisse Bescheid, und im brutaler werdenden Konkurrenzkampf der Geldgiganten nutzen sie dieses Wissen auch immer schamloser aus. Die totale Computerisierung des Geldverkehrs macht jeden Zahlungsvorgang transparent.

Wo immer eine Mark den Besitzer wechselt – die Bank weiß Bescheid. Wo sich Vermögen ansammelt, wo Bares gehortet, Aktien ins Depot gelegt, Kredite aufgenommen oder Schulden eingetragen werden – nichts bleibt den Finanzverwesern verborgen. So ist es kein Zufall, daß sie stets als erste am Ball sind, wenn es irgendwo etwas zu verdienen gibt. Nicht selten nützen Banken und Versicherer ihren Vorsprung, um auf eigene Rechnung jene Geschäfte zu machen, die von ihren Kunden angekurbelt wurden. Zahlreich sind die Fälle plötzlicher Kreditkündigungen, die selbständige Unternehmer zur wehrlosen Beute von Konzernen machten.

Kein Wunder, daß die Gewinne der Banken explodieren. Mitten in der Rezession, da kaum ein Industriebetrieb noch kostendeckend arbeitet, weisen die Bilanzen der Geldkonzerne Profitzuwächse von 20 Prozent und mehr aus. Und wer Bankbilanzen kennt, weiß, daß sie mehr Verstecke enthalten als jeder Fuchsbau. Wenn also schon das, was sich beim besten Willen nicht mehr verbergen ließ, ausreicht, eine öffentliche Diskussion über die Höhe der Bankgewinne in Gang zu setzen – wie hoch müssen dann die tatsächlichen Erträge der Finanzwirtschaft wohl sein?

Offenbar treibt manchen der Bankenvorstände mittlerweile das schlechte Gewissen um. Wie anders ist die seltsame Rechtfertigung zu erklären, die etwa Hilmar Kopper, Primus der Deutschen Bank, Anfang Dezember 1993 bei der Bilanzkonferenz seines Instituts in Frankfurt abgab? »Die Deutschen«, meinte der Deutsch-Bankier, »sollten froh sein, daß sie noch Unternehmen haben, die Gewinne machen.« Die Diskussion über die Bankgewinne sei provinziell und typisch deutsch.

Wie Banken die Wirtschaft beherrschen

Tatsächlich scheffelte allein die Deutsche Bank zu den offen als Betriebsergebnis ausgewiesenen 4,2 Milliarden Mark mindestens weitere 2,5 Milliarden, die sie als »Risikovorsorge« in die Reserven steckte, in ihre Kassen, und kaum schlechter sieht es bei den anderen Konzernen des Geldgewerbes aus. Die Bayerische Vereinsbank zum Beispiel brüstet sich, daß sie das »operative Ergebnis pro Mitarbeiter« von 1990 bis 1992 um satte 59,2 Prozent steigern konnte. Zwischen 1989 und 1993 legte bei den deutschen Großbanken das Teilbetriebsergebnis um 50 bis 100 Prozent zu.

Übereinstimmend zeigt sich bei den Großen des Kreditgewerbes der gleiche Trend: die höchsten Gewinnzuwächse werden im Geschäft mit den Privatkunden und im sogenannten »Eigenhandel« der Banken erzielt. Das bedeutet: Sie kassieren ihre Kunden ab, wo immer sie können, und spekulieren auf Teufel komm raus mit Aktien, Anleihen und, in immer stärkerem Maß, den sogenannten Finanzderivaten, während sie gleichzeitig massenhaft Leute entlassen, Filialen schließen, ihren Service ausdünnen und Kosten einsparen.

Beängstigend ist die Macht, die die Geldkonzerne über die gesamte deutsche Wirtschaft ausüben. Abgesehen von dem Einfluß, den sie über die Vergabe von Krediten und durch die Ausübung des ihnen von den Aktionären übertragenen Depotstimmrechts ausüben, halten sie direkte Beteiligungen von jeweils mehr als zehn Prozent des Kapitals an insgesamt 4802 anderen Unternehmen. Fast keiner der deutschen Großkonzerne in Industrie und Handel ist unabhängig, in den Aufsichtsräten geben die Abgesandten von Banken und Versicherungskonzernen den Ton an. Und das bekommt den Unternehmen immer schlechter.

Selbst Tyll Necker, der Präsident des Bundesverbandes der Deutschen Industrie, gibt mittlerweile zu: »Viele Räte sind überfordert. Sie haben keine Zeit, ihrer Überwachungspflicht zu genügen.« Die überforderten Räte aus dem Kreditgewerbe sind denn auch wesentlich mitschuldig an den schlechten Leistungen deutscher Industrieunternehmen. Ihr Interesse gilt stets nur der Sicherung ihrer Kredite, nicht so

sehr der langfristigen Strategie der von ihnen beaufsichtigten Unternehmen.
Unter der Allmacht der überforderten Räte konnten sich überall in den Vorständen die »Nieten in Nadelstreifen« einnisten, die unsere Industrie so ineffizient, risikoscheu und innovationsschwach machten. Doch während sie mit ihrem extremen Sicherheitsdenken, ihrer Inkompetenz in Sachfragen und ihrer zu geringen Menschenkenntnis die Industrie lähmten, verwandelten manche Bankvorstände ihre Häuser in Beinahe-Spielkasinos.

Riskantes Spiel mit Finanzderivaten

Getrieben von der immerwährenden Gier nach höheren Gewinnen, begaben sich nahezu alle größeren deutschen Banken und Sparkassen aufs spiegelglatte Parkett des weltumspannenden Handels mit sogenannten Finanzderivaten. Darunter versteht man Wertpapiere, die eigentlich keine sind, sondern lediglich Wetten auf die künftige Entwicklung von Zinsen, Aktien- und Devisenkursen. Diese Finanztitel, zusammenfassend auch »Futures« genannt, werden per Computer in solch gigantischen Mengen gehandelt, daß mittlerweile selbst Funktionäre wie der neue Sparkassenpräsident Horst Köhler zu Besonnenheit mahnen.
Allein im Handel mit Währungen wie dem US-Dollar, dem japanischen Yen, der deutschen Mark oder dem englischen Pfund werden pro Tag rund 1 000 Milliarden Dollar umgesetzt. Und bei den meisten dieser Geschäfte besitzt weder der Käufer noch der Verkäufer den tatsächlichen Betrag. Da es sich um Geschäfte handelt, die erst in der Zukunft fällig werden, genügt zum Abschluß des Geschäfts ein Einschuß (Margin) von fünf bis zehn Prozent, um den Kontrakt abzuschließen. Finanzderivate sind Kontrakte, die dem Inhaber das Recht geben, irgendwann in der Zukunft eine Aktie, eine Anleihe, eine Währung oder eine Ware zu einem bestimmten Preis zu kaufen oder zu verkaufen.
Das weltweite Geschäft mit diesen Zukunftspapieren hat sich in den

vergangenen fünf Jahren versechsfacht, seinen Umfang schätzen Fachleute auf mindestens 10000 Milliarden Dollar pro Jahr. Niemand vermag mehr zu kontrollieren, ob diesen unzähligen Kontrakten, die da jeden Tag per Computer von Bank zu Bank in Sekundenschnelle abgeschlossen werden, noch reale Werte zugrunde liegen. Und in diesem windigen Geschäft, in dem traditionell amerikanische und britische Banken den Ton angeben, mischen die deutschen Geldhäuser immer kräftiger mit.

Doch während sie in ihren Bilanzen die realisierten Gewinne aus diesen Geschäften durchaus registrieren, bleiben die Risiken, die in den noch nicht beendeten Handelsgeschäften liegen, außen vor. Selbst der Deutschen Bundesbank sind solche Praktiken mittlerweile nicht mehr geheuer: »Die Zahlen sind abenteuerlich hoch«, warnt Direktoriumsmitglied Edgar Meister die Kollegen von der privaten Geldwirtschaft.

Waren die deutschen Banken Ende 1986 erst mit 876 Milliarden Mark an diesen sogenannten »bilanzunwirksamen« Geschäften beteiligt, so hatten sie Mitte 1993 bereits die abenteuerliche Summe von 6116 Milliarden Mark im Feuer. Das entsprach fast der gesamten Bilanzsumme aller deutschen Banken. Und nahmen die normalen Bankgeschäfte letztes Jahr gerade um 6,8 Prozent zu, so steigerten die Geldhäuser den Terminhandel mit Devisen und Wertpapieren fast um 20 und die Geschäfte mit Finanzderivaten um abenteuerliche 50 Prozent.

»Der Ausfall einer einzigen Bank könnte zu einem katastrophalen Dominoeffekt führen, der das ganze Bankensystem bedroht«, sorgt sich mittlerweile der ehemalige Präsident der New Yorker Notenbank, Gerald Corrigan. Doch die deutschen Finanzmanager wiegeln ab: »Die Kunst des Bankiers besteht im Managen der Risiken«, befindet Rolf-E. Breuer, im Vorstand der Deutschen Bank für das Wertpapiergeschäft zuständig.

Spielkasino auf der einen, brutale Ausbeutung der Kunden auf der anderen Seite – wen wundert es da noch, daß das Image der Banken auf den Nullpunkt zusteuert? Als der Privatsender RTL im Juli 1993 per TED-Umfrage von den Zuschauern wissen wollte, ob sie ihrer Bank vertrauen, antworteten 82 Prozent glatt mit »Nein«. Nicht besser

sieht das Zeugnis aus, das die vom Forsa-Institut im Auftrag der Wochenzeitung *Die Woche* befragten Deutschen Ende 1993 den Geldhäusern ausstellten. Auf die Frage »Sind die Gewinne zu hoch?« antworteten 62 Prozent mit Ja. 71 Prozent hielten die Kreditzinsen für zu hoch und 73 Prozent die Guthabenzinsen für zu niedrig.
So vermittelt die deutsche Finanzwirtschaft Ende 1993 den Eindruck einer überaus bedrohlichen Macht, der kaum ein Bürger entkommen kann. Mit ihrer sorgfältig abgestimmten Gebühren-, Preis- und Zinspolitik, dem für Außenstehende kaum zu durchschauenden Beziehungsgeflecht zwischen Banken, Sparkassen, Investmentfonds, Versicherungskonzernen, Immobilien- und Kapitalanlagegesellschaften bietet die Finanzbranche das Bild einer geschlossenen Phalanx, die von niemandem mehr kontrolliert werden kann. Und dieser Staat im Staat nützt seine Überlegenheit an Kapital und Know-how gegenüber seinen Kunden immer schamloser aus.
Die Beute, um die es geht, kann sich sehen lassen. Ende 1993 verfügten die Deutschen über ein Geldvermögen von 3500 Milliarden Mark. Davon lagen gut 47 Prozent oder 1600 Milliarden auf Spar-, Giro- oder Festgeldkonten, weitere 1000 Milliarden schlummerten in den Tresoren der Lebensversicherungen und knapp 900 Milliarden in etwa 15 Millionen Wertpapierdepots. Vier Fünftel dieses riesigen Geldhaufens sind zinsbringend angelegt. Die Eigentümer kassierten letztes Jahr, bei einer Durchschnittsrendite von sechs Prozent, über 170 Milliarden Mark an Zinsen und Dividenden. Nur vier Prozent des Geldvermögens entfallen auf Aktien.
Die Geld- und Wertpapierbestände einschließlich der bei den Lebensversicherungen aufgelaufenen Guthaben aber machen noch nicht mal die Hälfte des gesamten deutschen Volksvermögens aus. Mehr als 5000 Milliarden Mark sind die Häuser, Grundstücke und Industrieanlagen wert, die zwischen Füssen und Flensburg herumstehen. Das in diesen Häusern und Garagen zwischengelagerte »Gebrauchsvermögen«, und dazu zählt alles, vom Auto bis zum Tafelsilber, taxieren die Bundesbanker auf weitere 1000 Milliarden, so daß sich bei den westdeutschen Privathaushalten, nach Zeitwerten bilanziert, ein Gesamtvermögen von rund 9500 Milliarden Mark angesammelt haben dürfte.

Da die gesamten Schulden gleichzeitig nur etwa 1500 Milliarden Mark ausmachen, bleibt unterm Strich ein Nettowert von gut 8000 Milliarden Mark.
Und das ist der Knochen, um den sich Banken, Versicherer, Immobiliengesellschaften, Investmentfonds und all die anderen Mitglieder aus dem Kartell der Kassierer balgen. Denn ein erheblicher Teil dieser gewaltigen Vermögensmasse steht in den nächsten Jahren zur Disposition. Bis zum Jahr 2000 werden nämlich, nach Schätzungen der Demographen, Vermögenswerte von fast 3000 Milliarden Mark vererbt. Die Masse schwillt von Jahr zu Jahr gewaltig an. Gingen zum Beispiel 1990 erst 150 Milliarden Mark an die nachfolgende Generation über, waren es 1992 bereits 250 Milliarden.
Den Anstieg bewirken zum einen die wachsenden Geldvermögen pro Haushalt, zum anderen die zunehmende Vergreisung der Republik. So erhöhte sich der durchschnittliche Wert einer Erbschaft von etwa 150 000 Mark im Jahr 1991 auf etwa 250 000 Mark bis Ende 1993. Schon heute ist bereits jeder fünfte Deutsche über 65 Jahre alt, und im Jahr 2020 werden die über 60jährigen ein Drittel der Gesellschaft ausmachen. Die Erben sind denn auch die bevorzugten Kunden der Finanzindustrie. Jung, unerfahren und speziell in Geldangelegenheiten oft reichlich naiv, werden sie leicht zur Beute gerissener Anlageberater, Versicherungsvertreter oder Immobilienhaie.
Größter Gewinner unter all den Absahnern ist jedoch der Staat, denn er hält bei jedem der bis zum Jahr 2000 erwarteten 1,7 Millionen Erbfälle die Hand auf. Schon in den vergangenen Jahren verdoppelten sich die Einnahmen aus der Erbschaftssteuer seit 1985 auf dreieinhalb Milliarden Mark im Jahr 1993. Oft zahlen die Erben zuviel Steuern, weil der Verstorbene falsch disponierte, beim Testament Fehler machte oder gar keines hinterließ.
Ungeschickte Erblasser verhalfen nicht nur dem Fiskus, sondern auch mancher Bank, Kapitalanlage- und Versicherungsgesellschaft zu netten Zugewinnen, etwa wenn keine Erben aufzufinden waren oder diese sich nicht über die Aufteilung des Vermögens einigen konnten. Dann verdienten sich allerdings auch oft Rechtsanwälte, Notare und Steuerberater eine goldene Nase. Schon haben Banken die Markt-

lücke entdeckt und schlüpfen in immer größerer Zahl in die Rolle des Testamentsvollstreckers, indem sie sich ihren reichen Kunden rechtzeitig vor dem Ableben als Helfer in Sachen Zukunftssicherung andienen.

Gegenüber den Erben haben sie dann als Vollstrecker des Letzten Willens eine dominierende Stellung, die sie nicht selten weidlich ausnützen. Testamentsvollstrecker können nicht bloß für unbedarfte Erben zur Plage werden, manchmal leiden sogar berühmte Unternehmen unter ihrer Ägide. Seit etwa der Hamburger Rechtsanwalt Bernhard Servatius als Testamentsvollstrecker des Hamburger Großverlegers Axel Springer die Geschicke des größten deutschen Zeitungshauses bestimmt, geht es mit dem einst erfolgreichen Unternehmen rapide bergab.

Auch der Hamburger Tabakwarenkonzern Reemtsma litt gut 20 Jahre lang unter der Herrschaft der Testamentsvollstrecker des 1959 verstorbenen Alleininhabers Philipp Fürchtegott Reemtsma. Sie kamen alle von der Deutschen Bank und wußten offenbar mit dem ihnen fremden Zigarettengeschäft nichts Rechtes anzufangen. Das einst vielgerühmte Markenprofil des Unternehmens verblaßte, die Gewinne schrumpften. Am Ende stand der Verkauf an den Tschibo-Eigner Günter Herz.

Gute Ratgeber indessen können den Erben viel Geld sparen, etwa wenn sie den Erblasser dazu bewegen, sein Geldvermögen in Immobilien zu tauschen, die zum niedrigeren Einheitswert besteuert werden, oder wenn sie ihm nahelegen, durch frühzeitiges Verschenken seines Vermögens an die Kinder und Enkel die Erbschaftssteuer vollends auszuhebeln. Alle zehn Jahre darf man zum Beispiel der Ehefrau 250 000 Mark und jedem Kind 90 000 Mark steuerfrei übertragen. Ein verheirateter 50jähriger Manager zum Beispiel kann bis zu seinem 70. Geburtstag über 1,5 Millionen an seine Ehefrau und die drei Kinder verschenken, ohne daß der Fiskus dabei eine müde Mark kassiert.

Mit Hilfe vorgezogener Schenkungen, der Einschaltungen von Stiftungen und anderer Tricks sparten superreiche Familien wie die Flicks, Oetkers, von Fincks und Henkels Hunderte von Millionen

Mark an Steuern. Wichtig ist bei all diesen Schenkungsverträgen natürlich, daß sich der Erblasser zu Lebzeiten das Verfügungsrecht über seinen Besitz nicht nehmen lassen will. Das braucht er auch nicht, wenn ein tüchtiger Steueranwalt die Verträge abfaßt. Werden dabei Fehler gemacht, unterstellt der Fiskus sofort den Versuch der Steuerhinterziehung und erklärt die Abmachung für nichtig.

Zielgruppe der Geldwirtschaft sind jedoch beileibe nicht nur die Erben. Etwa ein Drittel der bundesdeutschen Haushalte verdient noch immer so gut, daß sich auf ihren Konten immer höhere Guthaben ansammeln. Bereits Ende der achtziger Jahre verfügten rund eine Million Haushalte über ein Monatseinkommen von mehr als 10 000 Mark. Bis Ende 1993 dürfte die Zahl auf etwa 1,5 Millionen angewachsen sein. Am stärksten vertreten sind in dieser Gruppe die Selbständigen, die mit Einkünften von rund 16 000 Mark pro Monat eindeutig die Einkommenstabelle in Deutschland anführen. Sie bilden, zusammen mit den gut verdienenden Angestellten sowie den höheren Beamten, den harten Kern der Besitzenden, auf die es die Finanzindustrie in erster Linie abgesehen hat. Diese Gruppe umfaßt alles in allem etwa vier Millionen Haushalte, denen eine Streitmacht von knapp einer Million Köpfe aus der Geldbranche gegenübersteht. Sie kämpfen für 192 Banken, 303 Versicherungsgesellschaften und zahllose sonstige Finanzfirmen, darunter 51 weitere Aktiengesellschaften, um den Profit ihrer Branche.

Das typische Opfer ist männlich, 45 Jahre alt, Akademiker und selbständig. Im Zweifelsfall ist er Arzt mit eigener Praxis, Architekt oder Anwalt, verheiratet, zwei Kinder, und verfügt über ein Jahreseinkommen von etwa 250 000 Mark. Auf diesen Typ haben sich ganze Armeen von Anlageberatern, Abschreibungskünstlern, Versicherungsvertretern, Warenterminganoven, Finanzdienstleistern und Strukturvertriebsmitarbeitern eingeschossen.
Sie haben seine Lebensgewohnheiten studiert, seinen Sprachduktus geübt, sich mit seinen Familienverhältnissen vertraut gemacht, seinen beruflichen Werdegang erforscht, seine Konsumgewohnheiten regi-

striert – und das alles mit dem einen Ziel, ihn wenigstens einmal tüchtig aufs Kreuz zu legen. Im Schnitt ist ihnen das bei einem 45jährigen insgesamt etwa fünfmal geglückt. Mal mit einem Bauherrenmodell, mal mit einer überteuerten Lebensversicherung, mal mit einer Terminspekulation, mal mit den falschen Aktien und schließlich auch noch mit einer steuersparenden Ostinvestition.
Die Schadenfreude, die der sogenannte kleine Mann dabei empfinden mag, der seine Brötchen zum Beispiel in der Versandabteilung bei Siemens verdient, ist verfrüht, wie wir gleich sehen werden. Denn auch er und seinesgleichen sind längst ins Fadenkreuz der Finanzbranche gerückt, die jetzt verstärkt zur Jagd auf die sogenannten Normalverdiener bläst, nachdem das kapitale Wild gefleddert ist.

2.

Die Kontenräuber

Ohne Bankverbindung läuft nichts in der modernen Wirtschaft. Vom Auto kann man zwar aufs Fahrrad umsteigen und vom Fernseher auf den Walkman. Doch wer sein Konto kündigt, kegelt sich unwiderruflich aus dem Wirtschaftsmonopoly hinaus. Nur Penner, Kinder und Ganoven können es sich leisten, durch die Maschen des riesigen Spinnennetzes zu schlüpfen, das die Geldwirtschaft über die Nation geworfen hat.

98 Prozent aller deutschen Haushalte verfügen über ein Girokonto. Dies ist ihre Nabelschnur zur Welt des Geldes. Über diese Pipeline fließen Löhne und Gehälter, Zinsen, Tantiemen und Dividenden. Umgekehrt aber auch die meisten Zahlungen für Miete, Steuern, Unterhalt, Zeitungsabonnements, Stromverbrauch und Heizkosten. Für die Banken indes sind die Abermillionen Girokonten noch etwas ganz anderes: Löcher, durch die sie ihren Kunden in die Taschen fassen.

Listig wie einst der legendäre US-Milliardär John D. Rockefeller, der gegen Ende des letzten Jahrhunderts Tausende von Öllampen an Chinesen verschenken ließ und sie damit zu dauerhaften Kunden seiner Standard Oil Company machte, lockten Banken und Sparkassen in den sechziger und siebziger Jahren mit kostenlosem Kontenservice. Wer sich sein Salär aufs Konto überweisen ließ, statt die damals übliche Lohntüte in Empfang zu nehmen, brauchte an die Bank keinen Pfennig abzuführen. Das hat sich mittlerweile drastisch geändert.

Ein durchschnittliches Lohn- und Gehaltskonto kostet heute im Jahr zwischen 300 und 500 Mark an »Gebühren«. Damit ist aus dem einstigen Gratisartikel »Girokonto« eine Luxusware geworden, die dem Inhaber jährlich den Gegenwert eines Cashmerepullis abverlangt und den Geldhäusern eine ihrer sichersten und ergiebigsten Einnahmequellen beschert.

Möglich wurde diese beispiellose Preissteigerung durch die Trägheit, Ängstlichkeit und Wehrlosigkeit der Millionen Bankkunden auf der einen und die Tücke der Geldprofis auf der anderen Seite. Während die mündigen Bürger sonst jeden Vorteil nutzen und beim Kauf von Autos, Stereoanlagen oder Waschmaschinen mit größter Hartnäckigkeit um Rabatte feilschen, während sie unbesehen langjährigen Lieferanten von Bier, Kartoffeln oder Heizöl den Laufpaß geben, wenn ein anderer weniger verlangt, halten sie ihrer Bank oder Sparkasse aus unerklärlichen Gründen fast immer ein Leben lang die Treue. Nirgendwo sonst ist das »Markenbewußtsein« bei den Deutschen so ausgeprägt wie bei der Beziehung zum einmal gewählten Geldhaus. Und die auf Profitmaximierung getrimmten Manager der Banken und Sparkassen nutzen dies gnadenlos aus.

Die totale Computerisierung des Geldverkehrs, die den Banken und Sparkassen enorme Rationalisierungsvorteile verschaffte, diente den Kunden gegenüber als infames Argument für die Einführung der Überweisungsgebühren. Da nicht alle Banken gleichzeitig die gleichen Gebühren erheben konnten – das wäre ein Fall für das Kartellamt geworden –, hätten die Kunden in dieser Phase durch ihr Verhalten den Wettbewerb der Banken und Sparkassen zu ihren Gunsten nützen können. Sie verpaßten die Chance und mußten deshalb in der Folge immer kräftigere Gebührenerhöhungen schlucken. So wurde eine Dienstleistung, die zuvor umsonst offeriert worden war, plötzlich kostenpflichtig, obwohl sie durch die Einführung neuer Techniken eigentlich billiger erbracht werden konnte. Die Banken und Sparkassen waren ja auch schon zur Zeit des Nulltarifs keine Armenhäuser gewesen, sondern hatten recht ordentlich verdient.

Willkürliche Preise

Die vielerlei Gebühren – in Wahrheit handelt es sich nicht um Gebühren, die an irgendeine Obrigkeit abzuführen sind, sondern um ordinäre Preise, vergleichbar dem Entgelt eines Taxifahrers – bescheren den Banken und Sparkassen mittlerweile jährliche Zusatzeinnahmen in der Größenordnung von neun Milliarden Mark.

Beim Eintreiben des durch nichts gerechtfertigten Wegelagererzolls beweisen die Geldhäuser einen erstaunlichen Einfallsreichtum. Mal kassieren sie bei jedem einzelnen Zahlungsvorgang ab, mal verlangen sie Grundgebühren, mal offerieren sie Pauschalpakete, mal Kombinationen aus allen dreien. Und das hat natürlich einen Grund: Preisvergleiche sollen möglichst so erschwert werden, daß der einzelne Kunde keine Chance hat, besonders günstige Anbieter herauszufinden.

Dennoch hat die Stiftung Warentest mit Hilfe verschiedener »Modellkonten« nach komplizierten Berechnungen ermittelt, daß es zwischen den einzelnen Geldhäusern sehr wohl gravierende Preisunterschiede gibt. Beim Vergleich der Angebote von 75 Kreditinstituten ergaben sich Differenzen bis DM 500 pro Jahr, und zwar ausschließlich für reine Zahlungsvorgänge, ohne Wertpapierdepots, Kreditkosten oder ähnliche Sonderfaktoren. »Die Preise scheinen recht willkürlich festgesetzt zu sein«, notierten die Tester.

Das sind sie, ohne Frage, denn wenn die Banken ihren Gebühren fürs Girokonto eine saubere Kalkulation zugrunde legen würden, müßten sie ja auch die horrenden Zinseinnahmen dagegenrechnen, die sie aus den Guthaben erlösen, die ihre Kunden auf den Konten »stehen« lassen. Dazu ein paar Zahlen: Schon 1991 sammelte sich auf den Girokonten der Bundesbürger im Jahresdurchschnitt die Riesensumme von 250 Milliarden Mark an, die in der Hochzinsphase etwa 20 Milliarden Mark an Zinsen abgeworfen haben muß.

Die Kunden sahen davon freilich nur einen Bruchteil, denn die im Club der Diebe versammelten Geldhäuser nehmen sich die Freiheit, das auf den Girokonten geparkte Bare so gut wie nicht zu verzinsen. Allein mit den Einnahmen aus den Girozinsen hätten sie nach Mei-

nung von Fachleuten wie dem Bonner Verbraucherschützer Manfred Westphal locker die Kosten des Geldverkehrs finanzieren können.
Die bei Einführung der Lohn- und Gehaltskonten bewährte Masche verfehlte auch in der jüngsten Vergangenheit ihre Wirkung nicht. Sofort nach der deutschen Wiedervereinigung offerierten die deutschen Geldhäuser den arglosen Ossis ihren Service zum Nulltarif – und prompt stürmten die dem Sozialismus entronnenen Brüder und Schwestern im deutschen Osten die provisorisch errichteten Schalterhallen, um ihre gehorteten Bargeldschätze 1 : 1 in Westmark umzutauschen.

»Grenzen der Sittenwidrigkeit«

Daß sie sich damit unwiderruflich in die Fänge einer gnadenlos abzockenden Maschinerie begeben haben, mag den meisten von ihnen bis heute nicht recht klargeworden sein, obwohl die Gratiszeit längst vorüber ist. Im Eiltempo bemühen sich sämtliche Institute, ihre Ostgebühren auf Westniveau anzuheben. Und was bei den Ostdeutschen so schön funktionierte, das verfängt offensichtlich auch bei einer zweiten, ziemlich unbedarften Zielgruppe: den Kindern, Schülern und Studenten. Auch sie zahlen zunächst, wenn sie zu Geburtstag oder Kommunion das geschenkte Bare auf die Bank tragen, keinen Pfennig Gebühren. Spätestens aber nach Vollendung des 26. Lebensjahres bekommen sie die Daumenschrauben zu spüren, die ihnen die Geldhäuser angelegt haben.
Besonders dreist langt neuerdings ein Institut zu, das bisher als besonders preiswert galt: die Postbank. Seit der Drittelung des gelben Riesen (in Postdienst, Telekom, Postbank) sucht das von dem ehemaligen Citibank-Manager Günther Schneider geführte öffentlich-rechtliche Geldhaus zielstrebig den Anschluß an die Gewinnmargen seiner privaten Konkurrenten. So erhöhte die Postbank am 1. Januar 1993 ihre Kontogebühren um freche 150 Prozent, so daß jetzt das von der Stiftung Warentest kreierte Modellkonto statt 100 satte 250 Mark pro Jahr kostet. Gut fünf Millionen Kunden wurden so zu Opfern des größten Postraubs aller Zeiten. Ihre Guthaben in Höhe von 23,7

Milliarden bescherten der gelben Staatsbank 1992 einen Zinsgewinn von rund zwei Milliarden Mark.
Doch die privaten Geldhäuser sind noch immer einen Schritt voraus. Die Deutsche Bank zum Beispiel verschaffte sich mit Hilfe des Oberlandesgerichts Frankfurt einen Freibrief, um Kunden, die in die Schalterhalle kommen und an ihr eigenes Geld wollen, für Ein- und Auszahlungen noch eine »Strafgebühr« bis zu DM 1,20 abzuknapsen. Die Verbraucherzentrale Berlin, die gegen diese üble Praxis geklagt hatte, verlor den Prozeß.
Köstlich die Begründung der Frankfurter Richter: Banken seien keine sozialen Einrichtungen, und deshalb dürfen sie, wie jeder private Unternehmer, für ihre Leistungen auch einen Preis verlangen. Die Grenzen der Sittenwidrigkeit seien erst dann überschritten, »wenn die Bank Gebühren für das Betreten der Schalterhalle und den Morgengruß« verlange. Erst der Bundesgerichtshof untersagte gegen Ende 1993 diese üble Praxis.
Tatsächlich ist äußerste Vorsicht beim Betreten bundesdeutscher Geldhäuser geboten, denn die unsozialen Institute kassieren, wo immer sie können.

Beispiel Schließfach:
Will jemand bei der Dresdner Bank Anfang Dezember ein Schließfach mieten, zahlt er den vollen Jahrespreis – über 50 Mark – für die kleinste Schublade, und bei der Deutschen mindestens den halben Jahressatz. Kündigt er andererseits das Fach vor Ablauf eines Jahres, bekommt er keinen Pfennig zurück. Manche Institute gehen noch einen Schritt weiter. »Deutschlands dreisteste Sparkasse« (so das Verbrauchermagazin *DM*) im rheinischen Korschenbroich verlangt von den Mietern ihrer Schließfächer für jeden Besuch des Tresorraums DM 1,50 Eintritt, zusatzlich zu den DM 65 Jahresmiete. Gratis sind nur die ersten vier Besuche im Jahr.

Beispiel Automaten:
Die stummen Geldspender, von den Banken und Sparkassen einst aufgestellt, um Personal einzusparen und die Öffnungszeiten, vor

allem im Wettbewerb mit der Postbank, zu umgehen, dienen heute auch als zusätzliche Einnahmequelle. Rund 20000 Geldautomaten stehen mittlerweile vor den Filialen, und da wächst natürlich die Versuchung. Mußten Kunden, die Bargeld aus dem Automaten eines fremden Instituts zogen, bisher schon DM 3 pro Abhebung zahlen, so stieg der Tarif mittlerweile auf mindestens DM 4 an. Wer mehr als die üblichen 400 Mark abrufen möchte, muß mit Gebühren bis zu einem Prozent rechnen, das sind rund zehn Mark für einen Tausender. Und selbst am Automaten der »eigenen« Bank, bei der man sein Girokonto führen läßt, kostet der Service nach Dienstschluß und am Wochenende zwischen DM 2,50 und DM 3 pro Auszahlung.

Beispiel Zinsabschlagsteuer:
Auch aus diesem trüben Kapitel der jüngeren Finanzgeschichte wollen die Banken noch Kapital schlagen. Seit der Bundesfinanzminister seinen Obolus von den Kapitalerträgen der Bundesbürger direkt an der Quelle abschöpfen läßt, gleichzeitig aber höhere Freibeträge genehmigte, planen die Geldhäuser eine zusätzliche Gebühr für die »Nachbearbeitung« dieser Anträge in Höhe von 20 Mark.

Beispiel Kontoauszüge:
Was früher kostenlos ins Haus geliefert wurde, muß nun entweder teuer bezahlt oder bei größeren Filialen am Auszugsdrucker in der Schalterhalle selbst beschafft werden. Wer das etwa bei der Deutschen Bank versäumt, bekommt den aktuellen Kontostand automatisch nach sechs Wochen zugesandt. Dies freilich keineswegs gratis, sondern gegen automatische Abbuchung von DM 3,50 an Gebühren.

Beispiel Überweisungen:
Für die Erstellung von sieben Überweisungskopien berechnete die Sparkasse Mülheim/Ruhr den stolzen Preis von 49 Mark. Erst nachdem der Kunde eine Rechtsanwältin eingeschaltet und mit dem Gericht gedroht hatte, erstattete die Sparkasse wenigstens 25 Mark des Betrages, den sie bereits vom Konto des Kunden abgebucht hatte.

Beispiel Auslandsüberweisungen:
Rund 200 Millionen Mal überwiesen die Bankkunden innerhalb der EG letztes Jahr Geld über die Landesgrenzen hinweg. Und jedesmal wurden sie dabei von den Geldhäusern in einer Art und Weise geschoren, daß mittlerweile selbst die EG-Behörden in Brüssel und einige Europaabgeordnete dagegen Sturm laufen. Im Schnitt kostet nämlich eine solche Überweisung, wenn der Betrag nur etwa 100 Ecu (rund DM 200) ausmacht, Gebühren von mindestens 20 Ecu (rund DM 40). Dies jedenfalls haben die in der BEUC zusammengeschlossenen Verbraucherverbände herausgefunden.
Anhand zahlreicher Einzelfälle machten die Verbraucherschützer die Wuchergeschäfte der Banken dingfest: So war ein in Deutschland aufgegebener Scheck über 145 holländische Gulden im Nachbarland bei der Auszahlung plötzlich nur noch 80 Gulden wert; den Rest von 65 Gulden hatten sich die Banken für ihren grenzüberschreitenden Service gegriffen. Ein deutscher Bankkunde, der einer österreichischen Firma 800 Schilling (etwa 110 Mark) überweisen ließ, mußte für Courtage, Porti, Spesen- und Abwicklungsgebühren zusammen mehr als ein Drittel des Überweisungsbetrages zahlen, genau DM 42,50.
Eine Düsseldorferin beschwerte sich, nachdem ihr eine deutsche Großbank für die Durchleitung einer Überweisung aus Italien in Höhe von DM 2110 auf ihr Postgirokonto flotte 50 Mark Gebühren abgezogen hatte. Drohte der bayerische Europaminister Thomas Goppel: Wenn die europäischen Banken ihre Gebühren im grenzüberschreitenden Geldverkehr im Wege der Selbstregulierung nicht senkten, müßte die EG-Behörde einschreiten.

Beispiel Berlin-Darlehen:
Rund 33 000 Kunden der IKB Deutsche Industriebank müssen neuerdings fur die Ruckzahlung gezeichneter Berlin-Darlehen eine jährliche Gebühr von 30 Mark berappen.

Beispiel Scheck:
Die Volksbank Ramsdorf verlangte von einem Kunden über Monate hinweg jeweils fünf Mark, weil er einen Scheck hatte sperren lassen.

Beispiel Travellerschecks:
Wer dieses praktische Zahlungsmittel benutzen möchte, tut gut daran, nur so viel Geld einzutauschen, wie er tatsächlich auch benötigt, und die Schecks so bald wie möglich zu verbrauchen. Denn sonst könnte es ihm gehen wie dem Kunden einer Filiale der Dresdner Bank in Stuttgart, der einige Travellerschecks von seinem Vater geerbt hatte und sie anderthalb Jahre nach deren Ausstellung wieder zu Bargeld machen wollte. Die Schecks über 260 US-Dollar hatten bei der Einlösung einen Kurswert von DM 410,49, doch die Bank zahlte dem Kunden nur DM 294,55 aus. DM 150,95 zog sie ihm an Gebühren ab, also fast 30 Prozent.
Im einzelnen las sich die Abrechnung der Bank so: DM 37 kassierte das Kreditinstitut selber, hinzu kamen DM 25 Bearbeitungsgebühren, DM 5 Courtage und DM 7 für Porto und Spesen, ferner wurden 50 Dollar »fremde Gebührenabführung« der US-Bank in Rechnung gestellt, die die Schecks ausgegeben hat. Der Bankkunde, der auch noch acht Wochen auf die Abrechnung warten mußte, hält solch eine Gebührenpraxis für »schlichtweg skandalös«.

Beispiel Geldumtausch:
Bankkunden, die nicht aufpassen, werden auch über den Tisch gezogen, wenn sie sich für den Urlaub oder die Geschäftsreise mit fremder Währung eindecken wollen. Jedes zweite Geldinstitut versäumt es nämlich, nach Feststellung der europäischen Verbraucherverbände, Gebühren und Wechselkurse im Schalterraum für die Kunden sichtbar auszuschildern. So liegen die Kosten für den Umtausch, je nach Bank oder Sparkasse, zwischen einer und 21 Mark. Bei der bayerischen Hypobank zum Beispiel kostet der Sortenumtausch pauschal fünf Mark, die Bayerische Vereinsbank hingegen verlangt gar 15 Mark.
Den größten Verlust erleidet der Kunde in der Regel aber erst später, wenn er nämlich die nicht verbrauchten Scheine und Münzen wieder zurücktauschen möchte. Da muß er plötzlich feststellen, daß zwischen An- und Verkauf oft horrende Spannen liegen. Sie sind am größten bei Währungen, deren Kurs starken Schwankungen unterliegt, wie

dem US-Dollar, der italienischen Lira, der spanischen Peseta, dem portugiesischen Escudo. Kursdifferenzen von zehn oder gar 20 Prozent zwischen An- und Verkauf sind keine Seltenheit.

Beispiel Geldwechsel:
Die BfG-Filiale am Münchner Hauptbahnhof verlangte im Januar 1994 von einem Kunden, der einen Fünfziger in kleinere Scheine und Münzen einwechseln lassen wollte, eine Gebühr von zwei Mark. Das Beispiel dürfte Schule machen.

Das verschollene Geld

Kein Trick ist ihnen zu abgefeimt, keine Berechnungsmethode zu windig, wenn es darum geht, den Kunden zu schröpfen. Emsig bücken sich die feinen Herren des Geldgewerbes, die so gern mit Milliarden jonglieren, auch nach dem Pfennig des kleinen Mannes. So etwa, wenn sie die 20 Mark, die sie mittlerweile für die zwei Jahre lang gültige EC-Scheckkarte verlangen, jeweils am 2. Januar abbuchen, auch wenn die Karte dem Kunden erst im Laufe des Jahres übergeben wird. Ein anderer beliebter Dreh ist es, diese 20 Mark in zwei Raten zu je zehn Mark abzubuchen, denn jede Buchung kostet extra.
Die Pfennige, die sie so mit List und nicht ohne Tücke abgreifen, summieren sich bei der großen Zahl der Geschäftsvorfälle schnell zu Millionen. Etwa, wenn Lastschriften sofort abgebucht, Gutschriften jedoch erst mit einigen Tagen Verzögerung eingebucht werden. Diese besonders üble Form der Bereicherung – bankintern spricht man vornehm von der »Wertstellungspraxis« – beschäftigte mittlerweile schon mehrfach die Gerichte.
Der Bundesgerichtshof erklärte im Januar 1989 die bis dahin übliche Wertstellungspraxis für unzulässig und verlangte, daß Einzahlungen grundsätzlich am selben Tag gutgeschrieben werden müssen. Die Banken indes stellten sich taub und respektierten das Urteil nur für Bareinzahlungen, nicht jedoch für Überweisungen.

Erst nach Protesten der Verbraucherverbände lenkten sie ein. Doch trotz aller Beteuerungen des Bundesverbandes Deutscher Banken, daß Schecks grundsätzlich am Tag der Einreichung und Überweisungen spätestens am nächsten Tag eingebucht würden, können noch immer viele Institute der Verlockung nicht widerstehen, den netten Zinsgewinn, den sie durch verspätete Gutschriften einstreichen, mitzunehmen.
Immer wieder registrieren die Verbraucherschutzverbände, daß Überweisungen trotz der hohen Arbeitsgeschwindigkeit der Computer rätselhaft lange im kleinen Deutschland unterwegs sind. Die Bundesbank gar beobachtete einen Geldtransfer im deutschen Westen, der rund drei Wochen dauerte. Das im »Bermuda-Dreieck« der Bank verschollene Geld bringt in dieser Zeit weder dem Absender noch dem Empfänger Zinsen, dafür aber mit Sicherheit dem Institut.
Hin und wieder müssen die Adressaten solcher verschwundenen Geldsendungen sogar noch Sollzinsen an die Bank berappen, weil sie in Erwartung des Geldeingangs ihre Konten überzogen haben. Vor diesem Hintergrund ist es nicht verwunderlich, wenn die Stiftung Warentest das »Schneckentempo« im bargeldlosen Zahlungsverkehr zu beklagen hatte. Nach der Analyse von rund 3000 Überweisungen ermittelten die Tester, daß die Buchungsvorgänge eine im Zeitalter der elektronischen Datenverarbeitung unverständlich lange Bearbeitungszeit von durchschnittlich 2,3 Bankarbeitstagen benötigten.

Zahlungsverkehr im Schneckentempo

Geschäftsleuten, die auf schnellen Warenumschlag und prompte Zahlung angewiesen sind, geht die gemächliche Gangart der Geldverweser schon lange gegen den Strich. Peter Rau, Geschäftsführer des Bürositzmöbelherstellers Christoph Stoll GmbH (Marke »Sedus«), wollte es genau wissen und machte einen aufschlußreichen Test. Am 21. Juni 1993 ließ er von seinen sieben Hausbanken Überweisungsbeträge über je 200 Mark zugunsten von Geschäftspartnern in neun europäischen Ländern ausführen. Gleichzeitig überwiesen diese Ge-

schäftspartner im Ausland von ihren sämtlichen Banken aus jeweils ebenfalls 200 Mark an die Bank in Waldshut.
»Die Ergebnisse«, befand das Wirtschaftsmagazin *Impulse,* »waren teilweise niederschmetternd: In einer Zeit, wo fixe Devisenmakler Milliardenbeträge in Sekunden um den Globus jagen, wo Briefe per Fax mit Lichtgeschwindigkeit an jeden Ort der Welt übermittelt werden können, da bewegt sich der internationale Zahlungsverkehr von Geschäftsmann zu Geschäftsmann vielfach noch im Tempo der Postkutschenära.«
Im Schnitt brauchten die Kreditinstitute nämlich sechs Tage, um die 200 Mark an ihren Bestimmungsort zu befördern. Nach Frankreich, Großbritannien, Italien und Österreich war das Geld sogar neun Tage lang unterwegs. Nur eine einzige Bank, nämlich die Creditanstalt Bankverein Salzburg, schaffte es, das Geld binnen eines Tages auf das Konto der Bayerischen Vereinsbank in Singen zu überweisen. Die Wechselbriefe der Fugger und Welser, von der Stafettenpost des Hauses Thurn und Taxis befördert, waren vor 500 Jahren auch nicht viel länger unterwegs als eine Banküberweisung im letzten Jahrzehnt des 20. Jahrhunderts.

Mieses Spiel mit Zinsänderungen

Wo immer die Langfinger des Geldgewerbes zugreifen können, da nützen sie die Gelegenheit. Eine solche kommt, sobald sich die wichtigste Größe im Reich von Soll und Haben zu bewegen beginnt, der Zinssatz. Festtage für das Bankgewerbe sind daher immer die Donnerstage, an denen in Frankfurt der Zentralbankrat tagt. Geruht das erlauchte Gremium mal wieder an der Zinsschraube zu drehen, indem es den Diskont-, den Lombard- oder irgendeinen anderen Leitzinssatz nach oben oder unten korrigiert, dreht sich sofort der Gebührenzähler der Banken mit.
Geht er rauf, verteuern sie sofort ihre Kredite, zahlen aber für Guthaben keineswegs mehr als zuvor. Erst wenn der Druck des Wettbewerbs eine allmähliche Anpassung verlangt, bequemen sie sich zu höheren

Sätzen. Sinkt jedoch der Leitzins, dann pflegen ihm die Guthabenzinsen mit atemberaubender Geschwindigkeit zu folgen, während die Kredite erst mit erheblicher Verzögerung billiger werden. Allein diese Praxis der verzögerten Zinsanpassung beschert den Geldhäusern jedes Jahr völlig risikolos Gewinne in Milliardenhöhe.
Dies bringt mittlerweile selbst die sonst so zurückhaltenden Chefs der Deutschen Bundesbank in Rage. Direktoriumsmitglied Johann Wilhelm Gaddum: »Leider geben die Geschäftsbanken die Leitzinssenkungen nicht im gleichen Tempo an die Privatkundschaft weiter.« Die Zahlen belegen dies: Zwischen August 1992 und Februar 1993 ermäßigten die Banken ihre Kontokorrentkredite nur um 0,6 Prozent, während sie gleichzeitig die Habenzinsen für Sparbriefe mit vierjähriger Laufzeit um mehr als das Doppelte, nämlich um 1,4 Prozent, herabdrückten. »Das ist ein Spielchen«, ärgert sich Verbraucherschützer Manfred Westphal, »das seit Jahren zu beobachten ist.«
Kein Wunder, daß die Zinsmarge der Banken, das ist die Differenz zwischen den für Kredite geforderten Zinsen und den Sätzen, die sie ihren Kunden für Guthaben zahlen, immer wieder neue Rekordstände erreichte. Mitte 1993 zum Beispiel betrug die Differenz zwischen den Soll- und Habenzinsen der Banken bis zu elf Prozent – eine sichere Garantie für milliardenschwere Zinsgewinne. Betrug im Jahr 1960 noch die Zinsmarge II (Differenz zwischen den Zinsen für Kontokorrentkredite unter einer Million Mark und Spareinlagen mit gesetzlicher Kündigungsfrist) genau 5,9 Prozent, so war sie zehn Jahre später bereits auf 6,24 Prozent und weitere zehn Jahre später auf 7,41 Prozent angewachsen.
Den fettesten Zuwachs gab es in den achtziger Jahren, denn 1990 betrug die Zinsspanne bereits 9,17 Prozent und weitere drei Jahre später, im März 1993, sagenhafte 10,59 Prozent. Zu bezahlen haben diese beispiellose Bereicherung der Geldhändler ihre Kunden, wenn sie für Ratenkredite zwischen 14 und 18 Prozent Zinsen berappen müssen, für Festgeldanlagen aber nur sechs und für Spareinlagen gar nur drei Prozent gutgeschrieben bekommen.

Verbraucherfreundliche Urteile

Natürlich sollen die Kunden nicht merken, wie sie über den Tisch gezogen werden. Deshalb verstecken die Geldhäuser den wahren Preis ihrer Dienstleistungen, so gut sie können, oder sie portionieren ihn in winzige Einheiten, die beim Abzug kaum auffallen. Und die meisten Kunden denken gar nicht daran, daß jede noch so kleine Dienstleistung einer Bank Geld kostet. Umsonst ist oft nicht mal der Morgengruß des Portiers.

In ihrem Drang, die Kunden zu schröpfen, gehen die Geldhäuser bis an die Grenzen des Erlaubten, und manchmal darüber hinaus. Nur wenige Konteninhaber riskieren in solchen Fällen den Gang zum Gericht, denn sie vermuten nicht ohne Grund, daß sie der geballten Macht der Bankjuristen nicht gewachsen sind. Immerhin schafften es einzelne wenige düpierte Bankkunden, die ihre Prozesse bis zur letzten Instanz durchfochten, die Rechtsprechung etwas verbraucherfreundlicher zu gestalten.

In Grundsatzurteilen untersagte der Bundesgerichtshof zum Beispiel, daß die Geldhäuser zusätzlich zu den hohen Strafzinsen

- auch noch Mahngebühren abkassieren, wenn Kunden ihre Konten überzogen haben,
- sich die Löschungsbewilligung für eine abgelaufene Grundschuld mit 30 Mark extra bezahlen lassen,
- von säumigen Schuldnern überhöhte Verzugszinsen eintreiben, die mehr als 20 Prozent jährlich ausmachen,
- bei Hypothekenschuldnern auch noch auf bereits getilgte Beträge Zinsen berechnen,
- bei säumigen Schuldnern sofort sämtliche pfändbaren Ansprüche auf Gehaltskonten oder Arbeitslosengelder eintreiben.

So sehr den Banken solche Urteile gegen den Strich gehen, sie können sie leicht verschmerzen, denn das große Geld machen sie ohnehin ganz woanders: bei den Sparern und Kleinanlegern. Allein die Unkenntnis oder Gleichgültigkeit der deutschen Sparer beschert den Geldhäusern alljährliche Gewinne in der Größenordnung eines zweistelligen Milliardenbetrages. Denn noch immer lassen sich die cleveren Deutschen mit lächerlichen Minizinsen abspeisen. So beträgt allein das mit dem dürftigen Spareckzins von 2,5 Prozent verzinste Guthaben, das vor allem in Form von Sparbüchern mit gesetzlicher Kündigungsfrist angelegt ist, die unvorstellbare Summe von 500 Milliarden Mark.

Milliardenverluste für Sparer

Da die Preissteigerungsrate, die im Herbst 1993 immerhin noch über vier Prozent lag, höher ist als der Bruttoertrag dieser Anlagen, erleiden die Sparer pro Jahr einen realen Verlust von rund 7,5 Milliarden Mark. Nicht so die Banken und Sparkassen, denn sie lassen das viele Geld ja nicht im Tresor ruhen, sondern leihen es zu Zinssätzen zwischen sieben und 15 Prozent wieder aus. Unterstellt man eine Durchschnittsmarge von sieben Prozent, dann bringen allein die niedrigverzinsten Spareinlagen den Banken und Sparkassen einen jährlichen Gewinn von 35 Milliarden Mark.

Auch die vielen Kleinanleger, die insgesamt rund 15 Millionen Wertpapierdepots unterhalten, tragen kräftig zu den Gewinnen der Geldhäuser bei, und die versuchen aus der üppig sprudelnden Quelle immer höhere Erträge zu ziehen. Kassiert wird, wann immer ein Anleger Wertpapiere kauft, und wenn er sie verkauft, und auch am Zeitraum dazwischen verdienen die Banken. Denn nahezu der komplette Wertpapierbestand der Deutschen wird von den Finanzinstituten verwaltet.

Systematisch haben sie es, im Verein mit dem Fiskus, geschafft, die Kunden von der ursprünglichen Form des Kapitalbesitzes, nämlich der privaten Verwahrung sogenannter effektiver Stücke im eigenen Tresor oder allenfalls im Schließfach der Bank, abzubringen. Die heute übliche Praxis der Depotverwaltung ist zum einen weitaus kostengünstiger für die Institute, zum anderen leichter kontrollierbar für die Finanzbehörden.

Wer heutzutage eine Aktie, eine Anleihe oder einen Pfandbrief kauft, bekommt das Papier in den seltensten Fällen ausgehändigt. In der überwiegenden Zahl der Fälle handelt es sich nicht mal um ein wirkliches Wertpapier, sondern nur noch um einen Verrechnungsposten im Zentralcomputer der Bank. Die Wertpapiere werden nämlich nicht mal mehr ausgedruckt, sondern existieren nur noch als abstrakte Recheneinheiten.

Obwohl diese Art der Kapitalverwaltung kaum echte Kosten verursacht, berechnen die Banken für die rechnergesteuerte Zwischenlagerung immer saftigere Preise. Unisono erhöhten in letzter Zeit die großen Drei des Geldgewerbes (Deutsche Bank, Dresdner Bank, Commerzbank) ihre sogenannten Mindestgebühren um bis zu 400 Prozent. Spitzenreiter im Abkassieren ist die Dresdner Bank, die von jedem Anleger, auch wenn er nur eine einzige Aktie im Bestand hat, mindestens 50 Mark pro Jahr eintreibt. Die anderen Großbanken geben sich vorläufig mit 30 Mark Mindestgebühr zufrieden. Die hohen Einstandspreise für ein eigenes Depot sollen, daraus macht zum Beispiel die Dresdner Bank gar kein Hehl, die Kleinanleger davon abhalten, auf eigene Faust an der Börse zu operieren. Statt dessen sollen sie nach dem Willen der Banker Investmentfondszertifikate kaufen, denn an diesen verdient die Bank noch mehr.

»Ein Ordervolumen bis 5000«, empfiehlt zum Beispiel die Dresdner dringend ihren Kunden, »soll über Investmentfonds abgewickelt werden.« Gemeint sind natürlich die hauseigenen Fonds der Banktochter DIT. Jede Großbank sowie Sparkassen und Volksbanken unterhalten eigene Fondsgesellschaften und versuchen deshalb ihre Kunden möglichst zum Kauf der hauseigenen Produkte zu animieren. Denn an den Fondspapieren verdienen die Banken doppelt und dreifach.

Zum einen kassieren sie beim Kauf jedes Fondsanteils einen kräftigen »Ausgabeaufschlag« zwischen drei bis fünf Prozent vom Gesamtpreis. Zum zweiten stellen sie der Fondsgesellschaft, die ihre Kauf- und Verkaufaufträge natürlich über die Muttergesellschaft abwickelt, sämtliche Dienstleistungen in Rechnung. Drittens ist die Verwaltung großer Wertpapierdepots, wie sie die Investmentsfonds unterhalten, pro Einheit natürlich viel kostengünstiger als das Management einer Vielzahl einzelner, unabhängiger Kundendepots.

Teure Wertpapierdepots

Zornig reagieren mittlerweile sogar Politiker auf die hemmungslose Bereicherungspolitik des Geldgewerbes, dessen starke Lobby es 1993 geschafft hatte, die Börsenumsatzsteuer zu kippen und sich so auf der Kostenseite zu entlasten. Klagte der CSU-Abgeordnete Kurt Faltlhauser: »Wenn Unternehmen aus Wettbewerbsgründen Steuererleichterungen verlangen und dann, wenn sie beschlossen sind, die Preise erhöhen, machen sie sich unglaubwürdig.«

Die wenigen Erklärungen der Bankenvertreter zu ihren tatsächlichen Kosten und Erlösen sind in der Tat nicht ernst zu nehmen. Wenn zum Beispiel die Deutsche Bank behauptet, selbst der kleinste Kauf- oder Verkaufauftrag an der Börse würde die Bank mindestens 100 Mark kosten, dann bleibt sie ebenso den Beweis schuldig wie für die Feststellung ihres Vorstands, jede Transaktion an einem Bankschalter koste mindestens fünf Mark.

Solange das deutsche Gesellschaftsrecht es den Banken erlaubt, ihre wahren Kosten und Gewinne zu verschleiern, können die Geldhäuser behaupten, was sie wollen. Daß in Wahrheit nicht die tatsächlich angefallenen Kosten der Maßstab für die verlangten Preise sind, ergibt sich schon aus den eklatanten Unterschieden zwischen den einzelnen Geldhäusern. Zwar ist es auch hier dem einzelnen Anleger fast unmöglich, die Preise für sein Wertpapierdepot bei den verschiedenen Instituten miteinander zu vergleichen, doch bringen Tests von Instituten wie der Stiftung Warentest oder Fachblättern hin und wieder ein wenig Licht in den Gebührendschungel des Geldgewerbes.

Was ein Effektendepot im Wert von DM 160000 bei insgesamt 86 verschiedenen Geldinstituten kostet, ließ im März 1992 die Zeitschrift *Das Wertpapier* untersuchen. Ergebnis: Beim billigsten Institut, der Heidenheimer Volksbank, mußte der Kunde Jahresgebühren von DM 144,67 berappen, beim teuersten hingegen, der Berliner Grundkreditbank, kostete dasselbe Depot das Dreifache, nämlich DM 437,76.

Etwas kleiner war die Wertpapiersammlung, die die Stiftung Warentest im Oktober desselben Jahres als Modelldepot für den Preisvergleich bei 57 Geldinstituten zusammenstellte. Die Kosten für die

Verwahrung des Pakets im Wert von DM 50000 schwankten um nicht weniger als 700 Prozent. So gab sich der preiswerteste Anbieter, die Sparkasse Bochum, mit DM 29,10 zufrieden, während das teuerste Institut, die Frankfurter BHF-Bank, satte DM 228, abzockte.
Bei vielen Minidepots fressen also die Mindestspesen und Depotgebühren einen Großteil der erwirtschafteten Erträge auf, zumal dann, wenn sich die Anleger nicht selbst um eine möglichst kostengünstige Aufbewahrung kümmern. Die Bank kann nämlich die Papiere relativ preiswert oder aber extrem teuer verwahren. Günstig ist zum Beispiel die Girosammelverwahrung, die jedoch dem einzelnen Bankkunden kein Anrecht auf ein bestimmtes Wertpapier einräumt, sondern nur die Art festlegt. Teurer ist die Einzelverwahrung, wie sie zum Beispiel für Namensaktien erforderlich wird.

Üble Gebührenschinderei

Darauf achten sollte der Anleger aber auch, ob seine Bank zum Beispiel für hauseigene Papiere auch noch Depotgebühren abknapst, was eigentlich gegen die Branchenregel verstößt. Doch selbst so feine Institute wie die Bayerische Vereinsbank sind sich nicht zu schade, selbst bei hauseigenen Pfandbriefen noch Depotgebühren zu kassieren. Auch Leistungen, die eigentlich im Preis inbegriffen sein sollten, wie die Bearbeitung eines zur Einlösung anstehenden Zinscoupons, werden nicht selten noch extra auf die Spesenrechnung gesetzt. Auch wenn ein Bankkunde seine im Depot verwahrten Papiere ausgehändigt haben möchte, lassen sich dies manche Institute nochmals extra bezahlen.
Wie übel die Gebührenschinderei betrieben wird, zeigen gelegentlich die Zuschriften empörter Leser an die Redaktionen von Fachblattern. Ein Leser des Wirtschaftsmagazins *Capital* verkaufte zwei Bezugsrechte auf Optionsscheine der Schweizerischen Bankgesellschaft im Börsenwert von DM 81,94. Die Gutschrift auf seinem Konto hierfür lautete aber schlicht auf nur 34 Pfennige. Grund: Seine Volksbank hatte ihm nicht weniger als DM 81,60 an Gebühren berechnet, das

waren 99,6 Prozent der Auftragssumme. »Dreiste Gebührenschinderei«, schimpfte der Leser. Doch das half ihm nicht viel, er mußte bezahlen.

Der *Quick*-Leser Siegfried Carlow aus Neunburg im Landkreis Schwandorf kaufte im Herbst 1991 zwei Stammaktien der Kaufhof AG zum Kurs von je DM 475. Seine Sparkasse stellte ihm hierfür einschließlich Spesen DM 972,57 in Rechnung. Gut sieben Monate später verkaufte er die beiden Aktien, die mittlerweile im Kurs auf DM 507 gestiegen waren, und hoffte auf rund DM 64 Kursgewinn. Weit gefehlt, denn nun betrugen die Verkaufsspesen plötzlich DM 52,60, wodurch sein Erlös mit DM 961,40 unter dem Einstandspreis von DM 972,57 lag. »Ich finde diese Gebührenbehandlung empörend«, beschwerte sich der Leser.

Außer Spesen nix gewesen, diese bittere Erfahrung machten schon viele Geldanleger, die auf die vollmundigen Versprechungen ihrer sogenannten »Bankberater« hereingefallen sind. Zum Beispiel, wenn sie, dem Zug der deutschen Steuerlemminge folgend, ihr Geld ins vermeintlich sichere Ausland brachten. Dann mußten sie am Schalter einer Schweizer oder Luxemburger Bank oft die überraschende Entdeckung machen, daß Spesen und Gebühren nahezu so hoch waren wie die gesparten Steuern.

Eine halbe Million zum Beispiel, einer Schweizer Bank zur Verwaltung übergeben, führt leicht zu Management- und Depotgebühren zwischen 2500 und 5000 Mark, die zahllosen Transaktionskosten noch nicht einmal eingerechnet, die jedesmal in Rechnung gestellt werden, wenn der Vermögensverwalter ein Papier ge- oder verkauft hat.

Virtuos können in der Schweiz die Vermögensverwalter »auf dieser Gebührenmaschine spielen«, erkennt Werner Contius, Chefvermögensberater der Berliner Bank, neidlos an. Im Schnitt rechnen Experten dort mit jährlichen Gesamtkosten von mindestens 1,5 Prozent des Depotwerts, bei einer halben Million also mit 7500 Mark.

Eher noch teurer ist mittlerweile das von den Tochtergesellschaften deutscher Geldhäuser weitgehend beherrschte Steuerparadies Luxemburg geworden. Bei durchschnittlichen Kauf- und Verkaufspesen von einem Prozent und 0,5 Prozent bei Rentenpapieren summieren sich die jährlichen Kosten für ein 500000-Mark-Depot locker auf 10000 Mark pro Jahr. Ausweichen kann der Anleger dem Nepp kaum, denn die Höhe der Gebühren variiert dank interner Absprachen nur unwesentlich.

Gezielte Falschinformation

Auch in Deutschland haben es die Institute nicht gern, wenn Discounter das einträgliche Geschäft stören. Ein solcher Störenfried ist zum Beispiel die Bundesschuldenverwaltung in Bad Homburg. Die 400 Mann starke Behörde registriert nicht nur die vom Staat aufgenommenen Kredite, sondern verwaltet nahezu sämtliche Bundeswertpapiere für private Anbieter kostenfrei. Es sind im einzelnen Bundesschatzbriefe, Bundesobligationen, Anleihen vom Bund, Bahn oder Post sowie des Fonds Deutsche Einheit, Finanzierungsschätze des Bundes mit ein- oder zweijähriger Laufzeit.
Das konkurrenzlos günstige Angebot der Bundesbehörde, die Ende 1992 bereits über 700000 Konten privater Anleger im Wert von rund 15 Milliarden Mark führte, erfreut sich wachsender Beliebtheit, obwohl die privaten Geldhäuser alles daransetzen, um ihre Kunden von Bad Homburg fernzuhalten.
Der Weg zur Gratisverwaltung führt nämlich zwangsläufig über den Bankschalter. Privatkunden können ihre Bundeswertpapiere nicht selbst in Bad Homburg ordern, sondern müssen dies über ihre Kreditinstitute tun. Und diese nutzen die Gelegenheit. Weil neu aufgelegte Bundeswertpapiere grundsätzlich spesenfrei sind, raten die sogenannten »Bankberater« ihren Kunden lieber zum Kauf spesenpflichtiger Industrieanleihen.
Droht gar der Abzug der Papiere nach Bad Homburg, fallen den Bankberatern tausenderlei Ausflüchte ein. Hannelore Hölbing vom Informationsdienst für Bundeswertpapiere registriert sorgfältig Kundenbeschwerden über gezielte Desinformationen durch private Geldhäuser. Hier eine Auflistung der gängigen Banklügen: Der Kunde müsse

- sich in Bad Homburg selbst eine Depotnummer besorgen;
- auch bei seiner Bank in absehbarer Zeit keine Depotgebühren bezahlen;
- in Bad Homburg wochenlang auf die Zahlungen von Zinsen warten;
- erst ein Sparkonto eröffnen, das wieder Kosten verursache, ehe die Papiere abgebucht werden könnten;
- die gesamten Formulare für die Übertragung selbst in Bad Homburg anfordern, da die Bank keine vorrätig hätte;
- Wertpapiere über mindestens 10000 oder 20000 Mark besitzen, da die Bad Homburger Behörde kleinere Einheiten gar nicht annähme;
- mindestens vier oder fünf Jahre Stammkunde sein, ehe die Bank die Papiere übertragen könne;
- mit langen Verzögerungen rechnen, da die Bundesbehörde vollkommen überlastet sei und neue Konten erst mit monatelanger Verspätung eröffnen könne.

Alle diese Argumente sind vollkommen aus der Luft gegriffen, wie Behördenpräsident Jörg Jaeckel betont. Zwar gab es kurz nach Einführung der Kapitalertragssteuer einen Antragsstau, mittlerweile ist der längst abgearbeitet. Dennoch wird die Homburger Behörde von übereifrigen Bankangestellten weiterhin verleumdet. Es geht um viel Geld, denn im Schnitt werden an jedem Banktag in Deutschland 4400 neue Depots eröffnet, und der Durchschnittswert der in solchen Depots schlummernden Papiere liegt bei über 50000 DM.
Das Geschäft mit den Anlegern und ihren gehorteten Schätzen läßt auf die Banken und Sparkassen denn auch eine stürmisch anwachsende Geldlawine zurollen. Nahmen zum Beispiel bei der Deutschen Bank 1992 die Zinserträge nur um sechs Prozent zu, so schwollen die Provisionen aus den Börsengeschäften der Kundschaft um mehr als das Doppelte, nämlich um 13 Prozent, an. Solche Zuwächse kommen freilich nicht von ungefähr, die Geldhäuser strengen sich mächtig an, um ihre vermögende Klientel zu schröpfen.

3.

Die Geldvernichter

»Es ist unglaublich, wie wenig der Normalbürger von Geld versteht«, freut sich Eberhard Martini, Präsident des Bundesverbandes Deutscher Banken und nebenbei Vorstandsvorsitzender der Bayerischen Hypotheken- und Wechselbank. Der Mann hat recht, und wer will es ihm verübeln, wenn er daraus die Konsequenz zieht: »Im Privatkundengeschäft liegt die Zukunft.«
Wenn es nach Martini geht, sollen die deutschen Geldanleger, die Ende 1993 bereits eine Summe von 3500 Milliarden oder dreieinhalb Billionen Mark angesammelt hatten, zu ihrem Banker ein ähnliches Vertrauen haben wie zu einem Arzt: »Ein Mensch, der keine Fachkenntnisse hat, muß Vertrauen an die Stelle von Wissen setzen.«
Was der Münchner Oberbanker verschweigt, ist die schlichte Tatsache, daß die Banken und Sparkassen viel dazu beitragen, daß dieses Urvertrauen, das ihnen ihre Klientel einstmals entgegengebracht hat, schneller dahinschmilzt als ein Spargroschen auf dem Girokonto. Das beginnt oft schon beim ersten Kontakt mit dem sogenannten »Anlageberater« der Bank. Denn hinterm Tresen in der Schalterhalle stehen für gewöhnlich nur junge Angestellte der Tarifgruppe II, die ihr spärliches Wissen über die Finanzmärkte im Schnellverfahren erworben haben und sich schon von einfachen Fragen, etwa nach einem »Reverse Floater«, überfordert fühlen.
Tatsächlich sollen diese sogenannten »Bankberater« ja auch keineswegs wirklich beraten, sondern verkaufen. Jede Woche teilt ihnen die Zentrale mit, welche Produkte vorrangig an den Mann zu bringen sind.

Und nur, wenn der Neuling genügend »Umsatz« macht, hat er eine Chance auf Beförderung in die oberen Etagen der Bankhierarchie, wo die lukrativeren Geschäfte gemacht werden.

Klassifiziert und abkassiert

Fein säuberlich teilen die Geldhäuser die Kundschaft in vier Klassen ein, denen sie unterschiedlich qualifizierte Mitarbeiter gegenüberstellen: »Standardkunden« werden vom Schalterpersonal in der Halle abgefertigt, »Privatkunden« mit einem Vermögen von etwa 50000 Mark dürfen sich bei Besuchen über eine Tasse Kaffee und den Rat eines Kundenbetreuers freuen.

Ist ihr Vermögen mindestens sechsstellig, heißen sie etwa bei der Commerzbank »Individualkunden« und genießen das Privileg, in einem abgeschlossenen Besprechungszimmer mit ihrem persönlichen Anlageberater konferieren zu dürfen. Um die großen Fische mit einem Vermögen von mindestens einer Million – im Banker-Rotwelsch heißen sie »High Income People« oder abgekürzt »HIP« – kümmert sich dann der Direktor oder Filialleiter persönlich.

Eine Gewähr, daß die Geldanlage den erwünschten Erfolg zeitigt, hat freilich weder der Laufkunde noch der Millionär, denn auf allen Ebenen des Kundenverkehrs gilt das Interesse der Bank stets mehr als das des Kunden. Die Aufmerksamkeit, die ein Bankangestellter seinem Kunden widmet, ist deshalb genau berechnet, je nach der Effizienz dieses Kunden für die Bank.

Absolut uninteressant sind zum Beispiel Kunden, die sich nach einem Hausverkauf, einer Erbschaft oder einem Lottogewinn einen Packen lang laufender Bundesanleihen zulegen und dann durch nichts zu bewegen sind, ihr Portefeuille umzuschichten und so der Bank zu weiteren Provisionseinnahmen zu verhelfen. Höchst willkommen hingegen sind Anleger, die sich für Aktien interessieren und den Eingebungen ihres Bankberaters willig Folge leisten.

Der wird versuchen, das Depot ständig in Bewegung zu halten, denn bei jedem Kauf oder Verkauf springt für die Bank eine nette Summe heraus. Und wenn er auf diese Weise für genügend Umsatz sorgt, kann ein Anlageberater, der bei den Großbanken im Schnitt etwa 600 Standardkunden oder mindestens 120 gutbetuchte Anleger zu betreuen hat, schnell Karriere machen.

Schon dieses Eigeninteresse der Bank beeinträchtigt in vielen Fällen eine am Kundennutzen orientierte Anlagepolitik. Außerdem sind die Anlageexperten aller Geldhäuser gehalten, in erster Linie die hauseigenen Produkte abzusetzen. Wenn etwa die Bayerische Vereinsbank als Konsortialsführerin die Anleihe eines südamerikanischen Mineralölkonzerns an der deutschen Börse plazieren will, wird sie dafür sorgen, daß diese Schuldscheine auch beim Publikum untergebracht werden.

Also wird sie zunächst ihren eigenen Vertriebsapparat mit sämtlichen Außenstellen nutzen, diese Papiere, an denen sie schon bei der Ausgabe kräftig verdient hat, ihren Privatkunden aufs Auge zu drücken. Dabei ist es ziemlich nebensächlich, wie gut diese Anleihe wirklich ist, also, ob sie in Relation zur Bonität des Emittenten eine unter- oder überdurchschnittliche Rendite abwirft. Die Bank hat ja bereits bei der Ausgabe kassiert und streicht beim Verkauf jedes einzelnen Stückes noch mal eine Provision ein.

Flops in die Depots gedrückt

Daß die Banken beim Verkauf solcher Papiere zuerst an sich und zuletzt an den Kunden denken, belegt eine ganze Serie von Flops und Pleiten. So scheuten sich gediegene deutsche Geldhäuser nicht, ihren Privatkunden Anleihen ausgesprochen wackliger Schuldner in die Depots zu drücken. Die Bayerische Vereinsbank zum Beispiel, die, so ihr Vorstandsvorsitzender Albrecht Schmidt, ihr »Geschäft stärker auf Kundenbedürfnisse fokussieren« möchte, brachte 1988 als Konsortialbank eine sechsprozentige DM-Anleihe des schon damals hochverschuldeten britischen Verlegers Robert »Captain Bob« Maxwell an den deutschen Markt.

Als die Papiere 1993 zurückgezahlt werden sollten, waren sie, nach dem mysteriösen Tod Maxwells und dem völligen Zusammenbruch seines verschuldeten Konzerns, praktisch wertlos. Höflich schrieb die Bank den um ihr Geld gebrachten Kunden: »Wir bedauern die Ihnen in diesem Zusammenhang drohenden Substanzverluste, bitten Sie aber um Ihr Verständnis dafür, daß ein Eintreten unseres Hauses für diese Verluste schon aus dem Grunde nicht in Betracht kommen kann, nachdem uns im Zusammenhang mit dieser Anlage auch nicht das geringste Fehlverhalten angelastet werden kann.« Die Bank hatte also die Konsortialprovision eingestrichen, den Verlust aber auf ihre Kunden abgewälzt.

Nicht viel besser erging es zunächst jenen Anlegern, die auf die Papiere des australischen Großpleitiers Alan Bond hereingefallen sind. 1988 hatte ein Konsortium deutscher Geldhäuser unter Führung der BHF-Bank DM-Anleihen des Bond-Konzerns im Wert von 325 Millionen Mark übernommen. Mit Nachdruck verkauften dann die beteiligten Institute – das waren neben der BHF-Bank auch die West LB, die Landesbank Schleswig-Holstein wie verschiedene Sparkassen und Volksbanken – diese Schrottanleihen ihrem Publikum.

Ein Jahr später brach die Bond-Corporation zusammen. Die selbst von Provinzinstituten wie der Sparkasse Bielefeld oder der Volksbank Hannover ihren Kleinanlegern wärmstens empfohlenen Papiere (»so gut wie Bundesanleihen«) waren nur noch Makulatur. Wäre da nicht ein Ehepaar gewesen, Kunden der Volksbank Hannover, die so viel Hartnäckigkeit besaßen, einen zweijährigen Prozeß bis hinauf zum Bundesgerichtshof zu führen, hätten die geprellten Anleger wohl keine Chance gehabt, jemals eine Entschädigung für ihre Verluste zu bekommen. So aber entschied das höchste deutsche Gericht am 6. Juli 1993: Eine Bank muß ihre Kunden grundsätzlich »richtig und vollständig« informieren und über die Risiken aufklären; versäumt sie dies, so kann sie die Folgen nicht auf den Kunden abwälzen.

Die Karlsruher Bundesrichter bestätigten damit entsprechende Urteile des Oberlandesgerichtes Celle sowie verschiedener anderer Gerichte in Hamburg, Frankfurt, Hannover, Neuss und München. Doch nur selten finden sich Anleger, die sich trauen, gegen die übermächtigen Geldhäuser bis zur letzten Instanz zu prozessieren, und immer öfter

werden sie mit Hilfe trickreicher Manipulationen am Ende doch noch um ihre Ersparnisse gebracht.
So im Fall der zahlungsschwachen Anleihe-Emittenten Norsk Data und Heron. Der skandinavische Computerkonzern Norsk Data stellte die Anleger vor die Alternative, entweder auf die Rückzahlung völlig zu verzichten oder ein Rückkaufangebot für seine Anleihen in Höhe von 25 Prozent des Nennwertes zu akzeptieren. Die britische Immobiliengruppe Heron immerhin bot ihren Gläubigern noch 37 Prozent Rückzahlung an.

Die Bank gewinnt, der Kunde verliert

Während die Banken ihren Kunden die Annahme der dürftigen Offerten empfahlen, hatten sie für sich selber besser vorgesorgt, indem sie nämlich im Verein mit dem Management der beiden Unternehmen einen listigen Umschuldungsplan austüftelten. Die wichtigsten Vermögenswerte und profitablen Geschäftsbereiche wurden in Tochtergesellschaften ausgelagert, die für die Kredite der Banken geradestehen mußten; die Haftung für die Anleihen aus den Beständen Tausender Kleinanleger hingegen verblieb bei der ausgehöhlten Firmenholding. Diese Ungleichbehandlung der Gläubiger ist nach dem Gesetz völlig legal, wenn sie auf Umstrukturierungen der Konzerne beruht.
Den Gewinn für die Bank, den Verlust für die Kunden: dieses Prinzip bestimmt in vielen Geldhäusern die Anlageberatung. Ganz im Gegensatz zu ihren vollmundigen Werbesprüchen (»Wir geben Ihrer Zukunft ein Zuhause«) haben es die Geldhändler stets darauf abgesehen, erst mal selbst abzukassieren, bevor dies ihre Kunden tun können. Als nach Michail Gorbatschows Perestroika die Sowjetunion zusammenbrach und niemand so recht wußte, wer für deren Verbindlichkeiten geradezustehen hatte, da packten clevere Anlageexperten deutscher Banken und Sparkassen die wackligen Sowjetpapiere gleich bündelweise in die Depots argloser Kunden, mit dem Argument, die im Kurs rapide verfallenden Papiere seien wegen ihrer hohen Rendite bestens als Depotbeimischung geeignet.

Noch dreister gingen die Rentenmarktexperten der Dresdner Bank vor, indem sie einen Großteil ihrer Bestände an maroden Sowjetanleihen in einen hauseigenen Investmentfonds stopften. Die Bank enthob sich damit der Notwendigkeit, auf die windigen Papiere Wertberichtigungen vornehmen zu müssen und lud gleichzeitig das horrende Risiko bei den nichtsahnenden Investmentkunden ab.

Die »Frankfurt Connection«

Wie in den Anlageabteilungen der Geldhäuser mit den Vermögen ihrer Kunden jongliert wird, erfuhr eine staunende Öffentlichkeit erstmals durch den sogenannten Frankfurter Börsenskandal vom Sommer 1991. Alarmiert von einem anonymen Briefschreiber, durchkämmten Staatsanwälte und Steuerfahnder die Geschäftsräume so renommierter Institute wie der Deutschen Bank, der Deutschen Girozentrale oder dem Bankhaus M. M. Warburg. Die Ermittler suchten nach Belegen für den Verdacht, daß die Profis in den Kreditinstituten, im Verein mit den aushäusigen Wertpapiermaklern, Millionengeschäfte zu Lasten der Bankkunden gemacht hatten.

Das ging so: Da die Kurse von Anleihen und Aktien täglich erheblichen Schwankungen unterliegen, trachteten die Profis danach, die Kundenkonten stets mit dem jeweils schlechtesten Tageskurs zu belasten; die Differenz zu den tatsächlich bezahlten Preisen lenkten sie in die eigenen Taschen.

Ein Künstler auf diesem Gebiet war offenbar der Abteilungsdirektor des Optionsscheinhandels bei der Deutschen Bank, Manfred Mertens. Der als »Champus-Manni« in der Frankfurter City bestens bekannte Effektenhändler kassierte seine Kunden ab, indem er zum Beispiel große Kaufaufträge, von denen er wußte, daß sie den Kurs eines bestimmten Papieres in die Höhe treiben würden, so lange liegenließ, bis er sich auf eigene Rechnung mit dem betreffenden Papier eingedeckt hatte. War der Kurs dann tatsächlich aufgrund der gebündelten Nachfrage nach oben geklettert, stieß er die Papiere aus

den eigenen Beständen wieder ab und kassierte den Gewinn ohne jedes Risiko.
Erst als sich diese Praktiken nicht mehr verheimlichen ließen, zog die Deutsche Bank die Notbremse. Neben »Champus-Manni« mußte auch Klaus Nagel, der langjährige Chef des Aktienhandels, seinen Hut nehmen, und mit zweijähriger Verspätung verließ im Sommer 1993 auch der für den Wertpapierhandel zuständige Generalbevollmächtigte Barthold von Ribbentrop Deutschlands größtes Geldhaus.
Das war freilich nicht mehr als eine öffentlichkeitswirksame Geste, denn mittlerweile stellte sich heraus, daß allein die Frankfurter Steuerfahndung in 370 Fällen gegen Angestellte und selbständige Wertpapierhändler ermittelte. Offenbar war die gesamte »Capital Community« in Mainhattan mehr oder minder stark in den Skandal verwickelt. Über 100 Verdächtige erstatteten Selbstanzeige und zahlten mehr als 40 Millionen Mark Steuern nach.

Skandale über Skandale

Daß solche windigen Praktiken nicht mehr vorkommen, glaubt in der Frankfurter City nicht einmal die naivste Sekretärin. Denn die Selbstbereicherung der Bankangestellten gehört, das meinen inzwischen selbst einige Frankfurter Strafverfolger, zum System.
Der Arbeitsgerichtsprozeß zum Beispiel, den der geschaßte Deutsche-Bank-Direktor Lutz Gebser gegen seinen früheren Arbeitgeber angestrengt hatte, förderte zutage, daß die verzögerte Ausbuchung im Zeitraum von bis zu zwei Tagen durch hausinterne Richtlinien gedeckt war.
Nicht nur in der Finanzmetropole am Main mußten die Anleger für die Gewinne ungetreuer Bankangestellter bluten. Zahlreich sind die Fälle, in denen sich Geldhäuser und ihre Mitarbeiter wegen unsauberer Geschäfte vor Gericht zu verantworten hatten.

- Bei der Sparkasse im badischen Wiesloch verloren über 120 Kunden zwischen fünf und acht Millionen Mark, weil sie auf den Rat ihres

Anlageberaters hin hochspekulative japanische Optionsscheine gekauft hatten, die danach rapide im Wert verfielen. Um das Debakel zu vertuschen, täuschte sie der Sparkassenangestellte mit falschen Kursangaben. In einigen Fällen versuchte er die Verluste zu kaschieren, indem er einfach Geld von anderen Konten abzog und es seinen Kunden gutschrieb.

- Die Stadtsparkasse Düsseldorf mußte acht Millionen Mark an die Schweiz Allgemeine Versicherungs AG zahlen, um die Verluste einiger weniger vermögender Kunden auszugleichen, die sich auf den Rat ihres Anlageberaters hin auf höchst riskante Zinsdifferenzgeschäfte eingelassen hatten.
- Die Bayerische Landesbank wurde dazu verurteilt, Schadenersatz an die von der Münchner Ölbohrfirma Megapetrol geschädigten Anleger zu zahlen, weil sie mit der Schwindelfirma zusammenarbeitete und die Geldgeber dabei, nach Meinung des Gerichts, »vorsätzlich und sittenwidrig geschädigt« hat. Verwaltungsratsvorsitzender der Bank war damals der bayerische Ministerpräsident Max Streibl.
- Kundengelder von über fünf Millionen Dollar sind von der Luxemburger Tochter der Bank für Gemeinwirtschaft (BfG) bei dubiosen Spekulationsgeschäften mit dem New Yorker Börsenmakler Heinz Grein verspielt worden. Sechzehn geprellte Anleger erstatteten Strafanzeige.
- Nur weil der Einlagensicherungsfonds des deutschen Kreditgewerbes einsprang, kamen die Kunden der Kemptener Privatbank Benedikt Baudrexsel mit dem Schrecken davon, nachdem die beiden leitenden Manager der Bank Kredite in der Größenordnung von zehn Millionen Mark an zahlungsunfähige Unternehmer vergeben hatte und so ihre Bank, die nur ein Eigenkapital von 2,6 Millionen Mark hatte, zu Fall brachten.

Das Geld der Sparer und Anleger ist in den Finanzinstituten also keineswegs immer so sicher, wie das gediegene Ambiente zu suggerieren versucht. Nicht der Bankraub von außen ist die Gefahr, sondern die Geldvernichtung von innen, durch leichtsinnige, inkompetente oder sogar kriminelle Angestellte.

Verwirrte Köpfe

Falsche Anlageempfehlungen und gesetzwidrige Manipulationen von Mitarbeitern der Kreditinstitute verursachten in den letzten Jahren einen Schaden, der tausendfach größer sein dürfte als die Beute, die sämtlichen Bankräubern und Tresorknackern anheimfiel. Die DG Bank zum Beispiel, das Spitzeninstitut der Volksbanken und Raiffeisenkassen, wurde jahrelang von seinem ehemaligen Vorstandsmitglied Karl-Herbert Schneider-Gädicke zur persönlichen Bereicherung benutzt. Nach Untersuchungen der Wirtschaftsprüfergesellschaft Coopers und Lybrand wickelte der 1990 entlassene Exvorstand über Konten, die seiner Frau, dem Sohn und anderen ihm nahestehenden Personen gehörten, jahrelang private Devisen- und Wertpapiergeschäfte ab. Weil die Transaktionen, die zwischen verschiedenen Stiftungen, der Schweizer Banktochter und Briefkastenfirmen auf den Cayman Islands abgewickelt wurden, äußerst undurchsichtig waren, fiel es der Bank schwer, den ihr entstandenen Schaden überhaupt korrekt zu beziffern.

Genauer gelang das dem Staatsanwalt im Fall des Schneider-Gädicke unterstellten Chefrentenhändlers der DG-Bank, Friedrich Steil. Zwischen 1986 und 1990 machten Steils Mannen seltsame Termingeschäfte mit französischen Banken, denen sie riesige Posten festverzinslicher Wertpapiere verkauften, die erst später zu vorher bestimmten Kursen abgerechnet werden sollten. Diese ziemlich komplizierten Transaktionen sollten zum einen Gewinne einbringen, zum anderen Liquiditätsprobleme lösen. Weil sich aber die Zinsen anders entwickelten, als Steils Rentenhändler kalkuliert hatten, summierten sich die Verluste der DG-Bank am Ende auf erstaunliche 811 Millionen Mark.

Die Affäre kam ans Licht, als Wirtschaftsprüfer bei der DG-Tochter Bausparkasse Schwäbisch Hall auf ein Termingeschäft stießen, das bei der Konzernmutter als Kassageschäft gegengebucht war. Der Staatsanwalt wurde eingeschaltet, und nun stellte sich heraus, daß es bei dieser Geschichte nicht nur Verlierer gab. Am meisten profitierte offenbar ein Frankfurter Makler namens Rolf-Dieter Kaiser, der in guten Jahren allein an den Rentengeschäften mit der DG-Bank schon mal 20 Millionen Mark Provisionen eingestrichen hatte. Und ein Teil dieser leicht verdienten Gelder floß als »Kickbacks« wohl auch auf Konten einiger angestellter Rentenhändler der Bank. Allein Friedrich Steil soll so etwa 6 Millionen Mark vereinnahmt haben.

Die schnelle Mark, die sich im Anlagegeschäft machen läßt, verwirrte offenbar bei vielen Instituten die Köpfe der handelnden Personen. Wo eigentlich nüchternes Kalkül und das eherne Gesetz von Soll und Haben regieren sollten, herrscht in Wahrheit oft ein Klima, das bestimmt ist von der Leichtigkeit des Seins.

Wenn mit ein paar geschickten Kursmanipulationen per Computer in Null Komma nichts Millionen verdient werden können, dann verlieren weniger stabile Naturen schon mal die Bodenhaftung. So wie der fürs Anlagegeschäft zuständige Abteilungsdirektor einer großen Mannheimer Bank, der seinen Spieltrieb im Beruf offenbar nicht ganz ausleben konnte. Innerhalb von acht Jahren verspielte er fast 17 Millionen Mark – im Zahlenlotto. Die Gelder besorgte er sich von seinen Kunden, denen er besonders lukrative Geldanlagen in Aussicht stellte. Woche für Woche füllte er bis zu 800 Lottoscheine aus und zwackte dafür rund 50000 bis 60000 Mark von den Konten ab. Im Oktober 1992 erschien er bei der Staatsanwaltschaft und erklärte seinen Bankrott. Die Millionen, abgeknapst bei etwa 30 guten Bankkunden, waren unwiderruflich futsch.

Auch der Baden-Badener Niederlassungsleiter der feinen Düsseldorfer Privatbank Trinkaus und Burkhardt vermochte seine Leidenschaft nicht zu bremsen und verzockte große Summen in der nahen Spielbank. Seine Kunden machten es ihm leicht, denn sie vertrauten ihm größere Summen an, ohne nach Quittungen und Depotauszügen zu fragen.

»Eine Beratung findet nicht statt«

Solche Fälle sind Ausnahmen, gewiß, doch auch der Sparer, der an einen grundsoliden Anlageberater ohne den geringsten Hang zu derlei Obsessionen gerät, sollte auf der Hut sein. Denn selbst, wenn alles bestens läuft, wenn er weder betrügerisch abgezockt noch unsachgemäß beraten wird, stehen die Chancen, daß die Bank sein Geld mehrt, nicht allzu günstig.

»Die Qualität der Anlageberatung der Kreditinstitute und deren Angebot für Privatkunden ist mangelhaft«, befindet zum Beispiel der Münchner Unternehmensberater Rolf Seebauer. Auch Professor Karl-Werner Schulte, Leiter des Instituts für Finanzmanagement an der European Business School (EBS) in Oestrich-Winkel, der die Beratungsqualität deutscher Institute systematisch untersuchte, kam zu dem Schluß: »Was da angeboten wird, hat nur selten etwas mit umfassender, unabhängiger Beratung zu tun.« Kritik kommt auch von der Deutschen Schutzvereinigung für Wertpapierbesitz. Geschäftsführer Peter Staab: »Eine Beratung findet nicht statt.«

Geschröpfte Anleger

Unisono beklagen Verbraucherschützer, Wirtschaftsmagazine und die Stiftung Warentest die miserablen Leistungen deutscher Geldhäuser für ihre begüterten Kunden, die ja in den meisten Fällen nicht viel mehr wollen als eine ordentliche Verzinsung ihres Kapitals. Eine leichte Aufgabe, sollte man meinen, da jede Sparkasse und Bankfiliale so vollmundig mit scheinbar lukrativen Zinsangeboten wirbt. Doch in Wahrheit hat das Geldgeschäft wohl seine Tücken, wie viele enttäuschte Sparer und Anleger erfahren mußten. Einige von ihnen, die der Weisheit ihrer Banker vertrauten, mußten dies besonders teuer bezahlen:

Sylvia Ströher:
Die Miterbin (27 Prozent) des Darmstadter Kosmetikkonzerns Wella AG übergab im Jahr 1986 einen Vermögensanteil von knapp 19 Millionen Mark an vier renommierte Geldhäuser, nämlich an die Deutsche Bank, die Dresdner Bank, die Commerzbank und die BHF-Bank, zur Verwaltung. Von den Profis des Geldgewerbes erhofften sie und ihr Mann Ulrich einen überdurchschnittlichen Zuwachs. Die

Hoffnung trog: Die vier Renommieradressen brachten in den folgenden fünf Jahren nicht einmal die Verzinsung eines Tante-Emma-Sparbuchs zustande, sondern setzten mit teilweise abenteuerlichen Transaktionen Millionen in den Sand. Als sogar die Deutsche Bank, die mit japanischen Optionsscheinen jonglierte, bis Ende 1991 rund 1,6 Millionen Mark vergeigt hatte, reichte es den Darmstädtern. Ulrich Ströher kündigte die Depots bei den Großbanken und vertraute einen Teil des Geldes der Frankfurter Filiale der feinen »Bank in Liechtenstein« an. Doch auch hier mußte er nach einem weiteren Jahr einen Verlust von rund 150000 Mark verbuchen. Dafür berechnete ihm die Bank dann Verwaltungsgebühren und Spesen von weiteren 187611 Mark. Mittlerweile kümmert er sich um sein Vermögen selber.

Hans-Günther Pawlak:
Der Rentner aus Bad Soden eröffnete 1989 ein Wertpapierdepot bei der Frankfurter Volksbank und stockte es nach der Auszahlung zweier Lebensversicherungen 1990 auf rund 140000 Mark auf. Weil ihm der Chefbörsenhändler der Bank versprochen hatte, bei einer guten Vermögensverwaltung gäbe es keine Verluste, sondern nur Gewinne, ließ er seine Ersparnisse von der Bank verwalten. Das hätte er lieber nicht tun sollen, denn am Ende des Jahres waren von seinem Vermögen nur noch 48000 Mark übrig. Den Rest hatte der Börsenexperte mit Aktien und Optionsscheinen verspekuliert. Die Bank freilich kam durchaus auf ihre Kosten, denn sie stellte dem ehemaligen Maschinenbauingenieur knapp 18000 Mark an Gebühren und auch noch 4735 Mark Überziehungszinsen in Rechnung. Der Vermögensverwalter hatte ohne Wissen des Kunden Papiere auf Kredit gekauft. Als der Rentner Schadenersatz forderte, wimmelte die Volksbank ab: Wenn überhaupt ein Verschulden zuträfe, dann läge es beim mittlerweile entlassenen Anlageberater. Pawlak enttäuscht: »Wenn ein Angestellter im Schalterraum Geschäfte mit mir macht, gehe ich davon aus, daß er nicht als Privatmann handelt.«

Hans-Horst Galla:
Der Malergeselle aus Bielefeld brachte 25 000 Mark zur örtlichen

BfG-Filiale und ließ seinen einstigen Fußballfreund Uwe Breckenkamp, der es bis zum Wertpapierberater gebracht hatte, damit spekulieren. Der BfG-Angestellte hatte mit höchst riskanten Stillhaltergeschäften zunächst verblüffenden Erfolg, und Gallas Kontostand wuchs binnen sechs Monaten auf 100 000 Mark an. Dann fuhr der Berater in Urlaub und hinterließ auf dem Konto seines Kunden Galla 114 offene Kontrakte. Bei weiter steigenden Kursen hätte Galla glänzend verdient – doch die Kurse an der Börse kippten plötzlich ab, und das Konto des Anstreichers flutschte mit rasendem Tempo in die Miesen. Als Berater Breckenkamp aus dem Urlaub zurückkehrte, waren bereits 300 000 Mark Schulden aufgelaufen. Der Kunde, der nie daran dachte, mit Krediten zu spekulieren, wurde inzwischen von der BfG auf Rückzahlung seiner Schulden verklagt.

Wilfried Schobinski:
Der ehemalige Textilkaufmann wollte sich mit seiner Frau Ursula in Florida zur Ruhe setzen und gab sein Geldvermögen in Höhe von 1,4 Millionen Mark im Oktober 1986 der vornehmen Hamburger Privatbank M. M. Warburg zur Verwaltung. Nach fünf Jahren hatte er nicht eine Mark Zugewinn erzielt, sondern rund 300000 Mark Verlust erwirtschaftet. Die hanseatischen Banker hielten es nicht für nötig, sich bei ihrem Kunden zu entschuldigen.

Rolf Jarosch:
Der Düsseldorfer Architekt brachte 1985 ein Vermögen von 680000 Mark zur Filiale der Bank für Gemeinwirtschaft (BfG) und ließ es dort, weil er selber »keine Ahnung vom Geld« hatte, professionell verwalten. Anfangs ging alles gut, und schon zum Jahreswechsel bekam er von seinem Anlageberater die frohe Botschaft, daß er jetzt dem »Verein der Millionäre« angehöre. Ermutigt vom ersten Erfolg, ging der Börsenexperte der Bank in die vollen und kaufte und verkaufte in wildem Rhythmus Aktien von Puma, Dome Petroleum, Rio Tinto oder Fermenta. Die meisten dieser Rein-raus-Geschäfte hatten nur einen Schönheitsfehler – sie endeten immer mit Verlusten. Weil das

Vermögen dadurch allmählich schrumpfte, gewährte Anlageberater Arno Stahl seinem ahnungslosen Kunden Kredite in Millionenhöhe, um damit sofort noch wilder zu spekulieren, auch mit heißen Papieren wie Optionen und Optionsanleihen. So kam es, wie es kommen mußte: 1987 war das Vermögen restlos dahin, und der düpierte Kunde, dem die Bank mindestens 200000 Mark an Gebühren abgenommen hatte, mußte seine letzten Reserven von einem Konto in Luxemburg abziehen, um das Minus auszugleichen.

Walter Hildenbrandt:
Der Allianz-Generalvertreter aus Frankfurt richtete 1989 bei der Volksbank-Filiale an seinem Wohnort ein Wertpapierdepot über 40000 Mark ein und ließ das Geld ebenfalls von der Bank verwalten. Da er sich nicht mehr darum kümmerte, wurde er an Silvester des folgenden Jahres ziemlich überrascht, als ihm die Bank eröffnete, daß sein Konto mit 55000 Mark im Minus stand. Der routinierte Anlageberater der Volksbank hatte, wie im Fall Pawlak, einfach auf Kredit spekuliert, ohne seinen Kunden um Genehmigung zu fragen.

Balthasar Hennings:
Der Hamburger Versicherungskaufmann brachte nach dem Verkauf seiner Firma 1,25 Millionen Mark zur Filiale der Deutschen Bank und bat um sachkundige Mehrung durch die Anlageexperten des Hauses. Nach zwei Jahren zog er Bilanz: Sein Vermögen war um 261000 Mark geschmolzen, und die Bank hatte, neben den opulenten Verwaltungsgebühren, auch noch 25000 Mark an Provisionen abkassiert.

Gerhard Schneidewind:
Der technische Kaufmann brachte Mitte der achtziger Jahre sein Erspartes in Höhe von 338000 Mark zur Tübinger Filiale der Commerzbank, um es dort, wie er betonte, mit »konservativer Strategie« verwalten zu lassen. Der Anlageberater der Commerzbank jedoch mißverstand den Auftrag gründlich, denn er fuhr, wie Schneidewind beklagt, »eine aggressive, umsatz- und gebührenorientierte Verkaufstaktik«. Statt das zur Alterssicherung gedachte Geld risikofrei anzule-

gen, spekulierte er mit Aktien und blähte das Depot mit Hilfe eines formlosen Kontokorrentkredites von fast 600000 Mark auf über eine Million auf. Dann kam der Aktiencrash vom Oktober 1987 und ließ die Kurse ins Bodenlose stürzen. Schneidewind mußte verkaufen und war sein gesamtes Eigenkapital bis auf einen kläglichen Rest von 10000 Mark los. Die Bank verweigerte jeden Schadenersatz mit der Begründung, der Kunde sei keineswegs ahnungslos gewesen und habe durchaus spekulieren wollen.

Was auf den ersten Blick wie eine Sammlung außergewöhnlicher Einzelfälle aussehen mag, ist indes wohl eher typisch für die Art und Weise, wie ehrgeizige, auf schnelle Provisionsumsätze gedrillte Anlageberater mit dem Geld ihrer ahnungslosen Kunden umgehen. Neben den namentlich bekannten Kunden, die von ihren Banken und Sparkassen um Hab und Gut gebracht wurden, gibt es eine Fülle von anonymen Schadensfällen, die am Ruf des deutschen Geldgewerbes kratzen. Da ist die Rentnerin, die der Düsseldorfer BfG-Filiale im Oktober 1991 3000 Mark zur Verwaltung überließ, mit denen ihr Anlageberater in den folgenden zehn Monaten Umsätze für 6,4 Millionen Mark tätigte. Weil die Kundin noch über ein sicheres Wertpapierdepot in Höhe von 190000 Mark verfügte, blähte der hemmungslose Geldexperte das 3000-Mark-Konto mit Krediten auf und spekulierte dann mit rasendem Eifer mit Kauf- und Verkaufsoptionen (sogenannten »Puts und Calls«), bis die Rentnerin schließlich mit rund 150000 Mark in der Kreide stand. Allein an Gebühren kassierte die Bank über 66000 Mark ab.

Auf die gleiche Weise verursachte der BfG-Experte bei zwei weiteren Kundinnen einen Schaden von gut einer Viertelmillion. Jetzt versuchen die drei Frauen mit Hilfe des Rechtsanwalts Klaus Dittke von der Düsseldorfer »Spiel-Bank« Ersatz zu bekommen. Bislang freilich vergebens.

Überforderte Bankberater

Das Grundmuster all dieser Fälle war stets dasselbe: Die Bank verdiente an Gebühren und Provisionen, der Kunde büßte für seine Gutgläubigkeit mit herben Vermögensverlusten. Aus der Sicht der Anlageberater ist das grausame Spiel nur allzu verständlich: Je öfter sie die in einem Depot steckenden Papiere umschlagen, desto größer ist ihr Verdienst – außerdem: Ein bißchen Spaß möcht' schon sein.

Für die jungen, unerfahrenen und ehrgeizigen Zocker in den Anlageabteilungen hat es natürlich einen größeren Reiz, an den internationalen Aktien- und Devisenmärkten herumzuspekulieren, als irgendein langweiliges Witwen- und Waisenpapier zu ordern, das dann jahrelang im Depot verstaubt. Sie lassen sich ihre Ausbildung zum Wertpapierexperten vom Kunden bezahlen und werden dafür intern noch gelobt.

Die gravierenden Fehlleistungen der Anlageberater in den deutschen Banken und Sparkassen sind das Ergebnis mangelhafter Schulung auf der einen und immer ehrgeizigerer Umsatz- und Gewinnvorgaben auf der anderen Seite. Während die gutbezahlten Spitzenleute in den Wertpapierzentralen der großen Geldhäuser ständig an immer neuen Finanzinstrumenten tüfteln, hat die Masse der dürftig entlohnten »Anlageberater« in den Filialen Mühe, dem Geschehen an den Anlagemärkten auch nur einigermaßen zu folgen.

Oft beziehen die überforderten Schalterbeamten ihr Wissen aus den gleichen Quellen wie ihre Kunden, nämlich den überall wohlfeilen Wirtschaftsmagazinen, Börsendiensten und Anlagepostillen. Denn längst haben sie erkannt, daß ihnen das von der Zentrale zugeleitete Informationsmaterial nicht allzuviel nützt, weil es ausschließlich dem Verkauf der hauseigenen Produkte, nicht aber einer objektiven Beratung des Kunden dient.

Nach Meinung des Münchner Unternehmensberaters Rolf Seebauer investieren die Banken deswegen nicht viel in die Ausbildung ihrer Kundenbetreuer, weil sie an einer intensiven Beratung gar nicht interessiert sind: »Depotberatung und -verwaltung unterhalb eines Volumens von 150000 DM rechnen sich nicht.« Also müssen sich die Anlageexperten in den Schalterhallen auf eigene Faust darüber infor-

mieren, was mit einer »Kombizinsanleihe«, mit einem »Reverse Floater«, einem »Capped Warrant« oder ähnlichen Novitäten der Finanzmärkte gemeint ist.
Zwar hat jeder von ihnen heutzutage einen Monitor auf dem Schreibtisch stehen, über den er in Echtzeit die aktuellen Kurse einer Vielzahl von Aktien, Anleihen und anderen Finanzprodukten abfragen kann, doch die riesige Datenflut stiftet in den Köpfen der Berater und Analysten offensichtlich meist nur Verwirrung. Kaum einer dieser Schmalspurexperten ist in der Lage, einem Kunden sämtliche für eine Anlageentscheidung wesentlichen Informationen zu vermitteln, geschweige denn Trends für die künftige Entwicklung auf bestimmten Teilmärkten aufzuzeigen.
Die wenigen wirklichen Fachleute, über die ein Geldhaus verfügt, sitzen für gewöhnlich dort, wo sie der Bank den besten Nutzen bringen, nämlich an den Schaltstellen des Wertpapierhandels. Die »Kundenberater« hingegen sollen vor allem für den Absatz der gut kalkulierten Produkte des Hauses sorgen. Ein fein gestaffeltes Besoldungs- und Beförderungssystem zwingt die Bankangestellten dazu, stets höher gesteckte Umsatzziele zu erreichen, wenn sie ihre eigene Situation verbessern wollen. Begnadete Verkäufer machen in fast allen Geldhäusern schneller Karriere als bedächtigere Naturen, die ihren Beraterjob ernst nehmen.

Falsche Aktientips

Besonders desolat ist die Situation der Anlageberater dort, wo ihnen naive Kunden die größte Kompetenz zutrauen: bei den Aktien. Zwar beschäftigen nahezu alle großen Geldhäuser eigene Analystenabteilungen, in denen Dutzende qualifizierter Betriebs- und Volkswirte die Chancen und Risiken ganzer Volkswirtschaften, Branchen oder auch einzelner Unternehmen untersuchen. Doch deren Erkenntnisse gelangen erst nach Filterung durch den Vorstand mit erheblicher Verzögerung an die Kundenberater. Und nicht selten kommt dann »unten« etwas ganz anderes an als das, was die Experten ausgetüftelt haben.

Wie anders wäre sonst zu erklären, daß die Ratschläge der Finanzprofis oft so haarsträubend danebenliegen, wie zum Beispiel im Fall des Rentners Wolfgang Kämmerer aus dem Münsterland, den *Der Spiegel* in einer Titelgeschichte über schlechte Anlageempfehlungen (»Die Bank gewinnt immer«) aufgriff? Rund 400000 Mark hatte der Kunde bei der Deutschen Bank in Münster größtenteils in Aktien angelegt, als ihn Ende März 1989 sein Kundenberater anrief und ihm dringend empfahl, die Papiere des Feldmühle-Konzerns, die damals einen Kurswert von DM 340 pro Stück hatten, schleunigst abzustoßen.
Kämmerer traute der Bank gerade in diesem Fall große Kompetenz zu, denn die Deutsche Bank hatte die Feldmühle AG aus dem Bestand des Flick-Konzerns selbst übernommen und die Aktien dann an das Publikum breit gestreut weiterverkauft. Vertreter der Bank saßen im Aufsichtsrat der Feldmühle und kannten deshalb das Unternehmen in- und auswendig. Auch im Aufsichtsrat des mächtigen Veba-Konzerns saßen Vorstände der Deutschen Bank. Sie mußten also wissen, daß der damalige Veba-Chef Rudolf von Bennigsen-Foerder dabei war, ein großes Paket Feldmühle-Aktien von den Flick-Neffen Gert-Rudolf und Friedrich Christian zu kaufen und diesen Grundstock durch Zukäufe an der Börse auszubauen. Dies alles sprach eher für steigende als für fallende Feldmühle-Kurse.
Weil Wolfgang Kämmerer das nicht wußte, gab er dem Drängen seines Beraters nach, der damals offenbar reihenweise Feldmühle-Aktionäre anrief und zum Verkauf ihrer Papiere überredete. Später hatte er Grund, seinen Entschluß zu bedauern, denn der Feldmühle-Kurs zog rapide von 340 auf 563 Mark an. Welches Interesse die Bank mit ihrer Verkaufsaktion verfolgte, läßt sich nur ahnen. Möglicherweise wollte sie selbst die Papiere billig einsammeln, um sie dann an die Veba teuer weiterzuverkaufen.
Daß gerade die Aktienempfehlungen der nobelsten Geldhäuser mit Vorsicht zu genießen sind, beweisen einige andere Fälle aus jüngster Zeit. 1991 brachte Deutsch-Bankier Ronaldo Schmitz die Aktien der Sachsenmilch AG in Dresden zum Kurs von 80 Mark pro Stück an die Börse. Großaktionär des ehemaligen DDR-Unternehmens war die Stuttgarter Südmilch AG, bei der die Deutsche Bank ebenfalls als

Hausbank agierte. Schon damals gärte es im schwäbisch-sächsischen Milchkonzern ganz gewaltig, und wenig später war er pleite. Die aufgebrachten Sachsenmilch-Aktionäre verlangten Schadenersatz, und die Schutzgemeinschaft der Kleinaktionäre (SDK) erstattete Strafanzeige gegen verschiedene Aufsichtsrats- und Vorstandsmitglieder wegen Betrug und Bilanzfälschung. Als auch der Deutschen Bank ein Besuch des Staatsanwalts drohte, erklärten sich die Geldmanager erstmals in der deutschen Bankgeschichte bereit, die düpierten Sachsenmilch-Aktionäre zu entschädigen. Der Ausgang des Verfahrens allerdings war bei Redaktionsschluß dieses Buches noch offen.

Immer, wenn eine Bank junge Aktien eines Unternehmens neu an die Börse bringt, versucht sie für die »Jungfrauen« (Börsenjargon) einen möglichst hohen Preis zu erzielen. Die »Kundenberater« müssen dann landauf, landab Überzeugungsarbeit leisten, auch wenn sie selbst eher zur Skepsis neigen. Wenn der Ausgabekurs festgelegt ist, hat die Bank ihr Schäfchen bereits im trockenen. Denn sie verdient an der Börseneinführung eine stattliche Provision. Weil die Geldhäuser sich nach solchen Aufträgen sämtliche Finger lecken, haben es die verkaufsbereiten Unternehmer leicht, oft abenteuerlich hohe Kurse durchzusetzen.

Je höher der Kurs, desto größer ist die Ernte des Verkäufers, desto höher aber fällt auch die Provision des Emissionshauses aus. So ist es nicht verwunderlich, wenn sich ein großer Teil der vollmundig angepriesenen »Jungfrauen« für die Aktionäre bald als überteuerte Ladenhüter herausstellen. Von den Anfang 1992 bis Ende September 1993 neu an die Börse gebrachten Aktien konnten zum Beispiel nur die in der boomenden Baubranche tätigen Unternehmen Kursgewinne erzielen, sämtliche anderen Werte wie Böve Systec, Rheiner Moden, Röder Zeltsysteme, Tiptel oder CeWe-Color erlitten in dieser Zeit Kursverluste.

Die »Deutsche« liegt schief

Lassen sich solche Fehleinschätzungen des Marktes mit dem Wettbewerb der Geldhäuser untereinander noch einigermaßen erklären, so nähren andere Schieflagen den Verdacht, daß selbst in den Vorstandsetagen hochmögender Geldhäuser nicht allzu viel Sachverstand versammelt ist.

Im Sommer 1993, als die deutsche Börse gerade zu ihrem steilsten Höhenflug ansetzte, verkündete Rolf E. Breuer, für das Aktiengeschäft zuständiges Vorstandsmitglied der Deutschen Bank und Präsident der Frankfurter Wertpapierbörse, die heimischen Aktien seien bereits zu teuer, deshalb sollten Anleger lieber in Südostasien investieren. »Nicht die Aktienkurse fielen in ein Loch, sondern der Börsenchef auf die Nase«, kommentierte Altspekulant André Kostolany im Wirtschaftsmagazin *Capital* Breuers Fehlprognose. Als Erklärung für die Haltung des obersten deutschen Aktienhändlers vermuteten Insider, die Deutsche Bank habe die jüngste Aktienhausse verschlafen und versuche nun, die Kurse herunterzureden, um selbst billig an die Börsenpapiere heranzukommen.

Nicht zum erstenmal bewiesen die vornehmen Bankiers ihre feine Nase für kommende Trends. So trommelten sie wenige Wochen vor dem großen Crash 1987 zum Kauf von deutschen und amerikanischen Aktien. Und noch am Montag nach dem Kurssturz am Schwarzen Freitag rieten nicht wenige Geldhäuser zum neuerlichen Einstieg, denn »billiger kann es nicht werden«. Tatsächlich aber fielen die Kurse in den folgenden Tagen erst recht ins Bodenlose, und die Anleger erlitten Riesenverluste.

Mit der gleichen Sicherheit verlockten sie ihre Kunden zum Kauf von Gold-, Silber- und Platinmünzen wie dem südafrikanischen »Krüger-Rand« und dem kanadischen »Maple Leaf«, kurz bevor die Edelmetallpreise samt dem Devisenkurs des US-Dollars wegbrachen.

Auch hier brauchten sie sich über die Verluste ihrer Kunden keine Gedanken zu machen, denn allein am Vertrieb der üppig kalkulierten Münzen hatten die Banken Millionen verdient.

Geldanlage wird zum Roulette

Was immer die Bank zur Anlage empfiehlt – ob brandheiße Billigaktien amerikanischer Unternehmen (»Penny Stocks«) oder scheinbar grundsolide Goldmünzen –, der Rat braucht nicht ernster genommen zu werden, als wenn er von der Klofrau am Hauptbahnhof stammte. Zahlreiche Tests und Vergleiche von Institutionen wie der Stiftung Warentest oder von Fachblättern wie der *Wirtschaftswoche* oder dem *Manager Magazin* erhärten den Verdacht, daß die meisten Geldvermehrer der Banken und Sparkassen in Wahrheit Geldvernichter sind. Dabei spielt es keine Rolle, ob sie aus Unkenntnis, Gleichgültigkeit oder Eigeninteresse handelten; was zählt, ist das Ergebnis, und das fiel in allzu vielen Fällen blamabel aus.

Als der »Finanztest«, Organ der Stiftung Warentest, Ende 1991 mehr als 200 Geschäftsstellen von großen und kleinen Bankhäusern, Sparkassen und genossenschaftlichen Instituten abklappern ließ, fühlten sich die Testpersonen überwiegend schlecht beraten. Vierzehn Prozent der Gespräche verliefen »vollkommen ungenügend oder mangelhaft«. Bei rund 40 Prozent der Gespräche vermißten die Tester zum Beispiel präzise Auskünfte zu den steuerlichen Auswirkungen der empfohlenen Anlagen. Für die Einkommens- und Vermögensverhältnisse der Testkunden interessierten sich die meisten Bankberater überhaupt nicht. Sechzehn Prozent von ihnen vergaßen sogar, nach der Höhe der Anlagesumme zu fragen.

Läßt schon die Beratung selber zu wünschen übrig, so sind die Tips und Angebote der Geldprofis mit noch größerer Vorsicht zu genießen. Sogar die scheinbar problemlosesten Produkte haben ihre Tücken: Bei den rund 150 Sparplänen der Banken und Sparkassen, die die Stiftung Warentest 1992 untersuchte, war keiner dabei, der eine bessere Rendite brachte als eine schlichte Bundesanleihe. Wohl deshalb auch zierten sich viele der befragten Institute, die exakte Rendite ihrer Sparpläne überhaupt anzugeben. Und einige scheuten sich nicht, dabei kräftig zu mogeln. Statt 8,29 Prozent, wie angegeben, brachte der Sparplan der Raiffeisenbank Dresden tatsächlich nur 6,82 Prozent im Jahr.

Vollends zum Roulette aber wird die Geldanlage, wenn man der Banker liebste Papiere ordert. Denn mit ihren Aktienempfehlungen liegen die Geldhäuser fast immer daneben. Mitarbeiter des Instituts für Betriebswirtschaftslehre an der Universität Kiel untersuchten im Auftrag des *Manager Magazin* die Qualität von 3600 Kaufempfehlungen von 23 deutschen Kreditinstituten in der Zeit vom Juli 1990 bis Juni 1991. Ergebnis: Die meisten Aktienempfehlungen fallen unterdurchschnittlich aus.

Nicht ein einziges Institut lag mit seinen Empfehlungen besser als der deutsche Aktienindex (DAX). Nur acht der insgesamt 23 getesteten Banken brachten überhaupt ein positives Ergebnis zustande. Während der DAX, in dem die führenden 30 Standardwerte der Börse zusammengefaßt sind, im Beobachtungszeitraum um 6,1 Prozent zulegte, schaffte das beste Institut, Sal. Oppenheim, gerade noch 2,59 Prozent. Bei den Empfehlungen der Deutschen Bank, die insgesamt das geringste Risiko einging und deshalb in der Gesamtbewertung den ersten Platz belegte, blieb am Ende des Jahres nur eine recht dürftige Rendite von 0,29 Prozent hängen.

Börsengurus wissen nichts

Ein zweiter, realistischerer Test brachte noch beschämendere Resultate. Am 1. Oktober 1990 drückte der Verlag des *Manager Magazin* neun professionellen Vermögensverwaltern deutscher und ausländischer Banken je eine Viertelmillion Mark in die Hand, mit der Maßgabe, das echte Geld unter echten Bedingungen zu mehren. Nach zwei Jahren brachen die um ihren Einsatz besorgten Verlagsmanager das Experiment ab.

Sieben der neun Vermögensverwalter waren in die Miesen geraten und hatten insgesamt 210000 Mark verjubelt. Und allein den Erträgen der beiden übrigen, der Bank in Liechtenstein (BiL) und der Graf-Lambsdorff-Vermögensverwaltung, hatten es die Auftraggeber zu verdanken, daß sie ihren Einsatz wieder herausbekamen. Auf die Zinsen von gut 400000 Mark allerdings, die sie beim Kauf von Bun-

desanleihen in dieser Zeit verdient hätten, mußten sie verzichten. Den größten Verlust erwirtschaftete das Geldhaus CRM Capital Research, in dessen Portefeuille am Ende nur noch rund 150000 Mark steckten. Seinen klaffenden 100000-Mark-Flop kommentierte der zuständige Verwalter Stephan Eilebrecht-Kemmena: »Das ist dann eben Pech.«
Auch der »Grand mit vieren«, ein von der *Wirtschaftswoche* gemeinsam mit der *Telebörse* veranstalteter Wettbewerb der Aktienprofis aus vier namhaften Geldhäusern, zeigte der staunenden Öffentlichkeit, daß die teuren Vermögensverwalter kaum bessere Ergebnisse erzielen als ein Laie. Denn auch sie vermochten nicht, den Index zu besiegen. Süffisant kommentierte die *Suddeutsche Zeitung* das Ergebnis: »Zumindest vier der fünf Teams hätten ein besseres Ergebnis erzielt, wenn sie zum Tennisspielen oder ins Kino gegangen wären, als sich den Kopf über ihre ›asset allocation‹ zu zermartern.«

Die offensichtliche Schwäche der Anlageberater von Banken und Sparkassen rief eine Vielzahl von Börsenblättern, Tip-Diensten und Magazinen auf den Plan, die ihre Leser mit Kauf- und Verkaufempfehlungen förmlich überschütten. Doch auch die Randfiguren der von den Banken beherrschten Anlageszene pflegen ihre eigenen Interessen stets über die ihrer Kundschaft zu stellen. Und deswegen trommeln sie für Aktienkäufe auch dann, wenn die Börse kaum echte Gewinnchancen bietet, verführen ihre Leser mit einem Schwall von Informationen zu ständigen Aktionen, auch wenn diese letztlich nur Spesen verursachen.

Manche scheuen nicht einmal davor zurück, allzu durchsichtige Interessen zu verfolgen. Die Leser des *Effektenspiegel* zum Beispiel, die den Empfehlungen seines Herausgebers Bolko Hoffmann folgten, mußten einen Totalverlust des in den Aktien der Textilfirma Girmes investierten Kapitals hinnehmen. Auch die Leser des Wirtschaftsmagazins *Capital* staunten nicht schlecht, als ihr Blatt noch vor dem berüchtigten Oktober-Crash von 1987 massiv zum Kaufen riet.

An Aktien verdient nur die Bank

Wie gut die Empfehlungen der Tip-Dienste wirklich sind, untersuchten Mitarbeiter des Würzburger Professors für Bank- und Kreditwirtschaft, Ekkehard Wenger, im Jahr 1991. Auch hier schaffte von den elf getesteten Börsenbriefen nur ein einziger, nämlich der Platow-Brief, mit seinen Empfehlungen eine Wertentwicklung, die besser war als der Aktiendurchschnitt. Alle anderen, von der »Aktienbörse« bis zum »Swing-Trend«, schnitten schlechter ab. »Kein Ruhmesblatt für die Zunft der Börsen-Gurus«, kommentierte das Wirtschaftsmagazin *Forbes*.

Daß es in der Tat kaum eine verläßliche Methode gibt, die Entwicklung der Aktienkurse vorauszubestimmen, ist mittlerweile längst erwiesen. Zahlreiche wissenschaftliche Arbeiten haben ergeben, daß das Auf und Ab an der Börse mit rationalen Methoden nicht erklärbar ist. Experimentell bestätigten dies die Redakteure des *Wall Street Journal*, indem sie die Empfehlungen der namhaftesten amerikanischen Börsenexperten ihrem eigenen »Dart-Depot« gegenüberstellten. Dieses Depot bestand aus den größten amerikanischen Börsenwerten, deren Namen sie auf eine Dart-Scheibe klebten. Jeden Tag warf morgens gegen 9 Uhr ein Redakteur den Pfeil auf die Dart-Scheibe, und der Wert, auf dem er einschlug, kam ins Dart-Depot. Auch hier überrascht das Ergebnis schon nicht mehr. Die Anhänger des Pfeilspiels erwiesen sich klar als die besseren Börsianer.

Daß Aktien zur Geldanlage nur bedingt taugen, verschweigen aus gutem Grund fast alle Börsenexperten ihrem Publikum. Aktien werden nun mal öfter umgeschlagen als Anleihen. Und bei jedem Kauf und Verkauf fallen Kosten an, an denen sich Makler, Banken und der Staat (über die Börsenumsatzsteuer) schadlos halten. Weil also die Geldwirtschaft ein nachhaltiges Interesse am Aktienspekulanten hat, muß er mit verheißungsvollen Prognosen bei Laune gehalten werden. Da werden die Steuervorteile ins rechte Licht gerückt (wer eine Aktie mindestens sechs Monate lang hält und danach beim Verkauf einen Kursgewinn erzielt, muß diesen nicht versteuern) oder allerlei dubiose Untersuchungen publiziert, nach denen Aktien im langfristigen Vergleich stets besser abschneiden würden als Anleihen. »Aktien meist überlegen«, trompetete zum Beispiel *Die Welt* im Brustton der Überzeugung am 7. Januar 1993. Falsch, behauptet dagegen Ekkehard J. Wiek vom Bankseminar von der Johann-Wolfgang-Goethe-Universität in Frankfurt. Der Bankexperte untersuchte die Durchschnittserträge von Aktien und Anleihen in den Zeiträumen 1967 bis 1992 und 1959 bis 1992 und kam beide Male zu der Erkenntnis: »Die durchschnittlichen Renditen der Aktienanlage lagen im langfristigen Bereich bis zu 3,8 Prozent unter denen der Rentenanlage.« Das für die Banken so lukrative, für den Anleger nervenaufreibende und mit hohen Risiken verbundene Börsenspiel lohnt sich über einen langen Zeitraum gesehen also nicht. Zumindest dann nicht, wenn der Aktionär Geld einsetzt, das er irgendwann zur Finanzierung seines Unterhalts oder für andere Zwecke benötigt. Nur wer über reichlich »Spielgeld« verfügt und sich intensiv um seine Papiere kümmern kann, sollte den Gang an die Börse wagen.

»Schmutzfinken« wissen Bescheid

Es sei denn, man ist zufällig ein »Insider«. Spätestens seit dem Rücktritt des einstigen IG-Metall-Chefs Franz Steinkühler weiß jedes Kind, was das ist: Ein Daimler-Aufsichtsrat, der frühzeitig erfährt, daß sein Konzern die Aktien einer Börsengesellschaft namens Mercedes Automobil Holding AG (MAH) übernehmen möchte und deshalb den Inhabern dieser Aktien einen Umtausch in Daimler-Papiere im Verhältnis 1 : 1 anbietet. Dann kauft der vorab informierte Gewerkschaftler für eine gute Million die billigen Mercedes-Papiere und tauscht sie gegen die teureren Daimler-Aktien ein, bevor noch jemand außerhalb des engsten Zirkels der Vorstände und Aufsichtsratsmitglieder etwas davon erfährt. Pech nur, wenn so etwas herauskommt, dann deuten alle mit dem Finger auf den »Schmutzfinken«, so Bankenpräsident Eberhard Martini. Was der Chef der Münchner Hypo-Bank dabei freilich übergeht, ist die Tatsache, daß es nirgendwo so viele Schmutzfinken gibt wie im Dunstkreis der Banken und Börsen. Längst gilt bei

ausländischen Aktionären die deutsche Börse als »ein Tummelplatz für Insider« – so das amerikanische Wirtschaftsmagazin *Business Week*. Tatsächlich werden in kaum einem Land Verstöße gegen das Fair play am Aktienmarkt so lax behandelt wie in Deutschland. Bis vor kurzem gab es nicht einmal ein Gesetz gegen Insiderverstöße.
Während in den USA die SEC, eine bestens funktionierende Behörde mit staatsanwaltschaftlichen Befugnissen, praktisch jedes größere Börsengeschäft kontrolliert und Verstöße gegen die strengen gesetzlichen Vorschriften unnachsichtig ahndet, haben bei uns Insider, die ihr Vorauswissen zu einträglichen Privatgeschäften nutzen, noch immer wenig zu befürchten. Erwischt werden sie nicht durch eine sorgfältige Überwachung des Börsengeschehens, denn die fehlt nach wie vor in Deutschland, sondern allenfalls durch mißgünstige Kollegen, die sich in anonymen Schreiben Staatsanwälten und Steuerfahndern offenbaren.
Auch Franz Steinkühler wurde auf diese Weise ans Messer geliefert, nach heutigem Erkenntnisstand von einem Angestellten der BfG-Bank, bei der der naive Gewerkschaftler zwei Konten unter seinem richtigen Namen unterhielt. Möglicherweise dachte er nur deshalb nicht an eine bessere Tarnung seiner einträglichen Börsengeschäfte, weil er davon ausgehen konnte, daß die Gefahr, erwischt zu werden, minimal war. Tatsächlich, das hat der Juraprofessor Haro Otto aus Bayreuth nach langjährigen Untersuchungen festgestellt, gibt es an der deutschen Börse kaum eine größere Transaktion ohne Insidergeschäfte. »Die Dummen sind die kleinen Anleger«, ärgerte sich *Der Spiegel*: »Bevor die Informationen sie erreichen und sie zur Bank eilen, um einen Wertpapierauftrag zu geben, ist das eigentliche Geschäft bereits gelaufen.«

Keine Gefahr für Insider

Wohl wahr. Zwar gab es bei vielen interessanten Börsengeschäften der letzten Jahre Hinweise auf verbotene Insidergeschäfte, doch erwischt wurde kaum einer. Pech hatte zum Beispiel der ehemalige

Vorstandsvorsitzende des Berliner Fotosatzgeräteherstellers Berthold AG. Werner Brendel täuschte seine Aktionäre lange Zeit über die wahre Lage seines Unternehmens. Bevor er mit geschönten Geschäftsberichten und optimistischen Prognosen den Kurs der Berthold-Aktie in die Höhe trieb, kaufte er sich selber zu noch günstigen Preisen ein und stieß die Papiere mit erheblichen Gewinnen ab, bevor der desolate Zustand des Unternehmens offenbar wurde. Der Berthold-Kurs stürzte in vier Monaten von 700 auf 220 Mark ab.

Aber weil es damals noch kein Insidergesetz ab, kam Brendel glimpflich davon, er mußte lediglich den erzielten Gewinn zurückzahlen. Ganz anders werden solche Verstöße, die stets zu Lasten der nicht informierten Aktionäre gehen, in den Vereinigten Staaten geahndet. Da mußten ertappte Kursmanipulateure wie Ivan Boesky, Dennis Levine und Michael Milken, ehemaliger Geschäftsführer des großen Investmentbroker-Hauses Drexel-Burnham, für mehrere Jahre ins Gefängnis und darüber hinaus Geldbußen von mehr als 500 Millionen Dollar berappen.

In Deutschland verliert ein erwischter Insider allenfalls seinen Job. So auch Klaus Kuhn, der ehemalige Aufsichtsratsvorsitzende des AEG-Konzerns. Kurz bevor das marode Unternehmen von Daimler-Benz geschluckt wurde, kaufte Kuhn noch schnell 700 AEG-Aktien, die ihm nach der Übernahme einen bescheidenen Gewinn von 16000 Mark einbrachten. Als das Geschäft durch eine Indiskretion herauskam, mußte der bis dato unbescholtene Manager seinen Sessel räumen.

Auf einen Ertappten aber, so vermuten Staatsanwälte und Steuerfahnder, die sich mittlerweile intensiver um das Börsengeschäft kümmern, kommen 1000 unentdeckte Täter. Wann immer in den letzten Jahren Aktiengesellschaften fusionierten, lukrative Großaufträge bekamen oder unverhofft in Schwierigkeiten gerieten, wenn größere Aktienpakete den Besitzer wechselten, dann nutzten Insider aus der Unternehmensleitung wie die beteiligten Banken ihren Informationsvorsprung für verbotene Geschäfte.

Kurz bevor zum Beispiel die Brüder Franz und Frieder Burda im Jahre 1988 ihre Beteiligung von 25 Prozent am Axel Springer Verlag an die Familie Springer zurückverkauften, stießen verdächtig viele Springer-

Aktionäre ihre Papiere zu noch günstigen Kursen ab. Nachdem der Handel mit den Burdas bekannt wurde, verlor die Springer-Aktie rund 100 Mark im Kurs.
Im selben Jahr geriet das Handelshaus Klöckner nach riesigen Fehlspekulationen mit Rohölterminkontrakten in eine existenzbedrohende Krise. Wenige Tage, bevor der Verlust von über 700 Millionen Mark offiziell bekanntgegeben wurde, verkauften an der Börse vorab informierte Insider größere Mengen von Aktien und Genußscheinen des angeschlagenen Unternehmens.
Ähnlich lief es bei den Aktien des Textilzulieferers Goldzack, des Fleischkonzerns Moksel, des Warenhausunternehmens Asko, des Fliesenherstellers Agrob, des Stoßdämpferbauers Boge, des Handelskonzerns Wünsche: Stets brachten die Insider ihr Schäfchen ins trokkene, bevor die schlechten Nachrichten das Publikum erreichten.
Auch beim Daimler-Deal mit der Mercedes-Holding war Franz Steinkühler keineswegs der einzige, der dabei mitverdienen wollte. Der Gewerkschaftsboß hatte nämlich nur insgesamt 2100 MAH-Aktien gekauft, aber in den zwei Wochen, bevor Daimler-Aufsichtsratsvorsitzender Hilmar Kopper das Umtauschangebot bekanntgab, wechselten täglich Hunderttausende MAH-Aktien den Besitzer. An einem einzigen Tag, dem 26. März 1993, wurden fast 370000 Stück verkauft. »Da waren«, vermutet der Würzburger Bankprofessor Ekkehard Wenger, »ganze Bataillone von Insidern am Werk.«
Seine Kollegen Reinhard Schmidt und Sönke Wulff, Professoren an der Universität Kiel, wollten es genauer wissen und untersuchten insgesamt 320 Fälle von kursrelevanten Vorgängen bei deutschen Aktiengesellschaften (Änderung der Dividende, Aufstockung oder Reduzierung des Stammkapitals, Fusionen etc.). Ergebnis: In 20 Prozent der Fälle gab es den »empirisch ermittelten Verdacht« auf Insiderhandel.

Sparer auf schlüpfrigem Gelände

Auf welch schlüpfriges Gelände sich ein Sparer begibt, wenn er sich zur Geldanlage ein paar Aktien kauft, kam durch die sogenannte Telefonzellenaffäre ans Licht. Da fanden sich im Frühjahr des Jahres 1991 in einigen Münchner Telefonzellen im Umkreis der Börse scheinbar vergessene Briefe. Sie waren adressiert an einen »sehr geehrten Herrn Kramer« und stammten angeblich von einem Manager der Heidelberger Zement AG, der »freundschaftlich« enge Beziehungen zu dem Alleinvorstand der Niedermayer Papierfabrik AG in Rosenheim unterhielt. Aus dem Schreiben ging hervor, daß die Papierfabrik, an der die Heidelberger Zement AG die Mehrheit besaß, einen Großauftrag aus der ehemaligen DDR erhalten habe und daraus horrende Gewinne erzielen werde.

Das offenbar an den richtigen Orten plazierte Papier verfehlte seine Wirkung nicht, denn der Niedermayer-Kurs explodierte geradezu von 380 auf 1 100 Mark. Wenig später wurde der Kurs der Papieraktie für drei Tage ausgesetzt, dann verkündete der Vorstand, daß weder ein Großauftrag aus den neuen Bundesländern eingegangen sei noch eine Dividende gezahlt werden könne. Vielmehr sei ein Verlust in Millionenhöhe zu erwarten. Der Briefschreiber jedenfalls hat sein Ziel erreicht, wenn er seine Aktien zu einem möglichst hohen Kurs verkaufen wollte.

Ob es sich um marktenge Titel wie eine kleine Rosenheimer Papierfabrik handelt oder um sogenannte Blue chips, die über ein renommiertes Kreditinstitut erworben werden – nie ist ein Aktionär sicher, ob er nicht einem von besser informierten Mitspielern manipulierten Kurs aufsitzt. Als der Schweizer Milliardär Klaus Jacobs zum Beispiel die Mehrheit an seinem Kaffee- und Süßwarenkonzern (»lila Kuh«) Jacobs Suchard an den amerikanischen Riesen Philip Morris (»Marlboro«) verkaufte, da wußten einige Kunden und zumindest ein Direktor der feinen Rothschild-Bank in Zürich schon vorher Bescheid.

Eine panamesische Firma namens Montevar kaufte, noch während die Übernahmeverhandlungen liefen, über die Rothschild-Bank beträchtliche Mengen Suchard-Aktien. Nachdem Bezirksanwalt Daniel

Tewlin bei den Ermittlungen auf allerlei dubiose Geschäfte gestoßen war, tauchte Rothschild-Direktor Jörg Heer unter.

Fachgerecht abgezockt

Alle diese Fälle aber sind Peanuts im Vergleich zu dem Sumpf, in den die Ermittlungen im Frankfurter Bankenskandal führten. Ganze Hundertschaften von selbständigen Maklern und angestellten Bankmitarbeitern, die Zugang zu Kundendepots und den Finanzmärkten hatten, betrieben systematisch zum eigenen Vorteil Geschäfte wie

- den Ringhandel: Im Auftrag eines fiktiven oder echten Kunden kaufen die Händler aus den Beständen der Bank einen größeren Packen Optionsscheine zu einem Preis, der (wegen der großen Menge) etwas unter dem offiziellen Börsenkurs liegt. Dann werden die Papiere von einem Händler zum anderen weitergereicht, und zwar jedesmal zu einem etwas höheren Preis, bis am Ende ein Kurs erreicht ist, der über dem Börsenwert liegt. Und diesen erhöhten Kurs muß dann der Kunde bezahlen, während die Differenz zwischen Ein- und Verkaufskurs in den Taschen der Händler bleibt.
- das Frontrunning: Wenn die Researchabteilung einer großen Bank der Kundschaft eine besondere Aktie zum Kauf empfiehlt, decken sich die Profis des Wertpapierhandels vorher mit diesem Wert ein, in der sicheren Erwartung, daß aufgrund der Empfehlung der Kurs anziehen wird. Zu den erhöhten Kursen verkaufen sie dann die Aktie aus eigenen Beständen an die Kunden.
- das Dividendenstripping: Die Händler kaufen Aktien kurz vor der Ausschüttung der Dividenden und verkaufen sie dann sofort wieder, um den in den Dividenden enthaltenen Anspruch auf Rückerstattung der von den Unternehmen gezahlten Körperschaftssteuern geltend zu machen. Diese Geschäfte, die ausschließlich dazu dienen, den Fiskus zu schröpfen, sind nach geltendem Recht mißbräuchlich. Einige Frankfurter Börsenhändler entwickelten eine raffinierte Variante dieses Geschäfts, indem sie bestimmte Aktien kurz vor dem

Dividendentermin kauften, zugleich aber dieselbe Menge an jungen, noch nicht gewinnberechtigten Aktien desselben Unternehmens verkauften. Beim Finanzamt machten sie dann Handelsverluste geltend, da zwischen den alten und neuen Papieren eine beträchtliche Kursspanne lag. Den Schaden, der den Steuerbehörden auf diese Weise entstanden ist, beziffern die Frankfurter Ermittler auf rund 100 Millionen Mark.

- die Arbitrage: Hier werden die kleinen Differenzen ausgenützt, die zwischen den Kursen eines Wertpapiers an den verschiedenen deutschen oder internationalen Börsen auftreten. Ordert zum Beispiel der Kunde einer Bank 1 000 Siemens-Aktien, dann kann es sein, daß das Papier in Frankfurt DM 750, in München DM 748, in Düsseldorf DM 746 kostet. Der Händler versucht nun eine möglichst große Stückzahl zum niedrigsten Kurs zu bekommen und erzielt so einen Durchschnittspreis von, sagen wir, DM 747,50. Dem Kunden aber berechnet er einen Kurs von DM 750 und streicht die Differenz zum tatsächlich bezahlten Preis selber ein.

Alle diese zwielichtigen Transaktionen, die stets zu Lasten der nichtsahnenden Bankkunden gehen, werden von den Geldhäusern geduldet, ja sogar noch gefördert. Auch wenn sie nach außen hin immer wieder betonen, daß sie ihren Angestellten grundsätzlich alle Transaktionen zu Lasten der Bank oder des Kunden strikt untersagen würden, so haben sie intern bis heute nicht wirklich ernst gemacht mit dieser Absicht. Sie müßten sonst ihren Wertpapierhändlern höhere Gehälter zahlen und sie, wie es in den USA längst üblich ist, an den Profiten beteiligen. In Deutschland hingegen werden die Händler immer noch relativ knappgehalten und dürfen dafür beim sogenannten »Eigenhandel« ihr Salär beliebig aufbessern.

Prämien für Spielernaturen

Das geht so weit, daß die Banken ihren Effektenhändlern großzügige Kredite zur Verfügung stellen, mit denen sie fröhlich an der Börse spekulieren dürfen. Bei der Dresdner Bank zum Beispiel bekommen Direktoren und Prokuristen Kredite bis zu einer halben Million Mark, rangniedere Angestellte noch bis zu 300000 Mark für Spekulationen an den Wertpapiermärkten. »In Deutschland wird von den Börsenhändlern geradezu erwartet, daß sie am Markt kräftig mitmischen«, beobachtete die Wochenzeitung *Die Zeit.*

Mit einem Jahresgrundgehalt von knapp 100000 Mark, das etwa ein 25jähriger Händler bei einer Großbank bezieht, kann er freilich keine großen Sprünge machen, deshalb legt ihm die Bank oft schon beim Einstellungsgespräch nahe, wie er sich sein Zubrot verdienen kann. Daß dies in der Regel immer zu Lasten des Kunden geht, wissen beide Seiten, doch sie werden sich hüten, dies offen auszusprechen. »Wahrscheinlich käme ein Bonussystem die Banken teurer als die jetzige Regelung«, vermutete die *Frankfurter Allgemeine.*

Das Milieu, in dem die Wertpapierhändler der Geldhäuser agieren, lockt von vornherein eher risikofreudige Naturen an. Dies jedenfalls haben die Psychologen Peter Maas und Jürgen Weibler von der Hochschule St. Gallen herausgefunden, als sie Zusammenhänge zwischen *Börsen und Psychologie* (so der Titel ihrer Studie) erforschten. Demnach herrscht in den Börsenabteilungen der Geldhäuser ein Typus vor, der in der Weltliteratur am besten von Fjodor Dostojewski beschrieben wurde, nämlich der Spieler. Fast zwanghaft sucht er den »Kick«, den ein Bungee-Springer oder Hochseilartist erleben mag, beim Börsenspiel mit hohem Einsatz. »Die Händler sind die Paradiesvögel, die selbst oft mit Verachtung auf die anderen Angestellten der Bank sehen«, beobachtete *Der Spiegel.* Psychologe Maas brachte die Berufseinstellung der Geldhändler auf die kurze Formel: »Die haben das Chaos im Kopf.«

Von alledem ahnt der Bankkunde natürlich nichts, wenn er im gediegenen Ledersessel des Besprechungszimmers seinem Anlageberater gegenübersitzt. Ihm erscheint die Bank als ein Ort des Vertrauens, wo überaus seriöse Menschen überaus pfleglich mit seinem hart erarbeiteten Vermögen umgehen. Niemals würde ihm die Vermutung in den Sinn kommen, daß sich eine Horde verrückter Spieler über sein Geld hermacht, sobald die Polstertür hinter ihm ins Schloß fällt.

Feines Ambiente für Reiche

Mit Hingabe pflegen die Institute ihr Image vor allem bei den betuchten Kunden. Seit eine Studie der Bundesbank prognostiziert hat, daß in Deutschland bis zum Jahr 2000 rund 800 Milliarden an Geldvermögen, 700 Milliarden Immobilien und Lebensversicherungen im Wert von 400 Milliarden vererbt werden, blasen die Geldhäuser zur Treibjagd auf die Millionäre von morgen. Anders als beim standardisierten Massengeschäft mit der Laufkundschaft, wo jede Schalterminute zählt, scheuen sie bei der Hatz aufs kapitale Anlegerwild keine Mühe und keinen Aufwand.

Für die Betreuung ihrer vermögendsten Klientel legten sich die großen Institute feine Privatbanken zu, in denen die alten Meister an der Wand ebenso echt sind wie die Knüpfware aus Täbris oder Isfahan am Boden. In die stillen Gemächer, die die Würde von Jahrhunderten ausstrahlen, wird allerdings nur geleitet, wer der Bank einen ordentlichen Reibach verspricht. Die Deutsche Bank zum Beispiel reicht so edles Wild nur dann an ihre Tochter »Grunelius Privatbankiers« weiter, wenn dieses mindestens fünf Millionen Mark zur alsbaldigen Anlage mitbringt. Auch das feine Bankhaus Hardy & Co., voll im Besitz der Dresdner Bank, akzeptiert nur Kunden ab einem flüssigen Bestand von fünf Millionen. Beim ältesten deutschen Bankhaus, Gebrüder Bethmann, längst ein Anhängsel der Bayerischen Vereinsbank, werden schon Minimalmillionäre willkommen geheißen, sofern sie bereit sind, finanziell »die Hosen runterzulassen«.

Die Aufnahme in den elitären Zirkel der Privatbankanleger beginnt nämlich in der Regel mit einer umfassenden »Vermögensstrukturanalyse«, und die kostet schon mal ein Minimum von 5000, eher aber 20000 Mark. Dafür erhält der Kunde freilich nicht viel mehr als einen Fragebogen, den er sorgfältig auszufüllen hat und aus dem die Bank ersehen kann, wieviel Knete in welcher Anlageform ihrer kundigen Hand anvertraut werden soll. Die finanzielle Fürsorge der feinen Finanzberater umfaßt neben dem Geldvermögen auch den kompletten Immobilienbestand, die laufenden Versicherungen und sogar die vorhandenen Kunstgegenstände nebst dem Schmuckkästlein der Ehefrau. Nur so, wenn sie das Eingemachte des Kunden völlig im Griff haben, glauben die fürsorglichen »Privatbanquiers« das Beste für ihn bewirken zu können – und für sich natürlich auch.

Die Idee des umfassend informierten »Vermögensdoktors« stammt, wie viele Innovationen der Finanzbranche, aus den USA. Schon vor etwa 15 Jahren importierte sie der Münchner Edelmann Albrecht Graf Matuschka nach Deutschland und machte daraus einen florierenden Finanzdienstleistungskonzern, der Anfang der neunziger Jahre an der Inkompetenz des Grafen scheiterte. Die Grundidee jedoch war goldrichtig und verhalf den Vermögensverwaltern der Großbanken, nachdem die lästige Konkurrenz verschwunden war, zu schönen Zuwachsraten.

Daß die Qualität der offerierten Anlagekonzepte in einem auffallenden Gegensatz zum feinen Ambiente der Bankhäuser steht, erfuhr eine interessierte Öffentlichkeit spätestens durch die Studie der European Business School (EBS) in Oestrich-Winkel. Professor Karl-Werner Schulte schickte den Inhaber eines Sechs-Millionen-Mark-Vermögens zu den Anlageabteilungen der feinsten deutschen Geldhäuser, um sie um eine Analyse seiner Bestände und Vorschläge einer Neustrukturierung der Erbmasse zu bitten. Fazit: Die Analysten zockten bis zu 20000 Mark ab und rieten im übrigen vor allem dazu, den Immobilienbestand zugunsten von Wertpapieren abzubauen. Klar: An der Umschichtung von Wertpapieren verdient die Bank, an deren Erträgen der Fiskus, an den Immobilien aber nur der Eigentümer. Deshalb sind Immobilien aus der Sicht der Banker natürlich eine schlechte Anlage, auch wenn sie ihrem Besitzer neben der marktüblichen Rendite einen hohen Wertzuwachs und Steuervorteile bescheren.

Bankenlobby entschärft das Gesetz

Wenn die Banker Besserung geloben, wenn sie sich von offensichtlich unfähigen oder kriminellen Mitarbeitern trennen, wenn sie verbesserte Sicherheitssysteme installieren, um die Einhaltung der gesetzlichen Spielregeln zu gewährleisten, dann treiben sie damit nicht mehr als ein wenig Oberflächenkosmetik, um den Gesetzgeber und die Justiz von allzu strengen Eingriffen in ihre gigantische Maschinerie abzuhalten. Nach dem großen Frankfurter Börsenskandal tönte zum Beispiel Hilmar Kopper von der Deutschen Bank: »Wer gegen Insiderregeln verstößt, gehört in den Knast«, doch wenig später verkaufte Deutschlands größtes Geldhaus seinen Kunden ungeniert die Aktien der Sachsenmilch AG, die ihnen bald darauf so sauer aufstießen. So ist auch die Einrichtung eines »Compliance Officers« in der Zentrale der Deutschen Bank nicht mehr als eine schöne Geste, die die aufgebrachten Anleger beruhigen soll.

Nach amerikanischem Vorbild soll dieser Compliance Officer dafür sorgen, daß sich Bankmitarbeiter nicht mehr auf Kosten der Kunden bereichern. Doch dafür gibt es ja bereits die Revisionsabteilung, und wenn die gut funktionierte, wäre die zusätzliche Stabsstelle, besetzt mit dem hochrangigen Manager Dieter Eisele und 50 Mitarbeitern, eigentlich überflüssig. Eisele ist dem Vorstand Ullrich Weiss unterstellt und soll zum Beispiel dafür sorgen, daß Konflikte zwischen den einzelnen Bankressorts (zum Beispiel Vermögensverwaltung und Beteiligungen oder Kredite und Eigenhandel) nicht auf dem Rücken der Kunden ausgetragen werden. Doch die unsichtbaren Mauern zwischen den Abteilungen (»Chinese Walls«) sind nach wie vor höchst durchlässig, wie verschiedene Vorfälle in jüngster Zeit bewiesen.

Mit List und Tücke verhinderte die Bankenlobby bis zuletzt auch ein wirklich scharfes Insidergesetz. Die Experten der Kreditwirtschaft dokterten so lange an dem Entwurf des Bundesfinanzministeriums herum, bis zum Beispiel das üble Dividendenstripping wieder erlaubt war. »Ein zahnloser Tiger«, kritisierte Hans-Joachim Schwarze, Vorsitzender des Arbeitskreises Insiderrecht. Und wenn das Gesetz demnächst wirksam werden sollte, fehlt noch immer eine Behörde, vergleichbar der amerikanischen SEC, die ihm auch in der Praxis zur Geltung verhelfen könnte. Denn ohne bestens geschulte Überwachungsbeamte, die die Tricks der Finanzartisten ebenso beherrschen wie die Ermittlungsmethoden der Kripo, sind die immer komplizierter werdenden Transaktionen in den Geldhäusern und an den Wertpapiermärkten nicht zu kontrollieren. Daran denkt Bonn freilich ebensowenig wie an einen wirksamen Schutz der Bankkunden gegenüber der primitiven Abzockerei in den Schalterhallen.

Ein zahnloser Tiger

Geschickt nahmen die Banken der Initiative von Verbraucherschutzverbänden den Wind aus den Segeln, indem sie zum Beispiel einen »Ombudsmann« als Schiedsrichter installierten. Dieser Leo Parsch, ehemaliger Präsident des Bayerischen Verfassungsgerichtshofs, wird von den Banken bezahlt und soll ihnen lästige Prozesse vom Leib halten. »Entsprechende Urteile sind selten«, bestätigte *Der Spiegel*: »Das liegt unter anderem daran, daß Kreditinstitute vor Gericht gerne einen Vergleich abschließen, wenn die Chancen nicht gut stehen. Vergleiche werden in der juristischen Fachliteratur nicht veröffentlicht, das Publikum erfährt nichts von den Prozessen. Und so kommen andere Anleger nicht auf den Gedanken, daß sie, bei miserabler Beratung, mit guten Aussichten ihre Bank verklagen können.«
Von den 900 Beschwerdefällen, die im ersten Jahr seines Wirkens auf den Tisch des Ombudsmanns gelangten, wurden 600 mit Vergleich erledigt. Auch der Münchner Wirtschaftsanwalt Michael-Christian Rössner, der viele geprellte Bankkunden vertritt, bestätigt: »In 80 Prozent der Fälle schließen wir einen Vergleich.« Nur zu genau wissen offenbar die Geldabgreifer in den Instituten, daß derlei Prozesse Staub aufwirbeln und deshalb schlecht fürs Geschäft sind. Rössner: »Nur wenn die Bank glaubt gute Karten zu haben, zieht sie das Verfahren durch alle Instanzen.«

4.

Die Fluchthelfer

Besonders schlechte Karten haben deutsche Geldanleger dann, wenn sie unversteuertes Geld einer Bank im Ausland anvertrauten. Denn dann können sie sich kaum wehren, wenn das Ersparte, statt sich zu mehren, unter den raffgierigen Fingern cleverer Vermögensverwalter immer weniger wird. Schwarzgeldbesitzer sind, weil sie den Zugriff des Fiskus mehr fürchten als den der Banken, die idealen Opfer für die Abzocker der Finanzbranche. So blüht das Milliardengeschäft mit den deutschen Steuerflüchtlingen rings um die Nation, von Luxemburg bis Liechtenstein.

Die Beute, um die es geht, kann sich sehen lassen: seit Bundesfinanzminister Theo Waigel im November 1991 seine »Zinsabschlagsteuer« ankündigte, ergoß sich ein breiter Kapitalstrom von mehreren 100 Milliarden Mark über die Staatsgrenzen. Das bis dahin auf Zweit- und Drittkonten, in Schließfächern oder häuslichen Schreibtischen gebunkerte Bare versuchte eilends dem Zugriff der Finanzämter zu entkommen und landete deshalb auf Konten in Ländern, die zwar ein wasserdichtes Bankgeheimnis, aber keine Besteuerung der Zinseinkünfte kennen.

Nicht zuletzt der Geldsegen aus Deutschland bescherte Anrainerstaaten wie Österreich, der Schweiz, dem Fürstentum Liechtenstein oder dem Großherzogtum Luxemburg Bankensysteme, die größer und leistungsfähiger sind, als es die Volkswirtschaften dieser Länder erforderten. Verdienten sich zunächst ausschließlich die ausländischen Institute eine goldene Nase an der D-Mark-Lawine, so mischen seit

ein paar Jahren die deutschen Geldkonzerne verstärkt und kräftig mit.
In Luxemburg zum Beispiel, der wohl umsatzstärksten D-Mark-Fluchtburg, haben die Teutonen die heimischen Banken weitgehend in den Hintergrund gedrängt. Nahezu jedes größere deutsche Geldhaus ist im Großherzogtum mit eigenen Filialen und Töchtern vertreten. Mit protzigen Neubauten demonstrierten Institute wie die Deutsche Bank, die Bayerische Landesbank oder die Münchner Hypo-Bank ihre Präsenz, und bei einem Stadtbummel bleiben den germanischen Steuerflüchtlingen selbst die Türschilder von Mini-Instituten wie der »Volksbank Baden-Baden Rastatt eG« nicht verborgen.
Auch in das Geldgewerbe Österreichs und der Schweiz haben sich die deutschen Finanzkonzerne längst eingekauft. So zog sich die Bayerische Vereinsbank das Wiener Bankhaus Schöller an Land und beteiligte sich mit 50 Prozent an der Zürcher Bank von Ernst, und die Deutsche Bank schließlich eröffnete am Bleicherweg gar unter ihrem eigenen Namen eine Dependance, um beim Spiel ohne Grenzen dabeizusein.

Organisierter Kapitalexport

Längst haben die Geldhäuser den Kapitalexport zum Leidwesen des Bundesfinanzministers perfekt organisiert. Der Bankkunde muß nicht mehr, wie noch in den späten Siebzigern, mit dem gebündelten Baren im Aktenkoffer über die Grenze, um es am ausländischen Bankschalter einzuzahlen. Es genügt nun, wenn er zu Hause der Bank den Auftrag gibt, das aus dem Schließfach geholte Bündel diskret nach Luxemburg zu transferieren. Fast immer wird die Bank einen Weg finden, vorausgesetzt, der Betrag ist groß genug, das Schwarzgeld diskret über die Grenze zu schaffen.
Die Deutsche Bank zum Beispiel arbeitet eng mit dem Versandunternehmen DHL zusammen, und auch die anderen Institute bedienen sich professioneller Geldtransporteure wie Securitas, Protectas oder

Curos, damit die Scheine sicher an ihren Bestimmungsort gelangen. Anträge auf Eröffnung eines Luxemburger Kontos liegen in den größeren Filialen aus, und gute Kunden erhalten nicht selten den fürsorglichen Rat, bei Überweisungen nur die Luxemburger Kontonummer, nicht aber den eigenen Namen einzutragen. Bei einer Betriebsprüfung kann so nicht festgestellt werden, von wem das Geld ins Ausland überwiesen wurde. Die organisierte Steuerfluchthilfe der Banken hat inzwischen auch Staatsanwaltschaften und Steuerfahnder alarmiert. Mitte Januar 1994 durchsuchten Dutzende von Beamten Geschäftsräume der Dresdner Bank in Frankfurt und Düsseldorf und stellten waschkorbweise Unterlagen sicher. Der Leitende Oberstaatsanwalt Jochen Ruhland vermutet, daß die »Dresdner« Millionen unversteuerter Gelder auf Nummernkonten ihrer Luxemburger Tochtergesellschaft transferierte.
Sind die Scheine in der Oase angekommen, werden sie sorgfältig geprüft, geglättet und umgehend nach Deutschland zurückgeschickt, denn die Masse der 500- oder 1000-Mark-Scheine überfordert nicht nur die Logistik der Luxemburger Bankfilialen, sondern auch die der Notenbank im Großherzogtum. Deshalb werden sie umgehend über grenznahe Zweigstellen der Bundesbank wieder in den deutschen Geldverkehr eingefädelt.
Skrupel wegen ihrer massiven Beihilfe zur Steuerflucht plagen die Manager der Banken und Sparkassen offenbar nicht. Solange Bonn, die EG und die Regierungen der Oasenländer ihnen die Möglichkeit lassen, im grenzüberschreitenden Geldverkehr einen Riesenreibach zu machen, werden sie diese Chance bis zum letzten Pfennig nützen. Doch die vielen tausend Geldanleger, die ihr Erspartes vor dem Fiskus in Sicherheit zu bringen trachten, sollten sich nicht der Illusion hingeben, daß sie von den Banken wirklich beschützt werden.
Sobald die europäischen Bundesgenossen in ihrer Finanznot Ernst machen mit der Absicht, die Steuerflucht zumindest innerhalb der EG zu verhindern, werden die Banken ohne zu zögern ihre Kontostände und Kundenlisten preisgeben. Besonders gefährdet ist das Fluchtgeld in Luxemburg, denn die EG-Partner drängen immer ungeduldiger auf eine »Harmonisierung« der Kapitalertragssteuern. Das Großherzog-

tum wird deshalb wohl bald eine 15prozentige Quellensteuer auf Zinserträge einführen und damit dem Kapitalexport aus Deutschland viel von seinem Charme nehmen.

Teurer Auszug aus Luxemburg

Und so, wie sie ihre Konten schon bei Eröffnung eines Luxemburg-Kontos abkassierten, rüsten sich die deutschen Geldhäuser bereits für die zweite Runde im einträglichen Spiel: der Auslagerung. Wenn die mehreren 100 Milliarden Mark Fluchtgelder aus dem Großherzogtum abgezogen und auf weniger gefährdete Oasen wie die Kanalinseln Guernsey, Jersey und Sark oder auch auf die alpenländischen Fluchtburgen verteilt werden, gibt es wieder etwas zu verdienen. Schon bei der Auflösung eines relativ kleinen Vermögensdepots (50000 Mark Bargeld und 150000 Mark in verschiedenen Aktien) errechnete das Nachrichtenmagazin *Focus* Kosten von bis zu 2000 Mark. Schon jetzt langen die Geldhäuser in den Steueroasen und Fluchtburgen so zu, daß der Exodus für viele Steuerflüchtlinge in einem finanziellen Desaster endete. Drei Umstände trugen dazu bei: erstens die brutale Gebührenschinderei, zweitens eine vor allem an den Gewinninteressen der Institute orientierte Anlagepolitik, drittens das Wissen um die Erpreßbarkeit der Schwarzgeldkunden.
Dazu ein paar Zahlen: Allein im kleinen Großherzogtum Luxemburg versuchen sich 213 Banken – davon 63 deutsche – an den Anlegern schadlos zu halten. Sie steigerten 1992 ihren Gewinn um erstaunliche 18,6 Prozent auf insgesamt 1,3 Milliarden Mark. Wie solche Erträge zustande kommen, wird deutlich, wenn man sich die Kosten einzelner Geldtransaktionen ansieht.
Da verlangt zum Beispiel die DG Bank ungeniert fünf Prozent des Wertes, mindestens aber DM 75, wenn ein Kunde ein paar Aktien oder Anleihen am Schalter zu Bargeld machen möchte, sofern die Papiere nicht aus dem eigenen Haus stammen. Die Berliner Bank gar kassiert bei solchen Transaktionen mindestens DM 100 und gibt sich dafür mit drei Prozent der Anlagesumme zufrieden. Noch teurer ist die Landes-

bank Schleswig-Holstein, die bei der Einlösung von Fremdanleihen wucherische zehn Prozent oder mindestens DM 200 pro Vorgang für sich abzweigt.
In der vermeintlichen Steueroase kostet jede Dienstleistung extra. Allein für die Einrichtung eines Nummernkontos zahlt der Kunde bei der Dresdner Bank DM 420 und bei der Commerzbank gar DM 600. Die Kosten für die Verwaltung eines Wertpapierdepots summieren sich, einschließlich fälliger Transaktionen und Couponeinlösungen, leicht auf 10000 Mark im Jahr. Und wer der freundlichen Oase den Rücken kehrt, wird noch mal kräftig abkassiert: etwa durch zusätzliche Gebührenaufschläge, wenn er sein Geld in US-Dollar oder Schweizer Franken statt in der Landeswährung mitnimmt, wenn er sich seine Wertpapiere in effektiven Stücken ausliefern läßt, auf telegraphischen Überweisungen besteht oder sein Geld an einen anderen Empfänger transferiert.

Steuerflüchtlinge werden abkassiert

Noch mehr bluten müssen jene Bankkunden, die den Verlockungen der eifrig werbenden Luxemburger Investmentfonds erlegen sind. Bis Ende 1993 sammelten sich in den Töpfen der Fondsgesellschaften nicht weniger als 450 Milliarden Mark an, und die Verwaltung dieser Gelder lassen sich die Luxemburger Fondsmanager teuer bezahlen. Obwohl sie keineswegs bessere Ergebnisse vorzuweisen haben, kassieren die Lux-Fonds Jahresgebühren, die um etwa 50 Prozent höher sind als jene ihrer deutschen Pendants.
Der von einer Tochter der Dresdner Bank gemanagte Fonds DIT-LUX Vario Garantie zum Beispiel kostet erst mal drei Prozent Ausgabeaufschlag, ferner 1,5 Prozent jährliche Verwaltungsgebühren, schließlich muß der Käufer auch noch einen Abschlag beim Rücknahmepreis hinnehmen, sofern er seine Zertifikate vor Ende 1996 zu Bargeld machen möchte.
Wohin der Steuerflüchtling sich auch wendet, ob nach Norden, Süden oder Westen – überall warten gierige Geldkassierer. Vor allem, wenn

der Anlagetourist Bares mitbringt, wird er kräftig zur Ader gelassen. Die Schweizer zum Beispiel, um verdienstvolle Ideen nie verlegen, zweigen sofort bei der Einzahlung ein halbes Prozent für sich ab, mittlerweile folgten die meisten österreichischen Banken dem unrühmlichen Vorbild. Die Bar-Buße heißt bei den Alpenländern »Perte« oder »Agio« und wird erhoben für die Mühsal des Geldzählens. Die Freundlichkeit, fremde Wertpapiere ins Depot des Kunden einzustellen, lassen sie sich ungeniert mit DM 120 pro Titel bezahlen. Von einem eingelösten Zinscoupon schneiden sie drei Prozent des Nennwertes für sich ab. Die Minimalgebühr für die Verwaltung eines Depots beträgt 250 Fränkli im Jahr, jeder Kauf oder Verkauf eines Papiers steht mit 100 Fränkli zu Buch. Bei solchen Durchschnittssätzen fragte sich schon mancher Kunde, ob Theo Waigels Steuerzugriff nicht doch das kleinere Übel war.

Das viele Geld, das die steuermüden Deutschen über die Grenze karrten – von Ende 1991 bis Ende 1993 waren es mindestens 150 Milliarden Mark –, ist für die Oasenländer längst die wichtigste Einnahmequelle geworden. Zumindest Luxemburg, die Schweiz und Liechtenstein verbuchen bereits höhere Einkünfte aus Finanzgeschäften als aus dem Tourismus. Aber auch für Dänemark, die Niederlande und Österreich wird das deutsche Fluchtkapital zu einer immer wichtigeren Stütze ihrer Volkswirtschaften.

Zehntausende gut ausgebildeter Bankkaufleute leben in den europäischen Anrainerstaaten bereits von der Substanz der steuermüden Deutschen. Und nicht wenige von ihnen versuchen nach Kräften, für sich noch ein wenig mehr herauszuholen, als ihnen rechtmäßig zusteht. Weil sie wissen, daß die ausländischen Kunden häufig wehrlos sind (wenn sie Schwarzgeld gebunkert haben), mischen sie die ihnen anvertrauten Depots so kräftig durcheinander, daß am Ende keine Wertzuwächse, dafür aber jede Menge Gebühren anfallen.

Eine Münchnerin zum Beispiel, Exfrau eines reichen Industrieerben, brachte ihre sieben Millionen Mark Abfindung zu einer österreichischen Bank und eröffnete dort ein Wertpapierdepot. Verwalten ließ sie es indes vom Leiter einer Münchner Commerzbank-Filiale, bei der sie bisher schon ein Girokonto unterhielt. Der erfahrene Banker brauchte nur zwei Jahre, um das Depot auf ein Zehntel des ursprünglichen Wertes abzuschmelzen. Bei der Suche nach dem verlorenen Kapital stieß die Münchnerin auf die verwegensten Transaktionen mit japanischen Optionsscheinen, amerikanischen Penny Stocks und marktengen Aktien. Bei genauerem Hinsehen stellte sich heraus, daß der Verwalter bei derselben Bank noch ein zweites Konto auf eigenen Namen unterhielt, mit dem er ebenfalls wild spekulierte. Gewinne aus den Transaktionen beider Konten lenkte er in die eigene Taschen, mit den Verlusten hingegen belastete er vor allem das Konto seiner Mandantin.

Millionenverluste in Zürich

Auch zahlreiche Kunden der Zürcher Bank von Ernst & Cie. AG (BvE), die bis April 1993 als Wirtschafts- und Privatbank Zürich (WPZ) firmierte, haben Grund, sich über verblüffende Wertverluste ihrer Depots zu beklagen. Sie hatten ihr Geld einem Vermögensverwalter namens Jürg Walker anvertraut, dessen Spezialität die Manipulation marktenger Papiere war. Darunter versteht man Aktien, von denen an der Börse nur eine relativ geringe Stückzahl gehandelt wird, so daß sich ihr Kurs fast nach Belieben beeinflussen läßt.
Nach einem geglückten Coup mit Aktien der deutschen AVA Allgemeine Handelsgesellschaft der Verbraucher AG begann Walker Ende 1989 mit den Papieren der in Florida beheimateten Firma College Bound Inc. zu dealen. Auf Rechnung seiner vermögenden Kunden kaufte er so viele College-Bound-Papiere, daß der Kurs innerhalb eines Jahres von 44 Cents um das Zehnfache auf US-$ 4,40 hochschnellte.
Der wahnwitzige Kursanstieg des kleinen Unternehmens, das Schüler und Studenten auf die Aufnahmeprüfungen an amerikanischen Universitäten vorbereitete, fiel selbst dem renommierten Finanzblatt *Barron's* auf, das im April 1991 einen kritischen Bericht über College Bound veröffentlichte. Weil Walker und andere Mitarbeiter der WPZ, an der damals schon die Bayerische Vereinsbank mit 50 Prozent

beteiligt war, weiter fleißig College-Bound-Aktien kauften, schnellte der Kurs im Sommer bis auf gut 23 Dollar empor.
Nun wurde auch die amerikanische Börsenaufsicht mißtrauisch, und schließlich erschien im Wirtschaftsmagazin *Business Week* ein kritischer Bericht, aus dem hervorging, daß die College-Bound-Seminare schlecht besucht waren und die Geschäfte dieser Firma einen solch abenteuerlichen Börsenkurs keinesfalls rechtfertigten. Dennoch warnte die WPZ ihre Kunden noch immer nicht vor dem luftigen Spekulationspapier, sondern riet in manchen Fällen noch zu Zukäufen.
Im April 1992 schließlich setzte die SEC den Handel mit diesen Aktien aus, und kurz darauf meldete College Bound den Konkurs an. Obwohl bis Ende 1991 Wandelanleihen der obskuren Firma in Höhe von 24 Millionen Dollar bei der Kundschaft plaziert und rund 7,5 Millionen Stammaktien im Wert von 100 Millionen Dollar gehandelt wurden, konnte der Konkursverwalter gerade noch 2,5 Millionen Dollar zusammenkratzen.
Viele WPZ-Kunden, von denen einige den Empfehlungen der Bayerischen Vereinsbank gefolgt waren, mußten empfindliche Verluste hinnehmen, während Kundenberater Walker, nach Darstellung der *Wirtschaftswoche,* »gigantische Kursgewinne einstrich«. Auch ein anderer Vermögensverwalter dieser Bank namens Markus Crameri, der den Investmentfonds »Wega 9« managte, bescherte seinen Kunden Millionenverluste. Die beiden Muttergesellschaften der Zürcher Skandalbank, nämlich die Bayerische Vereinsbank in München und der CA Creditanstalt Bankverein in Wien, machten bis heute keine Anstalten, die geprellten Anleger zu entschädigen. Statt dessen gaben sie der WPZ lediglich einen neuen Namen.

Trickreicher Deal mit Dublin

Das Geschäft mit den Steuerflüchtlingen ist für die deutschen Kreditinstitute mittlerweile einer der zuverlässigsten Gewinnfaktoren geworden. Denn ein erheblicher Teil der geschätzten sieben bis zehn Milliarden Mark, die dem deutschen Fiskus an Steuern auf Zinserträge entgehen, landet über Gebühren, Provisionen und Gewinnanteile in den Kassen der deutschen Geldinstitute. Wie hoch ihre Gewinne aus dem Steuerfluchtgeschäft sind, läßt sich nur ahnen. So ließ sich die Deutsche Bank 1993 von ihrer Luxemburger Tochter satte 30 Prozent Dividende überweisen, und Dresdner-Bank-Chef Jürgen Sarrazin knöpfte seiner Filiale im Großherzogtum stramme 291 Millionen Mark ab.

Bekämpfte die Finanzbranche einst die Bonner Quellensteuerpläne bis aufs Messer, so vollführte sie nach deren vom Bundesgerichtshof erzwungenen Einführung blitzschnell eine Kehrtwendung und organisierte den Abfluß des Kapitals im großen Stil. Und solange die Institute mit der Steuerflucht risikolos Milliardengewinne scheffeln, versuchen sie die Bemühungen der EG-Behörde zu unterlaufen, die für eine einheitliche Besteuerung der Kapitalerträge in ihren Mitgliedsländern sorgen will.

Läßt sich jedoch eine EG-weite Zinssteuer nicht mehr verhindern, dann werden sie die Fluchtgeldlawine eben in neue Oasen lenken und daran wiederum klotzig verdienen. Schon heute wird zum Beispiel jeder Kunde, der am Luxemburger Bankschalter Tafelgeschäfte machen und seine Zinscoupons einlösen möchte, mit seinen persönlichen Daten im Bankcomputer erfaßt. Per Gerichtsbeschluß kann die deutsche Steuerfahndung jederzeit auf diese Daten zurückgreifen. Wie in der Schweiz ist also auch das Bankgeheimnis in Luxemburg bereits durchlöchert, und die von der Bank so vielgepriesene Anonymität, die deutsche Steuerflüchtlinge so schätzen, ist längst nur noch eine Farce.

Wie trickreich die deutschen Banken Bonner Steuerpläne zu unterlaufen pflegen, wenn ihre Interessen auf dem Spiel stehen, zeigt der Deal mit Dublin. Die Republik Irland ist, obwohl ebenfalls EG-Mitglied, als Steueroase seit langem bekannt. Die Abgabenfreiheit auf der grünen Insel schätzten nicht nur westdeutsche Unternehmer wie Max Grundig, die dort kräftig subventionierte Produktionsstätten hochzogen, sondern auch sensible Künstler wie der Schriftsteller Heinrich Böll, der dort seine Honorare weitgehend steuerfrei genießen durfte. In den letzten Jahren freilich erfreute sich Irlands Hauptstadt Dublin, als Schauplatz des Kultromans *Ulysses* von James Joyce bei den Literaten in aller Welt geschätzt, vor allem des Interesses der deutschen Vermögensverwalter. Denn seit die irische Regierung mit dem IFSC (International Financial Services Center) auf dem alten Dubliner Hafengelände eine Steueroase für Vermögenstransaktionen schuf, ließen sich rund 160 Banken, Versicherungsgesellschaften und Vermögensverwalter nieder, die im Auftrag einer internationalen Kundschaft Milliardenbeträge auf die Insel lenkten.

Deutsche Großaktionäre, darunter die namhaftesten Konzerne, ließen sich ihre Dividenden nach Irland überweisen, zahlten dort nur zehn Prozent Steuern und transferierten das Geld dann steuerfrei wieder nach Deutschland zurück. Als Bonn, um das Schlupfloch zu stopfen, das Außensteuergesetz änderte und ab 1. Januar 1993 Anlagegewinne aus sogenannten Niedrigsteuerländern voll der deutschen Steuer unterwarf, machten die Chefs dreier deutscher Großbanken mit der irischen Regierung einen interessanten Deal.

Weil Irland nur zehn Prozent Zinssteuer verlangte, zählt es nach der Bonner Definition zu den Niedrigsteuerländern. Flugs überredeten Wolfgang Röller (Dresdner Bank), Martin Kohlhausen (Commerzbank) und Albrecht Schmidt (Bayerische Vereinsbank) die irische Regierung, ihre Steuergesetze um einen interessanten Zusatz zu bereichern. Demnach dürfen die in der Vermögensverwaltung tätigen deutschen Geldhäuser in Irland »auf eigenen Wunsch« mit einer höheren als der üblichen zehnprozentigen Steuer belastet werden. De facto bedeutete dies, daß Irland für die Deutschen zum Hochsteuerland erklärt wurde, ohne daß die höheren Steuern tatsächlich anfielen. Nach wie vor sind also die in Irland anfallenden Erträge für den deutschen Fiskus tabu.

5.

Die Geldwäscher

Nirgendwo sonst zeigt sich die heuchlerische Doppelmoral des Kreditgewerbes deutlicher als beim derzeit wohl brisantesten Bankenthema, der Geldwäsche. An dem an sich banalen Vorgang, Gewinne aus kriminellen Geschäften in den Geldkreislauf der Volkswirtschaften einzuschleusen, verdienen Banken in aller Welt Millionensummen. Ohne die Hilfe von Geldinstituten wären die international operierenden Verbrecherorganisationen, von der Cosa Nostra in Las Vegas bis zum Drogenkartell in Cali, längst zahlungs- und handlungsunfähig. Das wurde von vielen Staaten früher toleriert.

Als der Drogenkonsum in den nordamerikanischen Großstädten überhandnahm und mit normalen polizeilichen Mitteln nicht mehr erfolgreich bekämpft werden konnte, entwickelten die Spezialisten der DEA (Drug Enforcement Administration) die Idee, die großen Dealer und Erzeugerringe an ihrer empfindlichsten Stelle zu treffen, nämlich beim Geld. Zusammen mit dem Drogendepartment vom FBI verlagerten die DEA-Fahnder den Schwerpunkt ihrer Arbeit vom Rotlicht- ins Bankenviertel.

Mit ausgeklügelten Computerprogrammen, ähnlich denen der Börsenaufsichtsbehörde SEC, durchkämmten die von der US-Regierung mit weitgehenden Vollmachten ausgestatteten Spezialabteilungen der Antidrogenbehörde die Kontenbewegungen unzähliger Firmen- und Privatpersonen, um dem immer breiter werdenden Strom von Drogengeldern auf die Spur zu kommen. Da sie beim Aufspüren illegaler Dollarpipelines recht erfolgreich waren, verlagerten die Verbrecher-

kartelle ihre Geldwaschanlagen immer häufiger nach Europa und Südostasien.
Gerieten zunächst vor allem die amerikanischen Filialen der Schweizer Großbanken ins Visier der Schwarzgeldfahnder, so spürten diese bald auch verdeckte Kapitalströme auf, die nach Luxemburg, London, Frankfurt, Düsseldorf und Hamburg führten. Als »Hausbank des Verbrechens« wurde schließlich die in London und Luxemburg residierende BCCI (Bank of Credit & Commerce International) identifiziert.
Als die hauptsächlich von arabischen Investoren betriebene Bank 1991 in einer spektakulären Milliardenpleite zusammenbrach, war das viele Schwarzgeld, das über die BCCI-Konten gelaufen war, längst in tausenderlei Kanäle versickert. Und viele dieser Kanäle führten die amerikanischen Drogengeldfahnder nach Old Germany. Die sehr konkreten Hinweise amerikanischer Behörden und massiver politischer Druck aus Washington zwang die Deutschen schließlich zum Handeln.

Drogengelder auf deutschen Konten

Hatte das deutsche Kreditgewerbe zuvor jahrelang das Geldwäscheproblem zu verharmlosen versucht, so mußten nun, wohl oder übel, sichtbare Konsequenzen gezogen werden. Doch noch immer sperrte sich die Lobby der Geldhäuser gegen wirklich einschneidende Reformen. Erst als auch das Bonner Finanzministerium, im Verein mit der Steuerfahndung wie dem Bundeskriminalamt (BKA), ein gesteigertes Interesse an der Aufspürung schwarzer Kassen bekundete, bequemte sich die Bundesregierung schließlich zum Erlaß eines »Gewinnaufspürungsgesetzes«.
Bis zuletzt versuchten die Interessenvertreter der Finanzwirtschaft freilich, das Gesetz so zu verwässern, daß sie sich ihrer Kundschaft gegenüber als Verteidiger des Bankgeheimnisses präsentieren konnten. Tatsächlich sind mit dem neuen Gesetz weniger die raffinierten Manipulationen der professionellen Geldwäscher zu stoppen, viel

eher bleiben in seinen weit geknüpften Maschen allzu naive Schwarzgeldkassierer aus dem bodenständigen Mittelstand hängen.
Die beiden wichtigsten Vorschriften des neuen Gesetzes verpflichten die Mitarbeiter der Banken dazu, jeden Kunden, der mehr als 25000 Mark Bares einzahlen möchte, zu identifizieren und seinen Namen festzuhalten. Außerdem sollen sie verdächtige Kontenbewegungen an die Zentrale melden. Geldwäscher großen Stils freilich lassen sich dadurch kaum beeindrucken, denn die verfügen längst über grenzüberschreitende Netzwerke von Firmen der verschiedensten Art, über die sich völlig unverdächtig täglich viele Millionen Mark in den legitimen Geldkreislauf einspeisen lassen, ohne daß dies irgendeinem subalternen Bankangestellten auffallen müßte.
Vorbei sind die Zeiten, in denen zum Beispiel das kolumbianische Kokainkartell jahrelang ganz ungetarnt Millionen über Konten bei den Commerzbank-Filialen in Hannover-Vahrenwald wie im ostfriesischen Leer laufen ließ, zu denen international gesuchte Gangsterbosse wie Gerardo Moncada oder Carlos Hernandez Salinas Zugang hatten. Nachdem das BKA in Wiesbaden, vom amerikanischen FBI informiert, die Commerzbank-Connection aushob, spielte der Hannoveraner Filialleiter Jürg Möller den Ahnungslosen, obwohl die Gelder, insgesamt 6,5 Millionen Dollar, aus dem damaligen Dealerparadies Panama stammten.
Daß Renommieradressen des deutschen Geldgewerbes tief in die Geschäfte der internationalen Verbrecherkartelle verwickelt sind, wissen auch die Wiesbadener Schwarzgeldfahnder seit langem. So ließ einer der Drahtzieher des kolumbianischen Drogenkartells, der 1990 erschossene Gonzalo Rodriguez Gacha, über diverse Scheinfirmen zweistellige Millionenbeträge bei den Luxemburger Töchtern der Deutschen Bank, der Dresdner Bank und der BfG parken.
Besonders gern bedienten sich die südamerikanischen Drogenbarone offenbar der Deutsch-Südamerikanischen Bank in Hamburg, einer Tochter der Dresdner Bank. Im April 1989 wollte das BKA, wieder auf den Tip amerikanischer Kollegen hin, das Konto Nummer 131 77500 400 pfänden lassen, auf dem rund 16 Millionen Drogendollar lagen. Ein Hamburger Richter freilich vereitelte den Zugriff, indem

er eine bereits in Auftrag gegebene Überweisung an die Schweizerische Bankgesellschaft zuließ.

Die Treuhand-Waschanlage

Das heißt natürlich nicht, daß die deutsche Justiz, im Verein mit dem Geldgewerbe, den Mafiosi und Drogengangstern zuarbeitet. Doch bis heute blieben die Geldhäuser den Beweis schuldig, daß sie es ernst meinen mit ihren Beteuerungen, die Geldwäsche nach besten Kräften zu bekämpfen.

Unter der Hand erzählte mir beispielsweise der Vorsteher einer großen Sparkasse, daß man in seinen Kreisen sehr wohl gewisse Vermutungen habe, welche Institute besonders anfällig seien für derlei Operationen. Er nannte als Beispiel den deutschen Ableger einer englischen Großbank, der dadurch aufgefallen sei, daß er im sogenannten Interbankenhandel größere Mengen Dollars und DM zu außergewöhnlich niedrigen Zinsen angeboten habe.

Sabine Vogt, Leiterin der Gruppe Finanzermittlungen beim BKA, schätzt, daß das organisierte Verbrechen in Deutschland pro Jahr 170 Milliarden Mark umsetzt – etwa so viel wie die Konzerne Daimler-Benz und Siemens zusammen. Ein erheblicher Teil der Gewinne aus diesen Geschäften fließen, so vermuten die Wiesbadener Spezialisten, in die neuen Bundesländer. Klagte die *Wirtschaftswoche:* »Als ideale Geldwaschanlagen gelten Unternehmen, die von der Treuhandanstalt verkauft werden. Sie sind billig zu haben, nach einem Finanzierungsnachweis wird kaum gefragt, und in der Folge können Drogengelder leicht als Einnahmen aus der Geschäftstätigkeit des Unternehmens deklariert werden.«

Die gängigen Methoden, mit denen die Verbrecherkonzerne ihre Schwarzgeldmillionen blütenrein waschen, sind den Fahndern seit langem vertraut, dennoch tun sie sich äußerst schwer, der stillschweigenden Kumpanei zwischen kapitalhungrigen Firmen auf der einen und den an einer günstigen Refinanzierung interessierten Kreditinstituten auf der anderen Seite beizukommen. Schon lange argwöhnen

die Ganovenjäger, daß manche spektakulären Firmenübernahmen der letzten Jahre, manche der vielbewunderten Markteroberungen einzelner Unternehmen oder auch Billigpreiskampagnen mit Geldern finanziert wurden, deren Herkunft im dunkeln liegt.
Ins Visier nahmen sie insbesondere einige Mietwagenunternehmer, die ihre teuren Fahrzeugflotten bar bezahlt hatten, ebenso Reiseveranstalter, die einerseits den Hotels hohe Vorschüsse gewährten, andererseits durch besonders preiswerte Angebote auffielen, oder Rückversicherungsgesellschaften, die den Lebens- und Sachversicherern enorme Summen zur Verfügung stellten, obwohl sie nominell nur relativ geringe Einnahmen hatten.
Deutsche Immobiliengesellschaften, die über scheinbar unerschöpfliche Liquiditätsreserven verfügten, gerieten ebenso auf die schwarze Liste der Finanzermittler wie wild expandierende Filialketten und Medienunternehmen aus Italien; und immer spielten im Hintergrund Banken und Sparkassen eine zentrale Rolle als Durchlaufstationen und Verteiler für das schwarze Kapital.

Wäscht der Staat weißer?

Der erste ranghohe Banker, der beim Geldwaschen auf frischer Tat ertappt wurde, stammt aus Österreich. Er heißt Michael Margules und war gerade 31 Jahre alt, als er im März 1991 in Florida verhaftet wurde. Als Teilhaber und Prokurist der in Wien neugegründeten Vindobona Privatbank (VIP-Bank) war er einem Undercover-Agenten der amerikanischen Steuerbehörde IRS auf den Leim gegangen, der ihm einen Koffer mit einer Million Dollar in bar mit dem Auftrag übergab, das Geld in Österreich reinzuwaschen.
Mittlerweile glauben nicht wenige der italienischen und amerikanischen Bandenbekämpfer, daß die Milliardengewinne des organisierten Verbrechens zu einem erheblichen Teil in die Taschen des Staates fließen. Insbesondere die Riesenanleihen der Deutschen Bundesbank zur Finanzierung der Treuhandanstalt erfreuen sich, meinte zum Beispiel Italiens Vorzeigeunternehmer Carlo de Benedetti, der besonde-

ren Vorliebe internationaler Großganoven. Warum auch nicht? Die Mark ist stabil, die Verzinsung gesichert, und niemand fragt nach der Herkunft des Geldes, mit dem die soliden deutschen Papiere an den Börsen von Frankfurt, Mailand, London oder Zürich bezahlt werden. Je knapper das Kapital in der legalen Wirtschaft wird, desto lascher fallen die Kontrollen an den Pforten zwischen Ober- und Unterwelt aus. Wer will es Birgit Breuel verübeln, wenn sie ihren Direktoren zu jeder geglückten Großfinanzierung gratuliert, und wer will diese Direktoren tadeln, wenn sie nicht so genau hinsehen, woher das viele Geld stammt, das sie für die maroden Betriebe in der Ex-DDR herausgehandelt haben? Und natürlich waschen auch die Kreditinstitute, über deren Pipelines das Geld in die neuen Bundesländer gepumpt wird, ihre Hände in Unschuld. Das Zauberwort, hinter dem sie sich stets verschanzen, wenn sie an ihre Aufsichtspflicht erinnert werden, heißt »Bankgeheimnis«.

6.

Die Geheimniskrämer

Schon das Wort ist eine Zumutung, denn geheim bleibt – außer dem Gewinn der Bank – kaum etwas, was in einem deutschen Kreditinstitut geschieht. Ein Bankangestellter zum Beispiel, der Interna ausplappert, wird hierzulande nicht mal bestraft, im Gegensatz etwa zur Schweiz oder zum Fürstentum Liechtenstein, wo es für solche Fälle empfindliche Geldstrafen setzt.

Wer in Deutschland Steuern hinterzieht, hat im Ernstfall denn auch nicht die geringste Rückendeckung von seiner Bank. Die Steuerfahndung kann ohne weiteres sämtliche ihr bekannten Bankkonten eines Verdächtigen knacken. Sie braucht dazu nur den betroffenen Geldhäusern mit einer Durchsuchung zu drohen, und schon geben diese sämtliche gewünschten Unterlagen freiwillig heraus.

Auch Konkurrenten, Lieferanten, Kunden oder andere Geschäftspartner eines Unternehmens brauchen nicht viel Mühe aufzuwenden, wenn sie sich über die Vermögensverhältnisse eines Bankkunden informieren wollen. Oft genügt schon ein Auftrag an die eigene Bank, sich über Guthaben und Kredite eines anderen zu informieren. Hat der Kunde ein gutes Verhältnis zu seinem Kreditinstitut, wird es ihm die gewünschten Informationen beschaffen, denn untereinander pflegen die Geldhäuser einen recht großzügigen Umgang mit derlei Informationen.

Obwohl jede Bank, jede Sparkasse ihren Kunden gegenüber die eigene Diskretion in den höchsten Tönen preist, sind die Kunden gut beraten, wenn sie solche Beteuerungen nicht allzu ernst nehmen.

Wirklich geheim bleibt im Geldkreislauf der Banken nichts, und der Weg jeder einzelnen Mark, die von einem Konto zum anderen wechselt, läßt sich noch Jahre später nachprüfen, und dazu ist nicht mal mehr die Einleitung eines Steuerstrafverfahrens notwendig. Erst kürzlich hat der Bundesfinanzhof entschieden (Aktenzeichen X 1 B 55/92), daß eine Bank oder Sparkasse auch bei einem einfachen Steuerermittlungsverfahren Auskunft über einzelne Kontenbewegungen geben muß.
Im Grunde schützt das Bankgeheimnis nur noch die Banken vor den Nachforschungen übervorteilter Kunden. Die Inhaber der Bankkonten jedoch sind nicht mal mehr davor sicher, daß die Geldhäuser falsche Informationen über sie verbreiten und ihnen dadurch großen Schaden zufügen. Dies mußte nicht nur der frühere IG-Metall-Vorsitzende Franz Steinkühler erfahren, dem die Indiskretion eines Angestellten der BfG zum Verhängnis wurde.

Alptraum eines Geschäftsmannes

Im oberschwäbischen Ravensburg zum Beispiel ist der Geschäftsmann Roland Regolien nicht gut auf die Filiale der Commerzbank zu sprechen. Mitte der achtziger Jahre wollte der damals 42jährige Unternehmer einen Schallplattenladen eröffnen und dafür ein zinsgünstiges öffentliches Existenzgründungsdarlehen beantragen. Sein Bankberater indes redete ihm dies offenbar aus und versprach eine Komplettfinanzierung über die Bank. Als der Kreditbedarf jedoch auf rund 170000 Mark anwuchs, verweigerte die bankinterne Revision die Genehmigung, und Filialleiter Peter Nellen kündigte den Kredit.
Nun begann für Geschäftsmann Regolien ein wahrer Alptraum, denn keine der ortsansässigen Banken mochte die Finanzierung des Ladens übernehmen, und eines Tages wurde selbst das Gehaltskonto von Regoliens Frau Ute gekündigt. Die Prozesse, die Regolien gegen die Bank anstrengte, blieben ohne Erfolg, und am Ende triumphierte das Ravensburger Geldgewerbe. Die Regoliens mußten Sozialhilfe beantragen.

Auch am anderen Ende der Republik, in Bremen, machte ein Bankkunde böse Erfahrungen mit dem bankinternen Auskunftsverfahren. Jürgen Georg Bröskamp, ein selbständiger Versicherungskaufmann und Geschäftsführer eines Naturkostverbandes, erkrankte Ende der achtziger Jahre so schwer, daß er ein Darlehen, das er von der örtlichen Commerzbank-Filiale erhalten hatte, nicht mehr pünktlich zurückzahlen konnte. Obwohl er dann mit seiner Bank eine Streckung des Kredits mit vorübergehender Aussetzung der Tilgungsraten vereinbarte, meldete die Commerzbank-Filiale den ausstehenden Betrag bei der Schufa als »uneinbringlich«.

Fehler bei der Schufa

Diese »Schutzgemeinschaft für allgemeine Kreditsicherung e. V.« in Wiesbaden ist eine riesige Datenzentrale, in der so ziemlich alle Kreditnehmer und die meisten Bankkunden mit ihren wesentlichen Daten gespeichert sind. Sie dient den Kreditinstituten als zentrale Auskunftei bei Ausleihungen. Hat ein Bankkunde einen negativen Eintrag bei der Schufa, so wird er bei keinem deutschen Geldinstitut einen weiteren Kredit bekommen.
Auch für Jürgen Georg Bröskamp hätte der Schufa-Eintrag den geschäftlichen Ruin bedeuten können. Deshalb beantragte er sofort, als er davon erfuhr, die Löschung. Durch Zufall erfuhr er dann, daß die Schufa die irreführende Auskunft bereits einem anderen Institut, nämlich der Stadtsparkasse, mitgeteilt hatte. In dieser Sparkasse arbeitete ein Onkel Bröskamps als leitender Angestellter, und so erfuhr die Familie von den Zahlungsschwierigkeiten des Bremers.
Erbost verklagte Bröskamp die Schufa wegen ungeprüfter Weitergabe persönlicher Daten, und der Bremer Datenschutzbeauftragte Stephan Weiz übersandte diesen Fall an den »Düsseldorfer Kreis«, in dem die Aufsichtsbehörden der Bundesländer ihre Erfahrungen austauschen. Dennoch stellte die Bremer Staatsanwaltschaft das Verfahren gegen die Schufa ein.
Daß die Verletzung des Bankgeheimnisses durch die Schufa nicht auf

Einzelfälle beschränkt ist, bestätigt Rainer Metz, Finanzexperte bei der Verbraucherzentrale Nordrhein-Westfalen in Düsseldorf: »Wir erhalten immer wieder Klagen über falsche Eintragungen oder verspätete Löschungen der Schufa.«

Ein selbständiger Versicherungskaufmann aus Dortmund zum Beispiel geriet in Schwierigkeiten, weil die Berliner Bank an die Schufa irrtümerlicherweise eine »Kreditkündigung« meldete. Dabei hatte der Bankkunde lediglich seine Kreditkarte zurückgegeben, und die richtige Eintragung hätte lauten müssen »Kreditkartenkündigung«. Es dauerte über ein Jahr, ehe die Falschmeldung korrigiert wurde und der ohne sein Wissen diskreditierte Bankkunde wieder ein neues Konto eröffnen konnte.

Wer von der Schufa als nicht kreditwürdig eingestuft wird, hat keine Chance mehr, an dem von den Banken und Sparkassen beherrschten Geldkreislauf teilzunehmen, er wird, finanziell gesehen, zur »Unperson«. Und nicht selten machen sich die Banken die Allmacht ihres Auskunftssystems zunutze. So berichtete das Magazin *Focus* über ein Ehepaar, das von der Commerzbank-Filiale in Köln-Weidenpesch mit der Drohung eines Schufa-Eintrags unter Druck gesetzt wurde. Die Bankfiliale wollte von ihren Kunden 1 000 Mark, weil sie eine angebotene Baufinanzierung nicht in Anspruch genommen hatten.

Löchriges Bankgeheimnis

Zwar hat jeder Bankkunde das Recht, von der Schufa Auskunft über seine in den Computern der Gesellschaft gespeicherten Daten zu verlangen, doch auch diese Auskünfte sind nicht immer zuverlässig. Eine ehemalige Angestellte der KKB-Bank, die heute Citibank heißt, verlangte die Löschung eines falschen Eintrags aus dem Jahr 1987. In der Folge bekam sie von der Schufa sogar mehrmals die Bestätigung, daß dieser Eintrag gelöscht sei. Um so größer war ihr Erstaunen, als sie am 27. Februar 1993 erneut Post aus Wiesbaden bekam, in der ihr die Schufa nun mitteilte, daß sie bei ihr eine »Kreditkündigung« registriert habe. Erst ein erneuter Schriftwechsel klärte den Sachverhalt: Es handelte sich um den alten, angeblich längst gelöschten Eintrag aus dem Jahr 1987.

Verbraucherschützer Rainer Metz: »Eine solche Datenschlamperei ist nicht verwunderlich, denn niemand kontrolliert die Schufa inhaltlich.« Der einzelne Bankkunde ist gegenüber dieser Datenzentrale nahezu machtlos. Und selbst dann, wenn sein Geldinstitut nachteilige Angaben über ihn an die Schufa lieferte, hat er keinen Anspruch auf Schmerzensgeld wegen Ehrverletzung. Er kann allenfalls versuchen, durch ein Zivilverfahren von seiner Bank Schadenersatz zu bekommen. Dies jedenfalls stellte das Oberlandesgericht Frankfurt fest (Aktenzeichen 17 U 203/87).

Hat das Bankgeheimnis also schon allein durch die Schufa so viele Löcher wie ein Schweizer Käse, so bietet es auch gegenüber dem Zugriff des Fiskus keinerlei Schutz. Die Banken wissen dies zwar, aber sie hüten sich, es ihren Kunden gegenüber offen auszusprechen. Nach § 93 der Abgabenordnung ist jedes Kreditinstitut verpflichtet, den Finanzbehörden Auskunft zu geben, sobald gegen einen Kunden ein konkreter Verdacht vorliegt. Dabei muß es sich nicht einmal um Steuerhinterziehung handeln, es genügt der Verdacht auf Steuerverkürzung. Ist gar ein Steuerstrafverfahren eingeleitet, kann der Staatsanwalt ohne weiteres Mitarbeiter von Banken und Sparkassen als Zeugen vorladen. Das neue Gewinnaufspürungsgesetz gar macht die Bankangestellten zu Hilfsorganen der Staatsanwaltschaft, indem es sie verpflichtet, Tatsachen, die auf Geldwäsche schließen lassen, den Strafverfolgungsbehörden mitzuteilen.

Vollends zur Schimäre wird das Bankgeheimnis, wenn ein Kontoinhaber stirbt. Paragraph 33 des Erbschaftssteuergesetzes schreibt nämlich vor, daß die Bank von sich aus den Behörden nach dem Ableben eines Kunden jedes seiner Konten melden muß, wenn das jeweilige Guthaben 2000 Mark übersteigt. Für die freiwilligen Helfer des Fiskus sind nicht mal Schließfächer oder Gemeinschaftskonten tabu. Auch sie werden beim Todesfall sofort gemeldet.

Auch im Ausland keine Sicherheit

Viele Bankkunden, die glaubten, ihr Geld wäre im Ausland vor dem Zugriff des Fiskus wie dem verlassener Ehepartner oder düpierter Geschäftsfreunde sicher, mußten schon herbe Enttäuschungen erleben. Denn auch die Geldhäuser in der Schweiz, Liechtenstein, Luxemburg oder Österreich setzen ihr eigenes Interesse stets höher an als das ihrer Kunden. Rücken also Steuerfahnder oder Strafverfolger mit detaillierten Rechtshilfeersuchen an, aus denen hervorgeht, welche Konten und Transaktionen offengelegt werden sollen, dann verliert auch das vielgepriesene Bankgeheimnis in den Oasenländern ganz schnell seine Wirksamkeit.

Die Schweizer Geldhäuser zum Beispiel schützen Steuerflüchtlinge nur in Fällen einfacher Hinterziehung, nicht aber, wenn die Steuerfahnder einen »Abgabebetrug« argwöhnen. Und um ein solches Delikt handelt es sich immer, wenn zum Beispiel Urkunden gefälscht oder Verträge fingiert wurden. Auch bei einem Verdacht auf Geldwäsche geben die Schweizer Behörden neuerdings ausländische Bankkunden preis. Ohne diese Unterstützung hätten zum Beispiel die italienischen Justizbehörden nicht solche Erfolge beim Aufspüren von Schmiergeldern, der Bekämpfung der Mafia und der Aushebung von »Tangentopoli« (dem Bakschischkartell aus Industrie, öffentlicher Verwaltung und regierenden Parteien) erzielt.

Selbst das vielgepriesene Schweizer Nummernkonto bietet in solchen Fällen keinen Schutz; jeder, der ein solches Konto einrichten will, muß sich durch seinen Paß oder Ausweis legitimieren. Das Nummernkonto verhindert lediglich, daß einfache Bankangestellte wissen, wer sich dahinter verbirgt. Direktoren der Bank aber haben jederzeit Zugang zu den vertraulichen Listen, in denen vermerkt ist, wem welches Nummernkonto gehört. Im Ernstfall müssen sie die Inhaber preisgeben.

Gefügig gemacht wurden die einst so hartleibigen Schweizer Banker durch die amerikanischen Steuerbehörden, die ihnen die Beschlagnahme sämtlicher Vermögenswerte in den USA angedroht hatten, als sie sich in einigen Fällen prominenter Steuerflüchtlinge (wie dem des in den Kanton Zug geflohenen US-Milliardärs Marc Rich) nicht kooperativ gezeigt hatten. Die Drohung wirkte, und seither ist die Schweiz für viele Wirtschaftsganoven zum heißen Pflaster geworden. Auch die Geldverweser im Großherzogtum Luxemburg sind gegenüber den deutschen Fiskalbehörden längst nicht mehr so zugeknöpft wie früher, denn durch eine EU-Richtlinie wurden sie zur Amtshilfe verpflichtet. Um die von der Europäischen Union gewünschte Zinsertragssteuer auch künftig nicht eintreiben zu müssen, zeigten sich die Luxemburger Behörden gegenüber dem Auskunftsersuchen in Einzelfällen sehr zugänglich. Vereinbarungen im Doppelbesteuerungsabkommen zwischen Deutschland und Luxemburg bezüglich der Rechts- und Amtshilfe sind nämlich ziemlich auslegungsfähig.

Österreich öffnet anonyme Konten

Sicherer als im EG-Land Luxemburg ist das flüchtige Geld nach Meinung gewiefter Experten im kleinen Fürstentum Liechtenstein, das sich bisher einem Anschluß an die Europäische Gemeinschaft widersetzte. Anders als in der Schweiz, wo neuerdings auch die wahren Eigentümer der von Treuhändern oder Anwälten verwalteten Vermögen zumindest den Banken bekanntgemacht werden müssen, blieben bisher in Liechtenstein die Inhaber von rund 40000 Trusts, Anstalten und Stiftungen, die oft über Milliardensummen verfügen, völlig im dunkeln.

Das sogenannte Anwaltsprivileg gestattet es auch ausländischen Steuerflüchtlingen, sich vollkommen hinter irgendwelchen Liechtensteiner Gesellschaften zu verstecken. Die Ermittlungsergebnisse deutscher Strafverfolger, etwa im Fall des von seinen Topmanagern ausgeplünderten Co-op-Konzerns, beweisen jedoch, daß auch die Feste Liechtenstein längst nicht mehr »wasserdicht« ist. Tatsächlich leistet das Fürstentum in Strafverfahren, auch wenn es um Steuerdelikte von Ausländern geht, Amtshilfe, und dann nützt auch der beste Anwalt in Vaduz und Schaan nicht viel.

In beinahe unverschämter Weise machten sich Banken und Sparkassen Österreichs die wachsende Kooperationsbereitschaft ihrer Kollegen aus den Nachbarländern zunutze. Denn die Wiener Republik war bis Ende 1993 so ziemlich das einzige Land in Europa, in dem Bankkonten völlig anonym geführt wurden. Unzählige Deutsche nutzten dieses Privileg, um bei den Banken und Sparkassen zwischen Bregenz und Klagenfurt Konten einzurichten, ohne sich ausweisen zu müssen. Das Konto wird auf einen Phantasienamen geführt, und den Zugang dazu regelt ein zwischen der Bank und dem Inhaber vereinbartes Kennwort. Jeder, der das Kennwort weiß, kann also über das Guthaben verfügen.

Die anonymen Konten bescherten Österreich zwar wohl das beste Bankgeheimnis in Europa und seinem Bankensystem einen Geldsegen aus den Nachbarländern, vor allem aus Deutschland, den Fachleute auf über 100 Milliarden Mark taxieren, dennoch dürfen sich Steuerflüchtlinge auch in der Alpenrepublik keinesfalls sicher fühlen. Denn schon in vielen Fällen gelang es deutschen Steuerfahndern, selbst anonyme Konten zu knacken, etwa, wenn sie bei überraschenden Durchsuchungsaktionen auf Zettel mit Kennwörtern, Telefonnummern oder Bankadressen stießen.

Die Fahnder im angrenzenden Bayern preisen die Zusammenarbeit mit ihren österreichischen Kollegen als »vorzüglich« und »ohne die geringsten Probleme«. In Kitzbühel, Salzburg und Bregenz sollen sich die deutschen Steuerschnüffler ebenso frei bewegen können wie in München oder Stuttgart.

Die ganz große Gefahr aber droht dem anonymen Kontenidyll in den Alpen vom Beitritt Österreichs zur Europäischen Union. Aus Sorge um die heimische Wirtschaft will die Wiener Regierung so schnell wie möglich vollwertiges Mitglied des Europäischen Binnenmarktes werden, und dafür ist sie offenbar auch bereit, die härteste Aufnahmebedingung zu erfüllen, nämlich die Aufhebung der anonymen Konten. Ab dem Stichtag des EU-Beitritts müssen sich Österreichs Banken und Sparkassen höchstwahrscheinlich von sämtlichen Konteninhabern die Personalausweise oder Reisepässe vorlegen lassen.

Wehrlose Schwarzgeldbesitzer

Vorbei ist es dann mit dem Rumpelstilzchen-Syndrom (»Ach wie gut, daß niemand weiß ...«) und den vielen Bankkonten, die auf so sinnige Namen wie »Theo Waigel«, »Gerhard Stoltenberg« oder gar »Franz Josef Strauß« lauten.

Ein Urteil des obersten Wiener Verwaltungsgerichts, von deutschen Schwarzgeldbesitzern offenbar noch nicht so richtig zur Kenntnis genommen, weist den Weg in eine Zukunft ganz ohne Geheimniskrämerei: Weil ein Sparbuch, das nicht auf den richtigen Namen des Eigentümers lautet, herrenlos sei, genieße es auch nicht den Schutz des strengen österreichischen Bankgeheimnisses, befanden die Bundesrichter. Mithin kann zum Beispiel ein österreichischer Bankangestellter, der die Identität des Inhabers eines Kontos kennt und diese dem Steuerfahnder preisgibt, nicht zur Rechenschaft gezogen werden. Plaudert er hingegen Informationen über ein offenes Konto aus, droht ihm eine Gefängnisstrafe bis zu einem Jahr oder eine Geldbuße in Höhe von 360 Tagessätzen.

Längst haben die österreichischen Geldhäuser aus der bei ihren deutschen Kunden so beliebten Flucht in die Anonymität ein Bombengeschäft gemacht. So kassiert der Staat von den Zinsen der anonymen Konten eine 22prozentige Kapitalertragssteuer, von der sich nur solche Bankkunden befreien können, die sich per Ausweis als Ausländer zu erkennen geben. Damit aber ist es mit ihrer Anonymität vorbei.

Andererseits: Wer die österreichische Quellensteuer für das geringere Übel hält, kann auch weiterhin anonyme Konten eröffnen, er muß gegenüber der Bank nur behaupten, »Deviseninländer« zu sein. Kaum einer der Schalterbeamten wird den Wahrheitsgehalt überprüfen.

Anonyme Konteninhaber sind auch bevorzugte Opfer von Kursmanipulationen, Gebührenschinderei und systematischer Vermögensvernichtung. Dies jedenfalls behauptet der österreichische Journalist und Opernregisseur Paul Flieder, der in seinem Report (»Ihr Sparbuch in Gefahr«) rund 100 Gerichtsverfahren analysierte, in denen es um verschwundene Sparbücher, geplünderte oder blockierte Konten, betrogene Erben, Geldwäschereien und Steuerverfahren ging. Sein Rat an die Besitzer anonymer Österreich-Konten: Spare in der Schweiz, dann hast du in der Not!

In der Schweiz unter die Räuber gefallen

Daß es freilich auch mit der sprichwörtlichen Solidität der Schweizer Geldhäuser steil bergab geht, belegen zahlreiche Bankenskandale aus jüngerer Zeit: Da bringt der feine Schweizerische Bankverein die windigen Aktien des von seinen Vorständen kunstvoll verschachtelten deutschen Co-op-Konzerns an die Börse und verursacht dadurch einen Schaden von mehreren 100 Millionen Mark. Da finanzieren zwei Kantonalbanken und die Schweizerische Volksbank eine höchst zweifelhafte Immobilienfirma im Provinzstädtchen Regensdorf und müssen rund 100 Millionen Franken abschreiben. Da pumpt ein Kreditsachbearbeiter der Zürcher Bank Leu über 50 Millionen Franken in die halbseidenen Geschäfte eines Oldtimerhändlers und muß dafür, weil das Geld auf Nimmerwiedersehen verschwand, für viereinhalb Jahre ins Gefängnis. Da verwickelt sich die Zürcher Rothschild-Bank tief in fragwürdige Transaktionen, die mit Hochstapelei und Geldwäsche zu tun haben, und erleidet einen Schaden von 220 Millionen Fränkli. Da muß die Berner Kantonalbank eingestehen, daß sie auf Kredite für Immobilienspekulanten und Firmenhasardeure Wertberichtigungen in Milliardenhöhe vorzunehmen hat.
Allein Werner K. Rey, dem in die Karibik geflüchteten Finanzjongleur, hatten die Berner Bankiers annähernd eine halbe Milliarde Franken anvertraut. Und einige von ihnen hoffen nun inständig, er möge bleiben, wo er ist, denn nach seiner Auslieferung an die Schweizer Gerichtsbehörden könnte er womöglich allzu brisante Interna aus seinen Geschäftsbeziehungen mit den Hauptstadtbankern ausplaudern.
Wie unangenehm Schweizer Bankiers werden können, wenn sie unter Druck geraten, mußten schon manche ihrer ausländischen Kunden erfahren. Ganz spezielle Erlebnisse verbinden zum Beispiel den Unternehmer Konrad L. Bruder aus dem rheinischen Moers mit seinen

eidgenössischen Geschäftspartnern aus der Geldbranche. Ende der siebziger Jahre hatte sich Bruder im steuermilden Klima des Kantons Zug niedergelassen; er bewohnte im Millionärsrefugium Baar eine standesgemäße Villa und war als Mehrheitsaktionär in die Portimex AG eingestiegen. Das Unternehmen handelte mit Metallen und vermittelte nebenbei auch Kredite. Diese Nebentätigkeit seiner Firma wurde dem Deutschen zum Verhängnis.

Eines Tages lernte er nämlich den Direktor einer kleinen Raiffeisenkasse aus dem 4400 Einwohner starken Ort Buochs kennen, der auch die Christliche Volkspartei im Landrat des Kantons Nidwalden vertrat. Dieser honorige Kleinstadtbanker fragte bei Bruder an, ob er einen 1,2-Millionen-Franken-Kredit für einen befreundeten Unternehmer, der Kunststoffschuhsohlen herstellte, beschaffen könne. Konrad Bruder verhandelte daraufhin mit der Bank Leu und der Schweizerischen Volksbank in Zug und konnte wenig später seinem Geschäftspartner aus Buochs die Bereitstellung des Darlehens melden.

Der Banker bot zwei Sparbücher des Kunststoffabrikanten als Sicherheit an, und Bruder überwies den gewünschten Betrag auf das Konto des Schuhsohlenherstellers. Weil das so gut geklappt hatte, meldete der Unternehmer bald neuen Geldbedarf, und die Geschäftsbeziehungen zwischen ihm, dem Buochser Banker und Konrad Bruder wurden immer enger und voluminöser.

Erst als der Sohlenfabrikant, zu diesem Zeitpunkt bereits hoffnungslos überschuldet, nach einem mißlungenen Edelsteingeschäft aus Zaire zurückgekehrt war, wurden die Banken unruhig. Ein paar Monate später, im Frühjahr 1984, wandte sich eines der Institute, das den Fabrikanten mitfinanziert hatte, an den Raiffeisenverband in St. Gallen mit der Bitte um Rückzahlung des gewährten Kredits. Nun ging es Schlag auf Schlag. Eine Überprüfung der Bücher in der Raiffeisenbank Buochs offenbarte katastrophale Zustände. Gelder wurden offenbar nach Belieben verbucht, auf die verschiedensten Konten verteilt, Sicherheiten waren oft nur vorgetäuscht.

So stellte sich heraus, daß auch die zwei Sparbücher, die Konrad Bruder als Sicherheit für die von ihm vermittelten Kredite bekommen hatte, in Wahrheit wertlos waren. Und noch etwas kam ans Licht: Zur großen Verblüffung Bruders führte die kleine Raiffeisenbank, zu der er sonst keinerlei Geschäftsbeziehungen unterhielt, ein Konto seiner Portimex AG, auf dem ein Schuldensaldo von rund zwölf Millionen Franken aufgelaufen war.

Als der Deutsche die Forderung des Bankenverbandes empört zurückweist, drohen ihm die honorigen Schweizer Banker unverblümt, daß dieser »Verlustausweis sicher als Skandal durch Fernsehen und Presse ausgewertet werden« würde. Damit nicht genug: Am 31. Oktober 1984 klingelt es morgens um 7 Uhr im Privathaus des Deutschen. Mehrere Beamte der Kantonspolizei durchsuchen die Villa vom Keller bis zum Dachstock und verhaften den Hausherrn an Ort und Stelle.

Konrad Bruder, der sich keiner Schuld bewußt ist, will die Vorgänge um die seltsamen Kreditgeschäfte der Raiffeisenkasse Buochs aufklären lassen. Doch dazu bekommt er keine Chance. Er wird nach Deutschland abgeschoben, und die Schweizer Justizbehörden geben das Verfahren an ihre deutschen Kollegen ab. Im Oktober 1988 wird Bruder auf dem Flughafen Düsseldorf verhaftet und nach Berlin gebracht. Im Dezember verurteilt ihn dort ein Gericht wegen gemeinschaftlichen Betrugs zu einer Freiheitsstrafe von einem Jahr und neun Monaten mit Bewährung.

Mittlerweile hat sein Anwalt einen Antrag auf Wiederaufnahme des Verfahrens gestellt, weil für ihn feststeht, daß die deutschen Behörden nur einige wenige belastende Aktenbestandteile aus dem Verhöramt Nidwalden erhielten. Bruder will nachweisen, daß er an bestimmten Gesprächen, die angeblich in der Bank stattfanden, gar nicht teilnehmen konnte, weil er sich zu diesen Terminen an anderen Orten aufgehalten hatte. Nach seiner Ansicht haben sich die Schweizer Banker ganz einfach einen Sündenbock gesucht, dem sie das Debakel mit ihrer Raiffeisenkasse in die Schuhe schoben. Titelte das *Manager Magazin*, das den Fall publik machte: »Legal, illegal, schweizegal.«

»Ich war Teil eines kriminellen Systems«

Wie sehr die Sitten im feinen Geldgewerbe bei den Eidgenossen bereits zerrüttet sind, erfuhr eine staunende Öffentlichkeit auch aus den Plaudereien des mittlerweile spurlos verschwundenen Rothschild-Direktors Jörg Heer, gegen den Zürcher Staatsanwälte wegen Betrugs und ungetreuer Geschäftsführung ermitteln. Sie lasten ihm an, einen Schaden von 270 Millionen Franken angerichtet zu haben, vor allem wegen leichtsinnig vergebener Kredite an die Firmengruppe des kanadischen Finanziers und Immobilienspekulanten Carsten Bodo von Wersebe und an die Immobilienholding Castor.

Bevor er abtauchte, gab Heer öffentlich zu: »Ich war Teil eines kriminellen Systems.« Nach eigenen Angaben kassierte er rund 25 Millionen Franken an Schweige- und Schmiergeldern für verbotene Transaktionen, die dazu dienten, die Steuerbehörden in Italien und Deutschland zu täuschen. Die Hintermänner dieser bis heute nicht ganz geklärten Affäre schrecken offenbar vor nichts zurück: Sowohl Heers Vertrauensmann Luigiano de Maria als auch der ermittelnde Bezirksanwalt Daniel Tewlin verunglückten unter seltsamen Umständen.

Fazit: Deutsche Anleger, die ihr Geld vor dem Zugriff des Fiskus retten wollen und es deshalb ausländischen Banken anvertrauen, müssen höllisch aufpassen, damit sie nicht vom Regen in die Traufe geraten. Gefahr droht dem Eingemachten durch überhöhte Gebühren, inkompetente Verwalter und brutale Erpressungsmanöver der fremden Geldverweser. Insbesondere wenn erkennbar ist, daß der deutsche Kunde »schwarzes Geld« mitbringt, wird er schnell zur wehrlosen Beute gerissener Finanzhaie.

Ungemach droht auch von den Verwerfungen der internationalen Finanzmärkte, denn allzuschnell können sich vermeintliche Zins- oder Wechselkursvorteile in geradezu tödliche Fallen verwandeln. DM-Anleger, die sich zum Beispiel im Jahr 1987 zum Ankauf von Anleihen in australischen Dollars überreden ließen, machten zunächst ein Bombengeschäft.

Zu den exorbitanten Zinsen von rund 13 Prozent kassierten sie satte

Währungsgewinne, da sich der Kurs des Austral-Dollars gegenüber der Mark von DM 1,12 auf DM 1,67 steigerte. Wer auf dem Kursgipfel im Februar 1989 ausstieg, hatte allein an der Währung rund 50 Prozent verdient. Wehe aber dem, der zu dieser Zeit erst seine Känguruhanleihen kaufte! Denn von nun an ging's mit der australischen Währung rapide bergab, und im Dezember 1990 war der Aussi-Dollar nur noch DM 1,12 wert. Soviel also wie bereits im Jahr 1987. Ein Vermögen von 100 000 Mark schmolz auf diese Weise um ein Drittel auf 66 000 Mark zusammen.

Als noch riskanter entpuppten sich Anlagestrategien, wie sie Ende der achtziger Jahre von einer Vielzahl Schweizer Vermögensverwalter offeriert wurden, nämlich die sogenannten Zinsdifferenzgeschäfte. Weil damals das Zinsniveau in der Schweiz relativ niedrig war, in Währungen wie dem US-Dollar, dem Kanada-Dollar, dem Austral-Dollar aber hohe Zinsen geboten wurden, empfahlen gewitzte Geldgurus, man möge doch Kredite in Schweizer Franken aufnehmen und damit die hochverzinsten Dollarpapiere kaufen.

Viele deutsche Bankkunden folgten damals dem Rat und mußten dann zusehen, wie sich ihr Vermögen unter dem Druck der Wechselkursverschiebungen und Zinsfußänderungen allmählich verflüchtigte. Der Frankenkredit wurde nämlich immer teurer, während die Dollarkurse bröckelten, und mancher hatte unterm Strich, als die Konten glattgestellt und die hohen Zinsen bezahlt waren, weniger in der Tasche als zuvor.

Schon bei der denkbar simpelsten Anlage im Ausland, dem Sparkonto, ist Vorsicht angebracht. Wenn nämlich die Bank, bei der man sein gebündeltes Bares deponiert hat, pleite geht, dann sitzt der Kunde in vielen Ländern buchstäblich auf dem trockenen. Eine Einlagensicherung nach deutschem Muster gibt es nämlich jenseits der Staatsgrenzen kaum.

In Luxemburg zum Beispiel zahlt die Einlagensicherung pro Konto nur bis maximal 500 000 Francs zurück, das sind lächerliche 24 300 Mark. Nicht viel besser stehen die Bankkunden in Österreich da, wo pro Konto nur 200 000 Schilling gedeckt sind, also etwa 28 400 Mark. In der Schweiz werden gerade mal 30 000 Fränkli zurückgezahlt, und

auf den neuerdings so beliebten Kanalinseln Guernsey und Jersey gibt es gar keine Sicherung der Einlagen.
Daß dieser Gesichtspunkt nicht so ganz unwichtig ist, zeigen die zahlreichen Bankpleiten der letzten Jahre. Der Bogen reicht von der im Juli 1991 geschlossenen Geldwäscheanstalt BCCI in London und Luxemburg bis hin zur Spar- und Leihkasse Thun in der Schweiz, die im Herbst 1991 ihre Schalter dichtmachen mußte.

7.

Die Halsabschneider

Ist ein Bankkunde schon arm dran, wenn er seine Ersparnisse dem Kreditgewerbe anvertraut, so bekommt dessen Macht und Infamie erst derjenige voll zu spüren, der Geld braucht. Und das werden, mit beängstigendem Tempo, immer mehr. Nach Untersuchungen des Instituts der deutschen Wirtschaft in Köln haben die privaten Haushalte in den alten Bundesländern zwischen 1980 und 1992 ihren Schuldenberg praktisch verdoppelt; Ende 1992 stand jeder Haushalt mit durchschnittlich 42200 Mark in der Kreide. Andersherum gerechnet: Jeder Haushalt im Westen Deutschlands hat Schulden in Höhe von achteinhalb Monatseinkommen.

Gemessen an der Verschuldung anderer Länder ist das zwar noch einigermaßen erträglich – Briten und Japaner zum Beispiel müßten mehr als ein komplettes Jahreseinkommen zur Rückzahlung ihrer Kredite einsetzen –, doch beunruhigend sind das Tempo der Neuverschuldung und die Tatsache, daß ein immer größerer Teil der Bevölkerung auf Pump lebt. Allein die Konsumentenkredite erreichten in Deutschland Ende 1992 den Rekordstand von 324 Milliarden Mark – zwölfmal mehr als im Jahr 1970.

Statistisch gesehen hat sich jeder Deutsche mit rund 4000 Mark für Konsumzwecke verschuldet, also ohne Hypotheken auf Häuser, ohne Firmenkredite, ohne Darlehen von Lebensversicherungen und Bausparkassen. Noch nicht erfaßt ist in diesen Zahlen das soziale Elend, das die Rezession angerichtet hat. Mindestens 1,5 Millionen deutsche Haushalte sind, so hat die Arbeitsgemeinschaft der Verbraucherver-

bände (AGV) ausgerechnet, de facto bankrott. Ihre Schulden sind so hoch, daß ihnen nach Rückzahlung der horrenden Zins- und Tilgungsraten nicht einmal mehr das für die Sozialhilfe maßgebliche Existenzminimum übrigbleibt. Allein im Freistaat Bayern sind über 200000 Haushalte so ausgeblutet, daß sie ihren Zahlungsverpflichtungen gegenüber den Banken und Sparkassen nicht mehr nachkommen können; in München ist bereits jede zehnte Familie finanziell ruiniert.
Schuld an der Misere sind zum einen natürlich die Schuldner selber. Wer sich widerstandslos den Verlockungen der Werbung hingibt und Urlaubsreisen plant, die er nicht bezahlen kann, sein Auto auf Raten abstottert und allgemein mehr konsumiert, als er sich leisten kann, hat das Schicksal des geknebelten Schuldners redlich verdient. Der arme Tropf freilich handelt damit nicht anders als seine Stadt-, Landes- und Bundesväter, als die vielen Parlamente, Firmen und Institutionen, die alle über ihre Verhältnisse leben. Wie soll man es dem wirtschaftlich unvernünftig handelnden Hilfsarbeiter verübeln, der ein wenig über die Stränge schlägt, wenn gleichzeitig der Bundesfinanzminister Milliarden über Milliarden auf den Schuldturm packt?

Das Elend nimmt überhand

Schuld an der wachsenden Verelendung breiter Bevölkerungsschichten aber haben auch, so jedenfalls die Meinung der Verbraucherschutzorganisationen, Schuldnerberater und Wohlfahrtsverbände, die Banken und Sparkassen. Mit ihrer aggressiven Werbung haben sie es vor allem auf unmündige oder wirtschaftlich unerfahrene Kunden abgesehen, klagt zum Beispiel Christa Mumme, Leiterin der Städtischen Schuldnerberatung in München. »Wir hatten schon Leute hier, die meinten, man habe ihnen das Geld geschenkt«, sorgt sich Irene Scheithauer von der Ökumenischen Arbeitsloseninitiative in Dresden um die Arglosigkeit ihrer Kunden.
Tatsächlich geben die Geldinstitute mehr Geld für Werbung aus als alle anderen Wirtschaftsbranchen, ausgenommen vielleicht die Automobilindustrie. In großformatigen Zeitungsanzeigen, aufwendigen TV-

Spots und ständig wiederholten Radiobotschaften verlocken sie Kinder, Jugendliche, arbeitslose und unbedarfte Deutsche zum bedenkenlosen Schuldenmachen. Werbebotschaften wie »Bargeld zu Minizinsen«, »Sofortkredit ohne Formalitäten« oder »Warum mit dem Kauf noch lange warten?« vernebeln die Gehirne naiver Verbraucher und verdecken die schlichte Tatsache, daß die Kreditnehmer stets wesentlich mehr Geld zurückzahlen müssen, als sie in Empfang nehmen dürfen. Die brutale Wirklichkeit hinter den flotten Werbesprüchen: »Gnadenlos werfen Computer die Namen der Kunden aus, deren Kontos Unregelmäßigkeiten signalisieren. Bleibt das monatliche Gehalt aus, können Dispokredite, Daueraufträge blockiert werden. Auf breiter Front ziehen Kreditinstitute die Schraube an. »Immer mehr überschuldete Bundesbürger gehen pleite«, warnt *Die Woche.*

Unbarmherzige Zinsmaschinerie

Nun sollte man meinen, daß die Banken aus eigenem Interesse bei der Auswahl der Kreditkunden größte Sorgfalt walten lassen. Weckte schon die Bedenkenlosigkeit, mit der auch das deutsche Kreditgewerbe unsolide Schuldner wie die Großpleitiers Alan Bond aus Australien, Robert Maxwell aus England, Werner K. Rey aus der Schweiz, überschuldete Unternehmen wie die dänische Versicherungsgruppe Hafnia, die kanadische Immobilienfirma Olympia & York, die Frankfurter Metallgesellschaft oder die Schweinfurter FAG Kugelfischer mit Geld überschüttete, Zweifel an den Fähigkeiten unserer Bankiers, so dürfen ihnen wohl auch im Fall der ausufernden Konsumentenkredite nicht allzu viele Skrupel unterstellt werden. Möglicherweise hat das eine sogar etwas mit dem anderen zu tun: Die Ausfälle im Großkundengeschäft sollen durch verstärkte Anstrengungen am unteren Ende des Kundenspektrums ausgeglichen werden.
Tatsächlich sind die Risiken bei der Vielzahl der Kleinkredite besser verteilt und damit für eine Bank im ganzen ungefährlicher als die Finanzierung eines einzelnen Großunternehmens. Überdies können die Kreditverträge mit den Ärmsten der Armen so narrensicher ge-

staltet werden, daß die Bank am Ende doch fast immer zu ihrem Geld kommt, während der Kunde in seinen Schulden erstickt. Zahllose Fälle belegen, wie brutal die Geldhäuser überschuldete Privatleute in die Zange nehmen, wie sie ihnen die letzten Groschen abpressen und sie praktisch für den Rest ihres Lebens in die Zahlpflicht nehmen.
Das Spektrum der Schuldner reicht von der arbeitslosen Küchenhilfe aus Alsdorf, die erst ihr Konto überzog, dann Kredite aufnahm und schließlich ihre Versandhausrechnungen nicht mehr bezahlen konnte, über den Kleinunternehmer aus dem Hessischen, dem die Banken erst seinen Betrieb, dann sein Haus abknöpften, bis hin zum Zahnarzt, der sich zu viele Eigentumswohnungen zulegte und schließlich die Hypothekenzinsen nicht mehr zahlen konnte.
Je jünger, naiver und unerfahrener die Kunden sind, desto leichter werden sie zu Opfern einer unbarmherzigen Zinsmaschinerie. Das beginnt beim 14jährigen Hauptschüler, der sich seine Schallplatten und Videokassetten auf Pump kauft und sein Sparkonto überzieht, und endet beim Jungunternehmer aus Dresden oder Leipzig, der ein zinsgünstiges Existenzgründungsdarlehen haben möchte und sich dann doch einen teuren Bankkredit aufschwatzen läßt, den er nie zurückzahlen kann, weil der Zins höher ist als seine Kapitalrendite.

Schuldner im Griff der Banken

Für die Banken sind solche Schuldner die idealen Opfer, denn sie können sich nicht wehren. Anders als beispielsweise eine AG, GmbH oder KG kann ein privater Schuldner keinen Konkurs anmelden. Er haftet, im Gegensatz zu den Gesellschaftern von Unternehmen, mit seinem gesamten persönlichen Einkommen und Vermögen, und das mindestens 30 Jahre lang. Zwar liegt in Bonner Ministerien schon lange ein Gesetzentwurf vor, der auch den privaten Konkurs, also die rechtmäßige »Entschuldung«, ermöglichen soll, doch wurde die ursprüngliche Fassung durch den Einspruch der Bankenlobby schon so verwässert, daß er nach Meinung maßgeblicher Verbraucherschützer kaum seinen Zweck erfüllen kann, wenn er dereinst verabschiedet wird.

Manfred Westphal von der Arbeitsgemeinschaft der Verbraucherverbände (AGV): »Was die Bundesregierung fordert, ist eine Art Edelkonkurs für Reiche.« Ihn stören vor allem die hohen Kosten eines solchen Verfahrens, das natürlich der zahlungsunfähige Schuldner zu tragen hat. Den wirklich armen Teufeln ist mit einem teuren Insolvenzverfahren kaum zu helfen.

Wen die Banken und Sparkassen in den Klauen haben, den lassen sie so schnell nicht wieder los. Schon beim ersten Anzeichen nachlassender Bonität, also wenn zum Beispiel eine Zins- und Tilgungsrate nicht pünktlich beglichen wird, pflegen sie sich nachdrücklich in Erinnerung zu bringen. Sobald der Schuldner mit zehn Prozent der Kreditsumme in Verzug ist, können sie das Darlehen fristlos kündigen. Und je schlechter die allgemeine Wirtschaftslage wird, desto rigoroser machen die Geldhäuser von ihrem Recht Gebrauch.

Vorbei ist es dann mit den großzügigen Gesten, den Schmeicheleien und flotten Werbesprüchen (»Wenn Sie mehr Geld brauchen – auf uns können Sie sich verlassen«). Jetzt regiert die harte Faust: Der Kredit wird sofort fällig gestellt, der Schuldner kann natürlich nicht zahlen, die Bank duldet zunächst stillschweigend die weitere Überziehung des Kontos, berechnet jetzt aber zusätzliche »Strafzinsen«. Die Mahnungen werden dringlicher, es folgen Anrufe am Arbeitsplatz, und schließlich muß sich der gedemütigte Kunde zu einer für ihn noch viel kostspieligeren »Umschuldung« durchringen.

Das heißt, der alte, vergleichsweise günstige Kredit wird abgelöst durch einen neuen, der sehr viel teurer ist, und so dreht sich das Rad immer weiter, bis der Lohn gepfändet ist, auch Freunde und Verwandte keinen Pfennig mehr herausrücken, das Auto, die Möbel, der Schmuck verramscht wurden. Am Ende droht der Offenbarungseid, eidesstattliche Versicherung genannt, und der Schuldner steht draußen vor der Tür der Wohlstandsgesellschaft. Hunderte, ja Tausende gingen in den letzten Wochen und Monaten diesen Weg. Sie enden, wenn sie nicht schnell einen neuen Job finden und auf Sparflamme leben, wegen ihres eigenen Leichtsinns und der Gier der Geldinstitute bei den obdachlosen Pennern.

Jagd auf Minderjährige

Dabei könnten, wie Verbraucherschützer und Schuldnerberater immer wieder betonen, viele Schuldnerschicksale anders verlaufen, wenn die Kreditinstitute sich vernünftiger verhielten. Sie plädieren für eine Einschränkung der allzu massiven Werbung für Konsumentenkredite, für eine Begrenzung der ausgeliehenen Beträge, für strengere Maßstäbe bei der Bonitätsprüfung und für kürzere Laufzeiten der Darlehen. Die Banken indes streben genau das Gegenteil an: Ihre Werbemethoden werden immer raffinierter, die Hürden, die sie vor die Auszahlung ihrer Kredite gestellt haben, niedriger.
Kaum ist ein neuer Erdenbürger geboren, machen sich die Banken an die Eltern ran, um sie zur Anlage eines Babykontos zu bewegen. Später erhalten die Kleinen Post von niedlichen Comicfiguren, die »Marc und Penny« oder »Goldie« heißen und den Segen eines eigenen Kontos preisen. Für jede Zielgruppe haben die Werbeonkels der Geldhäuser den passenden Spruch drauf (»Hallo, Mischa, für Dich liegt ein kleines Geschenk bereit. Tschüs, Dein Kundenberater Peter«), und je älter die Kids werden, desto nachdrücklicher bringen sich die Geldverleiher in Erinnerung.
Manche Institute verleiten ihre minderjährigen Kunden so wirkungsvoll zum Geldausgeben, daß sie von Verbraucherschutzorganisationen schon mehrfach abgemahnt werden mußten. So etwa, als eine Bank warb: »Stellt euch vor, am Wochenende ist ein Rockfestival. Euer Geldbeutel gibt leider nicht genug her. Wo kommt jetzt das schnelle Geld her? Ihr geht ganz cool zu eurer Bank, zückt eine gestylte Jugendservicecard und besorgt euch am Geldausgabeautomaten Bares.«

Vermittler verteuern den Kredit

Das multimediale Trommelfeuer auf die Standhaftigkeit der Minderjährigen blieb nicht ohne Folgen. Allein die deutschen Sparkassen führten bereits Anfang des Jahres 1993 rund 810000 Girokonten für Kunden unter 18 Jahren. Bei der Deutschen Bank waren es über 300000 Konten, bei der Bayerischen Hypotheken- und Wechselbank in München immerhin noch etwa 40000.

Während die Verbraucherschützer verlangen, die Banken dürften für Minderjährige nur dann Konten einrichten, wenn deren gesetzliche Vertreter mit unterschreiben, berufen sich die Geldhäuser gern auf den sogenannten Taschengeldparagraphen 110 des Bürgerlichen Gesetzbuches. Danach sind Verträge von Minderjährigen wirksam, wenn ihnen dazu der gesetzliche Vertreter die notwendigen Mittel zur freien Verfügung gestellt hat. Eine Einschränkung halten mittlerweile fast alle Fachleute für erforderlich, denn momentan wird bereits jeder zehnte Kreditvertrag von einem Minderjährigen unterschrieben.

Immer wieder versuchen einige Banken und Sparkassen, die gesetzlichen Vorschriften allzu großzügig auszulegen, so etwa die Deutsche Bank, die auch an ihre minderjährigen Konteninhaber Kundenkarten ausgibt, mit deren Hilfe Konten jederzeit bis 100 Mark überzogen werden können. Oder die Stadtsparkasse Korschenbroich, die mehrfach Jugendlichen ab zwölf Jahren auf Girokonten Dispokredite bis 200 Mark einräumte. Da ist es dann nicht mehr weit bis zu jenen, in einer Sendung des TV-Magazins »Monitor« angeprangerten Instituten, die gezielt Kredite an Drogensüchtige vergaben, damit sie sich den benötigten Stoff verschaffen konnten.

Der gnadenlose Kampf der Geldhäuser um die lukrativen Kreditgeschäfte mit überschuldeten Lohn- oder Gehaltsempfängern brachte einen wenig angesehenen Berufsstand zu neuer Blüte: den der Kreditvermittler. Sie profitieren von der Schwellenangst, vom schlechten Gewissen und der Unbedarftheit, die eine zahlenmäßig große Gruppe geldbedürftiger Kunden vom Gang zum Bankschalter abhalten. Ihnen suggerieren die cleveren Makler, daß es ihnen dank ihrer weitreichen-

den Verbindungen möglich sei, auch in aussichtslosen Fällen noch Geld zu beschaffen.
Tatsächlich machen sie sich doch nur die Gier der Institute nach neuen Kunden zunutze und streichen dafür saftige Provisionen bis zu sieben Prozent der Kreditsumme ein. Die kassieren sie von den Geldhäusern, und manchmal zwacken sie auch vom ausbezahlten Kredit ihren Obolus ab. Mit skrupellosen Werbeversprechen (»Kredite ohne Schufa«) und ausgeklügelten Telefonmarketingaktionen treiben sie dem Geldgewerbe neue Kundschaft zu, und die meisten Banken und Sparkassen haben offenbar nicht die geringsten Bedenken, die von den Vermittlern angeschleppten Schuldner zu akzeptieren. Klar, daß die Provision des Vermittlers voll auf die Zinsen angerechnet wird, auch klar, daß die Zinsen um so höher ausfallen, je schlechter die Bonität des Kunden ist, daß zusätzliche Bearbeitungsgebühren die Belastung des Schuldners ins Unermeßliche steigen lassen. Mit allerlei Rechentricks werden die tatsächlichen Zinsen geschickt auf Monats- oder gar Wochenbasis heruntergerechnet, so daß der naive Schuldner glauben kann, er habe einen vergleichsweise günstigen Kredit bekommen. Nicht selten aber summieren sich die Gesamtbelastungen eines solchen vermittelten Kredits oft zu einem Effektivzins von 20 Prozent. Das liegt in der Nähe dessen, was von den Gerichten als »Wucher« geahndet wird.
Der Pakt des stets um Seriosität bemühten Kreditgewerbes mit der dubiosen Vermittlerszene ist nicht weiter verwunderlich, denn auch die Versicherungsgesellschaften bedienen sich auf der Jagd nach Kunden höchst zweifelhafter Hilfstruppen aus dem Milieu der Strukturvertriebe. Im brutalen Wettbewerb der Finanzkonzerne ist offenbar jedes Mittel recht, wenn es nur der Steigerung ihrer Profite dient. Bis zu sieben Prozent Provision zahlen Banken und Sparkassen für die Vermittlung von Anschaffungsdarlehen. Und wer ihnen einen Firmen- oder Hypothekenkunden anschleppt, darf eine Provision von 0,5 bis zwei Prozent von dessen Umsätzen erwarten. Kaum ein Kreditnehmer ahnt, daß auch die Dienste des Bankangestellten auf der anderen Seite des Schalters mit einer Erfolgsprovision honoriert werden. Nur gewitzte Kunden, die die verwahrlosten Sitten des Geldgewerbes

kennen, pflegen mit Hinweis auf die Bankprovision die Konditionen zu ihren Gunsten zu verändern.
Vergeblich warnen die Verbraucherschutzverbände schon seit Jahren vor den dubiosen Kreditvermittlern. Wer Geld braucht, sollte gleich zur Bank gehen und knallhart um die Konditionen feilschen. Am besten gelingt dies, wenn man Kreditangebote der verschiedensten Geldhäuser einholt und so im freien Wettbewerb die Zinsen drückt. Denn für die Geldhäuser ist jeder Kredit ein lukratives Geschäft. Ist hingegen ein Bankkunde bereits so überschuldet, daß er von keinem Institut mehr etwas zu erwarten hat, dann hilft auch der Vermittler nicht weiter, sofern er mit der offiziellen Geldwirtschaft zusammenarbeitet. Natürlich gibt es auch Schlepper, die Kredite aus dunklen Quellen offerieren. Aber wer sich mit solchen Geldgebern einläßt, zahlt für gewöhnlich Wucherzinsen.

Unwissenheit als Geschäftsgrundlage

Aber auch die Darlehen der »seriösen« Institute haben ihre Tücken. Es fängt schon bei der Berechnung des tatsächlich zu zahlenden Zinses an. Zwar sind die Institute verpflichtet, bei jedem Kredit den sogenannten »effektiven Jahreszins« anzugeben und ihre Konditionen offen in der Schalterhalle auszuhängen. Aber nicht selten versteckt sich die Preistafel hinter Gummibäumen, Schrankwänden oder Prospektständern. Und selbst dann, wenn ein Bankkunde die Preisliste genau studiert, erfährt er häufig nur die halbe Wahrheit über die Kosten eines Kredits.
Verwundert reiben sich viele Kreditnehmer die Augen, wenn sie entdecken, daß sie zu den offen ausgewiesenen Zinsen allerlei Provisionen, Gebühren, Schätzkosten oder Verwaltungspauschalen berappen müssen. So kann ein Kredit, der optisch billig wirkt, schnell zum erdrückenden Schuldenberg anwachsen. Erschreckt konstatierte ob solcher Praktiken sogar die bankenfreundliche *Frankfurter Allgemeine*: »Kaum eine andere Branche geht so ruppig mit ihren Kunden um wie die Kreditwirtschaft.« Wohl wahr, doch in Wahrheit handelt es

sich nicht einfach um hemdsärmelige Geschäftspraktiken, sondern um ein sorgfältig geplantes System, für das der Faktor »Unwissenheit« der Kundschaft eine feste Kalkulationsgrundlage bildet.
Dreist wie kein zweiter Wirtschaftszweig nutzen die Geldhäuser ihre Position der psychologischen Stärke gegenüber den in der Defensive befindlichen Kreditnehmern aus, um gnadenlos abzukassieren. Etwa mit dem Trick der »Kreditprovision«. Das geht so: Die Bank offeriert einem Kunden einen Kreditrahmen von 50000 Mark zu, sagen wir, zehn Prozent. Der echte Zinssatz beläuft sich freilich nur auf sieben Prozent, die restlichen drei werden als Provision deklariert. Für den Kunden hat das den Nachteil, daß er diese drei Prozent auf den vollen Kreditrahmen von 50000 Mark zu zahlen hat, auch wenn er den nicht voll in Anspruch nimmt. Die sieben Prozent Zins hingegen sind nur auf den tatsächlich geschuldeten Betrag anzurechnen. Auf diese Weise erhöht die Bank den Durchschnittszins, den der Kunde zu zahlen hat, ohne daß ihm dies so richtig bewußt wird. Sie täuscht also ein relativ günstiges Angebot vor und verdient dennoch überdurchschnittlich gut dabei. Volker Looman aus Reutlingen, selbständiger Finanzberater, weiß aus seiner täglichen Praxis: »Die Bank kann einen Kunden so schwindlig rechnen, daß der nicht mehr weiß, wo ihm der Kopf steht.«
Das fängt oft schon bei der Kreditsumme an. Will sich jemand zum Beispiel 30000 Mark pumpen, dann rechnet ihm der Kreditsachbearbeiter vor, daß es vernünftiger sei, gleich 35000 Mark zu beantragen. Der Kunde erfährt auch schnell, warum. Von der Kreditsumme rechnet der Banker geschwind seine Provision, Bearbeitungsgebühr, ferner Auslagen und schließlich noch Prämien für die Kreditversicherung dazu. Irgendwo taucht dann auch noch eine Maklercourtage auf, so daß der Kunde am Ende gerade noch den Betrag herausbekommt, den er tatsächlich benötigt. Die Zinsen aber muß er natürlich auf die 35000 Mark bezahlen.
Fast ebenso fein rechnet sich für die Banken eine Darlehensform, mit der sie gerade in den letzten Jahren immer umfangreichere Geschäfte betrieben. Mal heißt dieses Produkt »Scheckkredit« oder »Variodispositionskredit« oder schlicht »Kredit nach Maß«. Gemeint ist stets

eine maximale Überziehungslinie, bis zu deren Höhe sich der Kunde Geld nach Bedarf pumpen kann. Das hat für den Kunden den Vorteil, daß er nicht jedesmal einen neuen Kredit beantragen muß, wenn er Geld braucht, dafür aber geht ihm die Übersicht über die Kosten verloren. Denn die Bank kann während der gesamten Laufzeit die Zinsen praktisch nach Belieben verändern. Es gibt keinen effektiven Jahreszins mehr, und der Kunde verliert die Möglichkeit, den Preis seines Kredits mit dem Angebot anderer Banken zu vergleichen.

Aus den Klauen der Bank befreit

Viele der Kreditnehmer, die sich im Gestrüpp der Gebühren und Kosten hoffnungslos verheddert haben, kommen gar nicht mehr dazu, ihre Darlehen zurückzuzahlen. Sie bleiben bis ans Ende ihrer Tage Gefangene der Banken und müssen immer härtere Daumenschrauben ertragen. Letzte Rettung ist für sie häufig eine Schuldnerberatungsstelle, wo rechtskundige Sozialhelfer versuchen, wenigstens die schlimmsten Härtefälle etwas zu mildern. So etwa im Fall der Servierin Marion Thamm, 34, aus Berlin. Mit 18 wollte sie sich eine Stereoanlage kaufen, für die ihr das Geld fehlte. Ein Freund gab ihr den Rat, zu einer Filiale der WKV zu gehen. Damit begann ihre Karriere als Schuldnerin.

Ging es zunächst nur um ein paar 100 Mark, die die Bank direkt an das Radiogeschäft, bei dem sie die Anlage gekauft hatte, überwies, so wuchs der Schuldenberg durch immer neue Konsumwünsche und entsprechende Umschuldungen zügig an. Solange sie Arbeit hatte, konnte Marion Thamm die Raten auch immer pünktlich bezahlen, doch dann bekam sie ein Kind, verlor den Job und geriet so in Zahlungsverzug. Nach einer Zeit ständiger Mahnungen, in der die Schuldsumme immer größer wurde, mußte sie schließlich eine eidesstattliche Versicherung über ihre Zahlungsunfähigkeit abgeben.

Sabine Schulz von der Schuldenberatung Berlin-Charlottenburg nahm sich des scheinbar hoffnungslosen Falles an und stellte fest, daß die alleinerziehende Mutter Kredite über insgesamt 22000 Mark auf-

genommen, aber bereits 21 000 Mark zurückgezahlt hatte. Dabei waren nach Ableistung ihrer eidesstattlichen Versicherung noch immer 14 000 Mark offen. Zustande kam dieser hohe Betrag durch Verzugszinsen und die Tatsache, daß die Ratenzahlungen vor allem zur Deckung der Zinsen, nicht aber zur Tilgung des Darlehens verwendet worden waren. Der Schuldnerberaterin gelang es, Marion aus den Klauen der Bank zu befreien, indem sie ihr ein zinsloses Familiendarlehen verschaffte. Jetzt muß Marion nicht mehr für horrende Zinsen geradestehen, sondern kann peu à peu ihr Darlehen abstottern.
Die meisten Schuldner haben weniger Glück. Denn längst sind auch die Schuldnerberatungsstellen in den Ballungsgebieten bereits hoffnungslos überlastet und können sich schon aus Kapazitätsgründen um Einzelfälle nicht mit der erforderlichen Intensität kümmern. Zu schaffen machen ihnen nämlich nicht nur die Schuldner selbst, sondern immer mehr auch jene Bankenopfer, die sich als Bürgen in die Zange nehmen ließen.

Ganze Familien in Sippenhaft genommen

Kredite an zahlungsschwache Schuldner wie an Firmen, die nur dürftig mit Eigenkapital ausgestattet sind, vergeben die Geldhäuser nämlich nur, wenn andere Personen für die Rückzahlung geradestehen, die sogenannten Bürgen. Daß die Unterschrift unter eine selbstschuldnerische Bürgschaft ihre Tücken haben kann, ist hinreichend bekannt: »Wer bürgt, wird erwürgt«, reimen die Juristen. Doch in letzter Zeit häufen sich die Fälle, wo absolut untaugliche Bürgen in Anspruch genommen werden, wie Großeltern mit karger Rente, Mütter ohne eigenes Einkommen oder Studenten, die von Bafög leben.
Für einen Kredit ist den Banken offenbar jeder Bürge recht. Und je mehr Bürgen ein Kreditsachbearbeiter auftreiben kann, desto mehr Geld kann er ausleihen, desto mehr Zinsen und Provisionen verschafft er seiner Bank, desto schneller also wird er Karriere machen. Dieses ganz auf den Expansionsdrang der Geldhäuser zugeschnittene System brachte schon komplette Familienstämme in die Sippenhaft der Geld-

häuser. Bekannt wurde zum Beispiel der Fall der Bayerischen Landesbank, die hohe Kredite für Käufe überteuerter Wohnungen nach dem sogenannten Erwerbermodell auslieh und dafür reihenweise mittellose Studenten als Bürgen akzeptierte. »Auf eine kundenfreundliche Rechtsprechung«, warnte die *Süddeutsche Zeitung,* »sollte man sich dabei nicht verlassen.«

In der Tat: Als ein Bauunternehmer für weitere Kredite seine beiden studierenden und deshalb mittellosen Söhne seiner Bank als Bürgen anbot, akzeptierte diese bereitwillig und nahm sie nach dem Zusammenbruch des Baugeschäfts voll in Anspruch. Das sei rechtens, entschied der Bundesgerichtshof und entließ die beiden Brüder in eine lebenslange Zahlungsknechtschaft gegenüber der Bank.

Erst im Dezember letzten Jahres griff das Bundesverfassungsgericht in Karlsruhe in die bislang wenig verbraucherfreundliche Rechtsprechung des Bundesgerichtshofs ein. In einem aufsehenerregenden Urteil revidierten die Verfassungsrichter einen Spruch des 9. BGH-Zivilsenats, in dem die arbeitslose Tochter eines Immobilienmaklers dazu verurteilt worden war, für einen 100000-Mark-Kredit ihres Vaters geradezustehen. Die junge Frau lebte als alleinstehende Mutter eines Sohnes von der Sozialhilfe und dem Erziehungsgeld. Weil sie die von der Bank verlangten Zinsen nicht berappen konnte, wuchs der vom Vater hinterlassene Schuldenberg bis auf 160000 Mark an.

Der Klage der Bank hatte zunächst das Oberlandesgericht Celle widersprochen, doch der Bundesgerichtshof schließlich gab der Bank recht und verurteilte die Bürgin zur Zahlung mit der Begründung, sie sei schließlich volljährig gewesen und habe daher auch ohne besondere Erfahrung wissen müssen, daß eine Bürgschaft ein Haftungsrisiko begründet. Das sahen die Verfassungsrichter anders. Sie wiesen das BGH-Urteil zurück und verpflichteten die Zivilgerichte zur Korrektur von Verträgen, »die einen der beiden Vertragspartner stark belasten und das Ergebnis strukturell ungleicher Verhandlungsstärke sind«. Auch im Verkehr zwischen den mächtigen Banken und den ohnmächtigen Kunden, so postulierten die Verfassungsrichter, »darf nicht nur das Recht des Stärkeren gelten«. Für künftige Fälle hier das Aktenzeichen: 1 BvR 567/89.

Besonders tückisch ist die selbstschuldnerische Bürgschaft, zu der die Banken gerne allzu naive Kreditnehmer drängen. Hier müssen die Bürgen »unter Verzicht auf die Einrede der Vorausklage« sofort zahlen, wenn der Kreditnehmer mit seinen Verpflichtungen in Verzug gerät. Sie haften dann nicht nur für den eigentlichen Kredit, sondern für sämtliche auflaufenden Zinsen, Kosten und Gebühren.
Wenn schon jemand sich bereit erklärt, Bürge zu sein, dann besser im Rahmen einer sogenannten Höchstbürgschaft, die die Verpflichtung des Bürgen auf einen bestimmten Betrag begrenzt. Günstiger ist auch eine sogenannte Ausfallbürgschaft, bei der der Gläubiger erst alle juristischen Maßnahmen gegenüber dem Schuldner einleiten muß, bis hin zur Zwangsvollstreckung, ehe er sich am Bürgen schadlos halten darf.

Seltsame Regeln des Kreditgeschäfts

Natürlich ist nichts dagegen einzuwenden, wenn sich Banken für ihre Ausleihung Sicherheiten verschaffen. Doch die Art und Weise, wie sie ihre Interessen gegenüber den wirtschaftlich Schwächeren durchsetzen, und das sind fast alle Kunden, erinnert manchmal an Zeiten, in denen das Faustrecht galt. Während die Geldhäuser Großkunden, hinter denen sie eine starke wirtschaftliche Potenz vermuten, ihre Darlehen förmlich aufdrängen, neigen sie bei ihren kleinen Kunden fast immer zu Überreaktionen, sobald sie erste Anzeichen für eine Zahlungsschwäche zu erkennen glauben.
Lang ist die Liste jener Kreditnehmer, denen die Geldhäuser ohne Vorwarnung die Aufforderung ins Haus schickten, das Darlehen binnen weniger Tage »fällig zu stellen«. Kommt ein solcher Kunde der Nötigung nicht nach, läuft mit kafkaesker Unerbittlichkeit ein Prozeß ab, an dessen Ende für gewöhnlich zerstörte Existenzen, zerrüttete Familien, liquidierte Firmen, versteigerte Häuser und verlorene Freundschaften stehen. Hauptsache, die Bank hat ihr Geld wieder. Manchmal hat sie am Ende auch noch ein bißchen mehr als vorher.
Das Kreditgeschäft gehorcht recht seltsamen Regeln. Da bemühen

sich die Banker einerseits mit allem Nachdruck um Kreditkunden, sie wildern in den Gefilden der Konkurrenz, unterbieten sich gegenseitig mit ihren Konditionen, um nur ja das viele Geld, das sich auf ihren Konten angesammelt hat, unter die Leute zu bringen. Gleichzeitig werden sie von tausenderlei Ängsten geplagt, daß irgendeiner jener frechen Gesellen, denen sie ihr Allerheiligstes in den Rachen geschoben haben, es eines Tages nicht mehr würde ausspucken wollen.
Nichts fürchtet ein Bankier mehr als das Wörtchen »notleidend«, das als Etikett immer dann einem Kredit aufgeklebt wird, wenn sich die Aussichten auf Rückzahlung zu verdüstern beginnen. Deshalb hat der Spruch des amerikanischen Schriftstellers Mark Twain, ein Banker gleiche einem Mann, der einem einen Regenschirm leiht, wenn die Sonne scheint, und ihn sofort zurückhaben will, sobald es zu regnen beginnt, durchaus eine gewisse Berechtigung. Genauso richtig aber ist die Beobachtung, die schon Voltaire im 18. Jahrhundert machte: hüpfe ein Bankier aus dem Fenster, so könne man getrost hinterherspringen, denn am Ende gäbe es immer etwas zu verdienen. Tatsächlich entpuppen sich viele der Schieflagen, in die Deutschlands Geldhäuser mit Großkrediten an zahlungsunfähige Schuldner gerieten, am Ende doch noch als recht einträgliche Geschäfte.

Großes Geld für Bluffer und Blender

Zunächst aber lohnt es sich einmal darüber nachzudenken, wie solche Schieflagen überhaupt zustande kommen und nach welchen Prinzipien unsere Bankiers Geld verleihen. Dabei fallen zwei Grundgesetze auf, die das Denken der Banker zu prägen scheinen. Erstens: Werfe das Geld immer dorthin, wo andere schon Geld hingeworfen haben! Zweitens: Finanziere vor allem solche Geschäfte, von denen du nichts verstehst!
Diese beiden Handlungsmaximen führten zu den bekannten Finanzkatastrophen der letzten Jahre, die viele Milliarden an Ersparnissen vornehmlich kleinerer Bankkunden aufzehrten und mitunter häßliche Spuren in den Bilanzen der Geldhäuser hinterließen. So etwa die

südamerikanische Schuldenkrise: Auch als längst absehbar war, daß Länder wie Mexiko, Venezuela, Brasilien und Argentinien dem Staatsbankrott zusteuerten, pumpten deutsche Großbanken noch immer Milliardenbeträge in deren marode Volkswirtschaften.
Nachdem sie bereits gigantische Wertberichtigungen auf uneinbringliche Kreditforderungen an Entwicklungsländer vornehmen mußten, entdeckten unsere begabten Bankiers eine zweite Spielwiese, auf der sich trefflich Geld verlieren ließ: die Ostblockstaaten. Schneller, als die Geldzähler in den Kassenräumen die Tausender durch die Finger gleiten ließen, verloren die Anleihen der kommunistischen Staatshandelsländer nach dem Zusammenbruch des Kommunismus an Wert, und schnell versuchten einige deutsche Großbanken, die Verlustlöcher zu stopfen, indem sie die windigen Papiere ihren eigenen Investmentfonds ins Depot stopften, auf daß auch die verehrte Kundschaft ihren Beitrag zum Aufbau Osteuropas leiste. Unverdrossen schaufelten sie danach, Zins bleibt Zins, weitere Milliarden nach Prag, Warschau und Moskau, auch als deren Rückzahlung immer unwahrscheinlicher wurde.
Kurioser noch als der an den Zug der Lemminge erinnernde Nachahmungstrieb der Banker ist ihre ausgeprägte Neigung, auf Bluffer und Blender hereinzufallen. Wo immer in den letzten Jahren eine Pleite sich auftat, leisteten auch unsere Geldhäuser ihren Obolus. Guthaben deutscher Bankkunden wurden verspielt beim Zusammenbruch des Immobilienweltreichs der kanadischen Gebrüder Reichmann (Olympia & York), des australischen Multiunternehmers Alan Bond, der britisch-zypriotischen Unternehmensgruppe Polly Peck, der dänischen Versicherungsgruppe Hafnia, des britischen Pressetycoons Robert (»Captain Bob«) Maxwell, der italienischen Feruzzi-Gruppe, des schweizerischen Großpleitiers Werner K. Rey und, last but not least, der Metallgesellschaft AG in Frankfurt.
Ihr wahres Format aber bewiesen unsere Herren Bankiers erst im Fall des Immobilien-Pleitiers Jürgen Schneider und seiner Frau Dagmar aus Königstein im Taunus. Wie kein zweiter in seiner Branche hatte es der gelernte Maurer und Bauingenieur verstanden, die Gier und die Eitelkeit, möglicherweise aber auch die Bestechlichkeit der Geldver-

weser für seine Zwecke zu nutzen. Denn mit purer Dummheit läßt sich die Tatsache kaum erklären, daß rund 50 Banken Kredite über gut 6 Milliarden Mark an Schneider-Firmen ausliehen und dafür als Sicherheit Immobilienobjekte im Wert von nur 1,7 Milliarden Mark (so die letzte Schätzung) erhielten.

Bei Drucklegung dieser Auflage ist der Fall Schneider noch längst nicht geklärt. Der Pleitier ist flüchtig, seine Firmen sind zusammengebrochen, die Banken raufen sich um die Beute, und unterm Druck der Medien sicherte Hilmar Kopper, Vorsteher der Deutschen Bank, einigen Bauhandwerkern die Bezahlung ihrer offenen Rechnungen zu.

Noch darf darüber gerätselt werden, wie es zur größten Baupleite der Nachkriegszeit kommen konnte. Sieht sich ein normaler Bankkunde, wenn er auch nur eine 50 000-Mark-Hypothek beantragt, der peinlichsten Untersuchung seiner wirtschaftlichen Verhältnisse ausgesetzt, so machte es dem Dr. Jürgen Schneider offenbar keinerlei Schwierigkeiten, für einen Neubau wie das Kaufhaus »Les Facettes« auf der Frankfurter Zeil Kredite in einer Größenordnung abzugreifen, die den Wert des Objektes wie seine Ertragskraft um ein Vielfaches überstiegen.

Naivität, Blindheit, Gutgläubigkeit? Auch wenn Schneider gefälschte Unterlagen (Mietverträge etc.) vorgelegt haben sollte, so hätte einem halbwegs versierten Kreditsachbearbeiter ein Rundgang durch das Gebäude genügt, um festzustellen, daß die Angaben nicht stimmen konnten.

Fachleute aus der Bauträger-Szene kolportieren denn auch eine ganz andere Version der Schneider-Pleite. Und die geht so: Der geltungssüchtige Toupetträger war gar nicht der Initiator, sondern nur das geeignete Werkzeug für noch unentdeckte Hintermänner, die sich seiner bedienten, um Milliardengewinne einzusacken. Stand, zum Beispiel im deutschen Osten, ein Edelobjekt zum Verkauf, das, sagen wir, 100 Millionen Mark wert war, dann bildeten diese Hintermänner, zu denen gewiefte Rechtsanwälte, Steuerberater und Banker zählen sollen, ein Konsortium. Über Mittelsmänner boten sie Schneider die Immobilie an und offerierten ihm zugleich die komplette Finanzie-

rung. Einzige Bedingung: der Königsteiner Baunarr mußte einen Preis akzeptieren, der um etwa das Dreifache überhöht war.
Damit das Ganze glaubwürdiger wirkte, wurde dann das Objekt über mehrere zwischengeschaltete Gesellschaften, die ihren Sitz bevorzugt im Ausland hatten (etwa im schweizerischen Kanton Zug), so lange »durchgehandelt«, bis der gewünschte Kaufpreis erreicht war. Den Gewinn, also die Differenz zwischen dem, was die Verkäufer bekamen und dem, was Schneider bezahlen mußte, schöpften die Beteiligten über Auslandskonten ab.
Sollten die Ermittlungen der Staatsanwälte diese Version bestätigen, wären die Geldhäuser zwar vom Vorwurf purer Dusseligkeit befreit, hätten dann aber einen neuen Ehrentitel verdient: »Das Kartell der kriminellen Kassierer«.

Die Stunde der Pumpgenies

Und immer dann, wenn irgendein ehrgeiziger Bankdirektor die Tabellenliga verändern möchte, schlägt die Stunde der Pumpgenies. Clevere Unternehmer können dann die Geldmogule gegeneinander ausspielen und ihnen ihre Bedingungen diktieren. Für Bewegung in der zementierten Ordnung des deutschen Geldgewerbes sorgte zum Beispiel der Schweizerische Bankverein, als er Deutschlands Großbanken beim Rennen um die Börseneinführung der Co-op-Aktien ausstach.
In ihrem Bemühen, einmal ein deutsches Großunternehmen unter ihre Fittiche zu bekommen, übersahen die Eidgenossen freilich die dunklen Flecken in den Bilanzen des angeschlagenen Handelskonzerns, der von seinen Managern und dem mittlerweile zu einer Freiheitsstrafe verurteilten Exvorstandsvorsitzenden Bernd Otto gründlich ausgeplündert worden war.
Wie leicht bei Banken große Summen locker zu machen sind, demonstrierten vor kurzem die beiden Lübecker Immobilienkaufleute Thomas Hoermann und Joachim Mack. Rund 337 Millionen Mark holten sie nacheinander bei Instituten wie der Hypothekenbank Essen, der

Hamburger Landesbank, der Berliner Bank oder der Dresdner Bank ab. Rund 54 Millionen davon müssen die Geldhäuser inzwischen als Schaden abbuchen. Die beiden Kreditschwindler hatten die schwache Stelle aller Banker ausfindig gemacht und für sich genutzt: den begehrlichen Blick auf Sicherheiten.

Nichts ist in den Augen eines Bankers sicherer als Grund und Boden. Deshalb schaut er offenbar gar nicht mehr genau hin, wenn ihm Immobilienperlen als Sicherheiten offeriert werden. Thomas Hoermann und Joachim Mack schleppten gleich reihenweise erstklassige Sicherheiten heran. Die hatten indes nur den kleinen Nachteil, daß sie in Wahrheit stets ein bißchen weniger wert waren, als in den Kreditunterlagen stand.

Die beiden Lübecker ließen den Verkehrswert ihrer Objekte durch getürkte Gutachten nach oben manipulieren. So schafften sie es zum Beispiel, von der Hamburgischen Landesbank ein Hypothekendarlehen über 23,4 Millionen Mark zu bekommen, obwohl sie für das Grundstück tatsächlich nur 18 Millionen bezahlt hatten. Die Masche funktionierte jahrelang, ohne daß irgendeiner der Kreditgeber mißtrauisch geworden wäre. Erst ihr aufwendiger Lebensstil – die Gauner leisteten sich fast ein halbes Hundert teuerster Autos – brachte die mit der Bankermentalität so vertrauten Kreditkunden hinter Schloß und Riegel.

Vor Gericht bestätigte der als Zeuge geladene Chefjustitiar der Hypothekenbank Essen die Einschätzung der Angeklagten: »Es ist doch klar, daß ein Kredit über 20 Millionen einfacher zu bekommen ist als einer über 20 000 Mark. Da geht man nicht zum Kassenschalter, sondern direkt in die Vorstandsetage.«

Manchmal sind den Geldhäusern solche Abschreibungen freilich nicht ganz unwillkommen. Mindern sie doch die ansonsten unanständig hohen Gewinne und damit auch die Steuerzahlungen. Wertberichtigungen werden sofort in voller Höhe abgeschrieben, gleichgültig, ob sich später doch noch ein Teil der Außenstände eintreiben läßt. Auf diese Weise lassen sich enorme stille Reserven ansammeln, wie die Bilanz der Deutschen Bank aufs schönste beweist.

»Nie war die Not so groß wie heute«

Während also die Großkreditnehmer den Geltungsdrang der Banker ausnützen und immer höhere Summen selbst für fadenscheinige Geschäfte herauspressen können, sind die unzähligen Privatschuldner, Freiberufler, Kleingewerbetreibenden und Bauherren dem Wohlwollen ihrer Geldgeber ausgeliefert. »Wer aus der Position der Schwäche heraus mit einem Bankier verhandelt, hat schon verloren, noch bevor der Vertrag unterschrieben ist«, postulierte einst der Ölmagnat Paul Getty. Und John Maynard Keynes, Stammvater der modernen Nationalökonomie, erkannte bereits: »Wenn man einer Bank tausend Pfund schuldet, hat man ein Problem. Wenn man ihr aber eine Million Pfund schuldet, hat die Bank ein Problem!«

Er hat recht: Täglich registriert zum Beispiel Karl-Heinz Neubauer aus Hannoversch Münden immer neue Hilferufe von verschuldeten Bankenopfern, die nicht mehr ein noch aus wissen. Der Gründer und Präsident des »Roter Ring e. V.«, einer Solidargemeinschaft kreditgeschädigter Unternehmer, hat sich zur Lebensaufgabe gemacht, zu helfen, wo sonst niemand mehr helfen mochte. Neubauer: »Nie war die Not so groß wie heute.«

Über 2000 Mitglieder zählt der eingetragene Verein bereits, und fast hinter jedem Namen in seiner Mitgliederliste steht ein ziemlich hoffnungsloser Fall. Seit Gründung des Roten Rings Anfang 1993 schieden bereits 70 Mitglieder durch eigene Hand aus dem Leben. »Kaum jemand macht sich eine Vorstellung von dem psychischen und sozialen Druck, dem ein überschuldeter Bankkunde ausgeliefert ist«, klagt der streitbare Bankenschreck, der 1951 im Alter von 22 Jahren mit 18 Freunden die Insel Helgoland besetzte, weil er verhindern wollte, daß die Royal Air Force den deutschen Schicksalsfelsen weiter als Testgelände für ihre Bomben benutzen konnte.

Etwa ein Drittel seiner Klienten, schätzt Neubauer, hat sich seine Misere selbst zuzuschreiben; der Rest geriet durch die Ignoranz, Inkompetenz oder Raffgier der Geldgeber in Schwierigkeiten. »Da spielen sich erschütternde Schicksale ab«, beobachtete der Ring-Gründer. Da ist zum Beispiel der ehemalige Bäckermeister Rehm, der

sich mit 380000 ersparten Mark für sich und seine drei Söhne in Ludwigsburg das Eurohotel zulegte und dabei vom Vorbesitzer und den beteiligten Banken bös aufs Kreuz gelegt wurde. Im Nu hatten nämlich die drei Söhne des Hobbyhoteliers Lebensversicherungsverträge über 3,3 Millionen Mark unterschrieben, bei denen sich hinterher herausstellte, daß es in Wirklichkeit Kreditverträge waren.
Weder die Deutsche Bank noch die Frankfurter Hypothekenbank hatten offenbar die geringsten Bedenken gegen eine solch waghalsige Finanzierung, da sie ebenso wie der Bäckermeister den Beteuerungen des Maklers Glauben schenkten, der ihnen eine stets volle Belegung mit Osteuropa-Aussiedlern vorspiegelte. Doch ab dem Tag, an dem der Kaufvertrag unterzeichnet war, blieben die von der öffentlichen Hand subventionierten Hotelgäste aus, während die monatlichen Zins- und Tilgungsraten über annähernd 100000 Mark unerbittlich zur Zahlung anstanden.
Die Verzweiflung in der Familie des Exbäckermeisters war so groß, daß Karl-Heinz Neubauer schon das Schlimmste befürchtete. Er nahm sich des Falles an und versucht seither in zähen Verhandlungen mit den Gläubigern eine für alle Beteiligten akzeptable Lösung herbeizuführen. Diese war bei Redaktionsschluß freilich noch nicht gefunden.

Ein Kredit, der nicht seriös war

Als ein Opfer der Banken sieht sich auch das Ehepaar Klaus-Dieter und Doris Weisheit aus Homberg/Ohm. Als ausgebildete Masseure und Bademeister wollten die Weisheits vor Jahren ein eigenes Kurbad und Saunazentrum errichten. Zunächst ging alles gut: Der Architekt, ein Unternehmensberater und der Kreditsachbearbeiter der örtlichen Kreissparkasse zeigten sich sehr angetan von dem Projekt und begleiteten die Weisheits in die unternehmerische Selbständigkeit.
Reichlich spät bemerkte dann der Bademeister, daß er nie in der Lage sein würde, der Bank die rund 70000 Mark, die deren Darlehen pro Monat an Zins und Tilgungsleistungen kostete, zurückzuzahlen, da seine monatlichen Einnahmen allenfalls 40000 bis 50000 Mark betru-

gen. Als sich die Forderungen der Kreissparkasse auf rund 700000 Mark summiert hatten, mußte das Ehepaar Weisheit Konkurs anmelden.
Der Geldgeber ließ die Massagepraxis und die im selben Haus eingerichtete Privatwohnung der Familie Weisheit zwangsräumen. Heute betreiben Doris und Klaus-Dieter Weisheit wieder eine kleine Massagepraxis als Mieter in dem Haus, das ihnen einstmals gehört hatte. Und noch immer können sie nicht verstehen, warum sie von ihrer Sparkasse zu dem überdimensionierten Projekt ermuntert worden waren.
Meint Professor Udo Reifner, der sich im Institut für Finanzdienstleistungen und Verbraucherschutz in Hamburg kritisch mit der Kreditvergabe der Banken und Sparkassen auseinandersetzt: »Im Falle Weisheit ist ein Kredit vergeben worden, der von Anfang an nicht seriös war. Das heißt, hier hat die Kreissparkasse etwas finanziert, was sie, im nachhinein betrachtet, nicht hätte tun dürfen.« In der ZDF-Sendung »Zündstoff«, die den Fall aufgriff, fragte sich der Experte: »Warum macht eine Kreissparkasse so eine Kamikazefinanzierung?« Die Antwort ist vermutlich ganz einfach: Solange ein Kredit nicht als notleidend erkannt ist, wird er dem zuständigen Sachbearbeiter als Pluspunkt gutgeschrieben. Womöglich wurde dieser mit einer netten Provision belohnt und durfte die Karriereleiter hochklettern. Kippt der Kredit später, braucht dies den aufgestiegenen Ausleiher nicht zu kümmern, denn den Scherbenhaufen müssen für gewöhnlich andere zusammenkehren.

Die *Süddeutsche* lehnt eine Anzeige ab

Um herauszufinden, wie groß der Druck bereits ist, den das Kartell der Kassierer ausübt, und um die Methoden kennenzulernen, mit denen die Finanzwirtschaft ihren Kunden das Fell über die Ohren zieht, wollte ich in der *Süddeutschen Zeitung* ein Inserat veröffentlichen lassen. Gewünschte Überschrift: »Von Banken und Versicherern geprellt?« Ziemlich aufgeregt teilte mir die Anzeigenabteilung mit, daß diese Zeile unter keinen Umständen veröffentlicht würde, da sie eine Verunglimpfung wichtiger Wirtschaftszweige enthalte. Ich mußte mir also eine neue Headline einfallen lassen. Am 9. Mai 1993 erschien darum in der Rubrik »Verschiedenes« folgende Anzeige:

Ärger mit den Finanzen?
Journalist sucht authentische Fälle von Anlagebetrug, Kreditwucher oder Gaunereien mit Immobilien. Bitte schreiben Sie mir, wenn Sie schlechte Erfahrungen in Finanzangelegenheiten machten. Vielleicht kann ich Ihnen helfen. Auf Wunsch wird Diskretion zugesichert. Zuschriften unter Chiffre ZS 1884316 an SZ.

Die Resonanz war bemerkenswert. Es kamen über 60 Zuschriften, davon 53 ernsthafte. In der Mehrzahl der Fälle handelte es sich um Kreditprobleme. Es schrieben Bankkunden, die sich hoch verschuldet hatten, entweder um Geschäfte aufzubauen oder um Immobilien zu erwerben. Sie waren in Zahlungsschwierigkeiten geraten und von ihren Geldgebern rücksichtslos liquidiert worden. In vielen Fällen handelte es sich auch um ahnungslose Opfer gerissener Geschäftemacher, die zu hohen Investitionen verlockt worden waren, welche dann gar keine oder eine zu geringe Rendite abwarfen.
Typisch dafür ist der Fall des Münchner Zahnarztes und Kieferchirurgen Dr. Walter Klenner. Vor wenigen Jahren besaß der talentierte Dentist eine gutgehende Praxis, heute ist er ein gebrochener Mann und lebt von der Sozialfürsorge. Er sieht sich als Opfer eines Komplotts zwischen Steuerberatern und Rechtsanwälten, Banken, Bauträgern und schließlich auch dem Staatsanwalt. Seine Misere begann, wie so viele Kreditgaunereien, ganz harmlos mit dem dringlichen Hinweis seines Steuerberaters, die hohen Abgaben an den Fiskus durch steuersparende Investitionen in Immobilien zu senken.
Weil sich der Zahnmediziner auf diesem Gebiet überhaupt nicht auskannte, überließ er alles Weitere gutgläubig seinem Berater. Der schleppte in flotter Folge immer neue Angebote heran, die alle nach demselben (Bauherren-)Modell gestrickt waren: Man nehme eine überteuerte Eigentumswohnung, sattle obendrauf opulente Werbungskosten, finanziere das Ganze zu 100 Prozent über ebenfalls

überteuerte Bankkredite, dann hat man ein optimales Steuersparmodell, das den sicheren finanziellen Ruin bedeutet.
Auch diesem Zahnarzt ging es wie vielen seiner Standeskollegen. Eines Tages stellte Dr. Klenner entsetzt fest, daß er zwar tüchtig Steuern gespart hatte, aber finanziell am Ende war. Den Rest gab ihm ein Laden am IGA-Park, der nur bis zum Rohbau gediehen war und dringend weiterer Zuschüsse bedurfte. Weil er die nicht aufbringen konnte und keinen Weg sah, dem finanziellen Desaster zu entgehen, flog Dr. Klenner zu einem internationalen Dentisten-Kongreß nach Rio und kehrte nicht mehr zurück. Mit der Abwicklung seiner Bauherren-Ruinen und sämtlicher finanzieller Angelegenheiten beauftragte er seinen Rechtsanwalt, dem er Vollmacht über seine Bankkonten einräumte.
Und damit begann der letzte Akt des Steuerspardramas. Der tüchtige Jurist räumte die Konten ab und ließ sich Dr. Klenners Lebensversicherung ausbezahlen, der ungetreue Treuhänder, der die Bauherrenmodelle zu betreuen hatte, kassierte die eingehenden Mieten und floh damit später ins Ausland. Die Banken, die die Modelle finanziert hatten, ließen die Wohnungen und den Laden zwangsversteigern.
Im fernen Brasilien geriet der Münchner Dentist an den »schönen Consul« Hans-Hermann Weyer, der ihm eine Verlängerung der Aufenthaltsgenehmigung in Aussicht stellte und dafür ein paar Zehntausender abzockte. Schließlich erfuhr Dr. Klenner, daß er per Interpol gesucht wurde. Anzeige hatte ausgerechnet jener tüchtige Anwalt erstattet, der befürchten mußte, eines Tages von seinem Mandanten zur Rechenschaft gezogen zu werden.
Nun wurde dem Zahnarzt auch der Boden am Zuckerhut zu heiß. Noch aus der Ferne beauftragte er einen anderen Anwalt mit seiner Verteidigung. Als der ihm mitteilte, daß der Staatsanwalt die Akteneinsicht verweigere, entschloß er sich, freiwillig in die Heimat zurückzukehren. Am Frankfurter Flughafen wurde er sofort festgenommen und für 26 Tage in Untersuchungshaft gesteckt. Gegen eine Kaution von 80000 Mark kam er schließlich frei.
Die Verhandlung empfand der Angeklagte, der sich keiner persönlichen Schuld bewußt ist, als reine Farce. Denn das Ergebnis kannte er

schon elf Stunden vor der Urteilsverkündung. Dr. Klenner: »Man sagte mir, wenn ich gestehen würde, käme ich mit Bewährung davon, andernfalls müßte ich für ein paar Jahre ins Gefängnis.« Er bekannte sich schuldig und wurde zu zwei Jahren mit Bewährung verurteilt. Jetzt wartet er auf den Prozeß gegen seinen ehemaligen Rechtsanwalt, dem er vorwirft, er habe ihn um mindestens 600000 Mark betrogen. Er darf nicht mehr praktizieren, hat keinerlei Einkünfte und lebt in München von der Sozialhilfe, die ihm demnächst gestrichen werden soll.

War die Zinsberechnung falsch?

Schicksale wie dieses kennzeichnen deutlicher als tiefgründige Analysen die Rücksichtslosigkeit, mit der das Kartell der Kassierer Macht und Reichtum auf Kosten der Kundschaft mehrt. Besonders leichtes Spiel haben die Mitglieder dieses Kartells, zu dem neben den Banken, Versicherern und Finanzdienstleistern auch Rechtsanwälte, Steuerberater, Makler und Mittler zählen, mit dem gutverdienenden Mittelstand. Also mit Ärzten und Zahnärzten, Künstlern und Sportlern, Handwerkern und Handelsvertretern, Hoteliers, Spediteuren und anderen Kleinunternehmern.

Wer immer aus diesem Kreis Immobilien erwerben und unternehmerische Projekte realisieren, Investitionen tätigen oder auch nur schlicht sein Geld anlegen möchte, wird fast immer zur Beute irgendeines Finanzprofis. Nur höchste Wachsamkeit und eine gehörige Portion Cleverneß bewahren den Laien, der sich auf Finanzierungs- oder Anlagegeschäfte einläßt, vor dem Fangschuß.

Wie gefährlich das Terrain in der Bankenwelt sein kann, beweisen zahlreiche Fälle an sich gewitzter Unternehmer oder Bauherren, die sich in den Fallstricken der Finanzbranche verfingen. Dazu gehört zum Beispiel der Karosseriebaumeister Reinhold Zey aus dem hessischen Waldbrunn, der seit zwölf Jahren einen erbitterten Kleinkrieg gegen die Limburger Volksbank eG führt. Die Bank fordert von ihm einige 100000 Mark und betrieb mehrfach die Zwangsversteigerung seines

Eigenheims, während Zey anhand genauer Berechnungen, die mittlerweile auch von einem Experten der Deutschen Bundesbank für korrekt erklärt wurden, nachzuweisen versucht, daß die Zinsforderung zu Unrecht besteht. Sein Haus besitzt er immer noch, da seine Tochter es auf dem letzten Auktionstermin für ihn ersteigerte. Mittlerweile fordert er von der Bank die Rückzahlung von insgesamt 170000 Mark sowie zusätzlich einen angemessenen Schadenersatz.

Daß es in jener Gegend zu einer Häufung von Streitfällen zwischen Genossenschaftsbanken und Kunden kam, wird inzwischen nicht mehr bestritten. Offenbar haben sich einige der Volksbanken und Raiffeisenkassen mit Krediten an zahlungsschwache Bauherren, Bauträger und Winzergenossenschaften so verhoben, daß sie auch mit zweifelhaften Mitteln versuchen mußten, den Schaden zu begrenzen.

Am 10. Mai 1990 schrieb zum Beispiel der Landesverband Hessen des Schutzbundes der Kreditnehmer e. V. an den Wirtschaftsausschuß des Bundestags folgenden bemerkenswerten Brief: »... die Bankvorstände verbergen gemeinschaftlich und vielfach unter Anleitung der Genossenschaftsverbände den tatsächlichen Zustand ihrer Bank vor den Mitgliedern und Aufsichtsräten ... (Sie) verschulden mit allerlei Buchungstricks und der Eröffnung von neuen Konten die Kreditnehmer, um dann wieder neue dingliche Sicherheiten von den Kreditnehmern zu erpressen. Ist dem Vorstand dies gelungen, beantragt man sofort die Zwangsversteigerung, um sich an dem Vermögen der Kreditnehmer unzulässig ... zu bereichern, um das viel zu geringe Eigenkapital aufzubessern. Durch diese Machenschaften der sich in Schwierigkeiten befindlichen Geldinstitute sehen wir die Ausübung der Bankenmacht. In einigen Fällen konnte auch noch festgestellt werden, daß den Vollstreckungsgerichten falsche Angaben gemacht werden, um die Gerichte als Rechtsgehilfen auf ihrer Seite zu haben. Es wurden Milliardenvermögen vernichtet. Nicht weil die Kreditnehmer verschuldet waren, sondern weil die Bank verschuldet war, ohne daß der Kreditnehmer dies wissen konnte ...«

Die Haifischmoral im Geldgewerbe

Starker Tobak, fürwahr, doch keineswegs aus der Luft gegriffen, wie zahlreiche Klagen düpierter Bankkunden beweisen. Das Ganze erinnert fatal an den reihenweisen Zusammenbruch amerikanischer Spar- und Darlehenskassen (Saving & Loan Banks), der die US-Steuerzahler mindestens 200 Milliarden Dollar kostete und die Guthaben von Millionen Kleinsparern vernichtete. Auch da hatten sich überforderte Kleinstadtbanker nach dem Freibrief, den ihnen die Reagan-Administration ausgestellt hatte, überstürzt ins Finanzierungsgeschäft mit Immobilien, Ölquellen und anderen Industriezweigen gestürzt und dabei aus Leichtsinn, Inkompetenz, Habgier und Geltungssucht bedenkenlos die Ersparnisse ihrer Kunden aufs Spiel gesetzt.
In Deutschland war eine solche Gesetzesänderung, wie sie zu Beginn der achtziger Jahre von Ronald Reagan verfügt wurde, gar nicht nötig, denn hierzulande darf ohnehin schon lange jede Bank so ziemlich alle Geldgeschäfte machen, auch wenn ihre Vorstände oder Geschäftsführer so gut wie nichts davon verstehen. Und so wagten sich in den wilden achtziger Jahren, als das Geschäft mit den Steuersparmodellen boomte, reihenweise kleine Sparkassen- und Volksbankdirektoren an die Finanzierung abenteuerlichster Projekte. Und nicht selten wurden sie, als die Umsätze zu klettern begannen, von ihren vorgesetzten Verbandsherren für ihren »unternehmerischen Weitblick« gelobt und zu weiteren Kraftakten geradezu ermuntert.
Es war die Zeit, als ein gewisser Ingo Krauss im Direktorium der Bayerischen Raiffeisenzentrale so lange für ein dynamisches Wachstum sorgte, bis seine Banker in München und im bayerischen Hinterland weit über eine Milliarde Mark in wacklige Bauherrenmodelle gesteckt hatten. Und als die BRZ unter der Last ihrer notleidenden Kredite selber zu wackeln begann, da zeigte sich mal wieder in aller Deutlichkeit die Haifischmoral, die im Geldgewerbe herrscht.
Ein großer Hai, die DG Bank unter dem Regiment ihres ehrgeizigen Vorsitzenden Helmut Guthardt, das Spitzeninstitut von 3000 Raiffeisen- und Volksbanken, stand bereit, die angeschlagene BRZ zu schlucken. Dazu aber mußte den bayerischen Genossen erst mal der

Schneid abgekauft werden. Also deklarierte die DG Bank ihren Raubzug als großherzige Rettungsaktion für einen hoffnungslosen Sanierungsfall.
Die Zahlen, die die konsternierten Genossen aus Bayern vorgesetzt bekamen, ließen denn auch keinen Zweifel daran, daß schnell gehandelt werden mußte, wenn das angeschlagene Institut überhaupt noch gerettet werden sollte. Ob diese Zahlen jedoch der wahren Situation entsprachen, müssen jetzt erst noch die Gerichte klären. Denn mittlerweile hatten sich bei den Genossen die Zweifel verdichtet, daß damals alles mit rechten Dingen zugegangen sein soll.
Zwar erlitten viele von der BRZ finanzierte Bauherren reale Verluste, mußten zahlreiche Handwerksbetriebe, Architekten und Bauzulieferer empfindliche Einbußen hinnehmen, die manche von ihnen in den Ruin trieben, doch soll der Schaden, der letztlich an der Bank hängenblieb, gar nicht mehr so groß gewesen sein, meint jedenfalls der Münchner Staatsanwalt, der seit Jahren in Sachen BRZ ermittelt.

Ein Banker verliert den Job

Wenn sich die Profis des Geldgewerbes um eine fette Beute raufen, dann haben Kunden, Geschäftspartner und alle anderen Finanzlaien das Nachsehen. So auch im Fall der Volksbank in der westfälischen Reiterstadt Warendorf. Bis 1983 wurde sie vom Vorstandsvorsitzenden Hermann Niemayer geleitet, der wie viele seiner Kollegen auf Expansion setzte und reichlich Kredite an Bauherren, Bauträger und Immobilienfirmen auslieh. Als dann im westfälischen Genossenschaftsverband, der die Aufsicht über die Volksbanken führt, ein neuer Chef einzog, war es mit dem Geldausgeben freilich abrupt zu Ende. Hermann Siegfried Rinn vertrat nämlich die Ansicht, daß die Banken viel zu hohe Steuern zahlten.
Deshalb verlangte er von seinen Vorständen kräftige Wertberichtigungen auf die Außenstände. Prompt mußte auch die Volksbank Warendorf Kredite über rund 27 Millionen Mark »abschreiben«. Die Kehrtwendung in der Geschäftspolitik der westfälischen Volksbanken

hatte verheerende Folgen. Zahllosen Bankkunden wurden plötzlich die Kredite gekündigt, reihenweise kamen deren Häuser unter den Hammer, mehrere Betriebe mußten dichtmachen, und am Ende verlor auch der Warendorfer Bankvorstand Hermann Niemayer seinen Job. Verbandsfunktionär Hermann Siegfried Rinn und sein Syndikus Dr. Becker, im Westfälischen als gnadenlose Exekutoren bekannt, hatten ihr Ziel erreicht, denn die Steuerzahlungen der Genossenschaftsbanken nahmen in den folgenden Jahren deutlich ab.
Die »Interessengemeinschaft der Volksbankgeschädigten« in Nordenham hat vielleicht so unrecht nicht, wenn sie unter anderem behauptet:

- »Volksbanken versauen die Grundbücher,
- Volksbanken berechnen die Kreditzinsen falsch, um den Kreditkunden zu verschulden,
- Volksbanken führen dem Kreditkunden Luftkonten, buchen eigenmächtig Zahlungen hin und her, um den Kreditzinsbetrug zu verbergen ...«

Auch wenn derlei Vorwürfe ein wenig zu pauschal klingen, so bleibt die Tatsache, daß auffällig viele Banken aus dem Genossenschaftsbereich in Gerichtsverfahren verwickelt sind und in den vergangenen Jahren mit einer Reihe von Skandalen aufwarteten. Sie reichen von der spektakulären Milliardenpleite der Hammer Bank über die Protestaktionen empörter Kunden gegen die Volksbank in Oberhausen bis hin zu einem Verfahren gegen die Volksbank im niederbayerischen Landshut.

Ein Kunde wird falsch informiert

Dieser Fall, im August 1993 verhandelt vor dem Oberlandesgericht München, läßt erkennen, wie bedenkenlos Kunden von ihren Geldhäusern irregeführt werden, wenn es deren Interessen dient. Da hatte die Volksbank Landshut eine Firma namens »Intergreen Bayern

GmbH Sportplatzbau« und deren Inhaber mit Krediten über knapp eine halbe Million Mark finanziert und dabei offensichtlich eine Niete gezogen, denn das Unternehmen stand vor dem Zusammenbruch, als ein anderer Kunde der Bank Interesse bekundete.
Dieser Kunde, Franz S., war von dem Geschäftsführer der Intergreen mit optimistischen Prognosen beeindruckt worden und bat deshalb den Direktor der Volksbank um Auskunft über die finanzielle Lage der Firma. Anstatt den Kunden wahrheitsgemäß über das sich abzeichnende Desaster zu informieren, erkannte der Volksbankdirektor die Chance, sein ausgeliehenes Geld wiederzugewinnen, und empfahl deshalb Franz S. dringend eine Beteiligung.
Der pumpte sich darauf bei der Volksbank 300000 Mark und ließ zur Absicherung des Kredits eine Grundschuld auf sein Grundstück in Höhe von 500000 Mark eintragen. Mit dem geliehenen Geld kaufte er sich in die Intergreen ein und stand außerdem noch für 200000 Mark Volksbankkredite an diese Firma gerade. Die Finanzspritze freilich konnte den Untergang des Unternehmens nicht mehr aufhalten, das im Mai des darauffolgenden Jahres Konkurs anmelden mußte.
War das schon schlimm genug, so kochte in Franz S. die Wut hoch, als er erfuhr, daß die Volksbank die Zwangsvollstreckung seines Grundstücks betrieb. Nun zog er vor den Kadi, mußte jedoch in erster Instanz eine Niederlage einstecken. Erst das Oberlandesgericht München gab ihm recht. Im Urteil des 25. Zivilsenats hieß es: »Die Beklagte war als kreditgebende Bank gegenüber dem Kläger im Rahmen des vorvertraglichen Vertrauensverhältnisses verpflichtet, ihn über die Risiken der von ihm beabsichtigten Verwendung des Darlehens aufzuklären.« Klar hatten die Richter erkannt, daß die Bank den Kunden nur dazu benutzte, ihr eigenes wackliges Darlehen an die Intergreen abzusichern und ihn vorsätzlich zu dem verlustreichen Engagement verleitete.
Hinter fast jedem der 20824 Häuser und Wohnungen, die 1992 zwangsversteigert wurden, steckt ein menschliches Drama. Und die Dramen nehmen neuerdings wieder dramatisch zu. Wurden Mitte der achtziger Jahre, auf dem Höhepunkt der Pleitewelle bei geplatzten Bauherrenmodellen, jährlich über 60000 Häuser versteigert, so schrumpfte die

Zahl bis 1992 auf gut ein Drittel zusammen. Doch seit Beginn des Wirtschaftsabschwungs häufen sich die Auktionstermine wieder in beängstigendem Tempo. Im Herbst 1993 zum Beispiel gab es rund 15 Prozent mehr Zwangsversteigerungen und Notverkäufe als im Jahr zuvor.

Die Tragödie der Familie Frye

»In 95 Prozent der Fälle, die ich kenne«, schätzt Christa Lobner vom Verein für Kreditgeschädigte (VfK) im niedersächsischen Sulingen, »sind die Leute systematisch in den Ruin getrieben worden.« Der *Stern* machte im Frühjahr 1993 publik, wie so ein Fall abläuft. Jesse Frye aus dem schwäbischen Weißenhorn verdiente als Kraftfahrer 3500 Mark netto, als er zu seiner Sparkasse ging und sich nach einer Finanzierungsmöglichkeit für ein Reihenhaus erkundigte.
Kein Problem, meinte der Kreditsachbearbeiter und rechnete vor: An Eigenkapital waren 17000 Mark vorhanden, als kinderreiche Familie bekamen die Fryes von der Bayerischen Landesbodenkreditanstalt ein zinsgünstiges Darlehen über 77000 Mark. Den Rest lieferte die Sparkasse Neu-Ulm. Die Raten für Zins und Tilgung der Fremdmittel machte im Monat stolze 2800 Mark aus. Aber da Frye Kindergeld bezog und seine Frau für zwei Kinder aus erster Ehe Unterhaltszahlungen bekam, hatten sie 4500 Mark netto zur Verfügung. Abzüglich der Raten für das Haus blieben der Familie also 1700 Mark zum Leben übrig.
Obwohl alle diese Zahlen der Sparkasse bekannt waren und die Finanzierung als ziemlich brüchig erscheinen mußte, zahlte sie den Fryes den Kredit aus. Es kam, wie es kommen mußte: das Haus wurde teurer als geplant, die Auszahlung des zinsgünstigen Darlehens verzögerte sich, die Fryes mußten zwischenfinanzieren, und im Nu wuchsen die Schulden auf 430000 Mark an. Nun konnten sie ihre Raten nicht mehr zahlen. Die Sparkasse kündigte die Kredite, das Haus wurde zwangsversteigert. Elisabeth Fryes Vater hatte für 40000 Mark gebürgt und mußte nun ebenfalls bluten. Das Gehalt des Familienvaters

Jesse Frye wurde gepfändet, der Familie blieben gerade noch ein paar 100 Mark zum Leben.
Das Schicksal nahm seinen Lauf: Im Winter friert die Familie, weil kein Geld für die Heizung da ist, Frau Frye erleidet einen Nervenzusammenbruch und wird ins Krankenhaus eingeliefert, wenige Tage später muß die älteste Tochter nach einem Asthmaanfall in die Kinderklinik. Im März 1993 wird Jesse Frye ins psychiatrische Bezirkskrankenhaus in Günzburg eingeliefert. Acht Tage später, nach seiner Entlassung, wirft er sich vor einen Zug.

Ein Schnäppchen, das zum Alptraum wurde

Um Familientragödien wie diese abzuwenden, gründeten Christa Lobner und Ulrich Preuß den »Verein für Kreditgeschädigte und in finanzielle Not geratene Menschen e. V.«, Lange Straße 54, 27232 Sulingen. Mehrfach gelang es ihnen, falsch beratene Kreditnehmer aus den Fängen der Banken und Sparkassen zu befreien. So das Ehepaar Klaus und Rosi Bettge aus Geesthacht, die sich beim Kauf eines Eigenheims übernommen hatten und die Raten für eine aufgelaufene Kreditschuld von insgesamt 370000 Mark nicht mehr bezahlen konnten. Durch hartnäckige Verhandlungen, die sich über Jahre hinzogen, und den Gang zum Gericht schafften sie es immer wieder, das Schlimmste zu verhindern. Dank der Bürgschaften anderer VfK-Mitglieder konnten die Bettges bis heute ihr Haus behalten, doch das Damoklesschwert der Zwangsversteigerung hängt seit Beginn der Rezession wieder etwas tiefer, denn Klaus Bettges Arbeitgeber meldete Kurzarbeit an, und die Lohnausfälle zehren an der Substanz.
Auch jene Glücklichen, die von der Not der Gestrauchelten profitieren, indem sie bei Zwangsversteigerungen auf Schnäppchenjagd gehen, werden nicht selten zu Opfern ihrer Banken. Bestätigen können dies Annemarie Rolle und Rudolf Rieß, die in Regensburg ein Modelleisenbahngeschäft betreiben und seit ein paar Jahren heftigste finanzielle Turbulenzen durchstehen müssen. Ihre Probleme begannen im Herbst 1989, als sie auf einer von der Regensburger Sparkasse

betriebenen Zwangsversteigerung ein scheinbar günstiges Geschäft machten.
Für 145 000 Mark ersteigerten sie eine Zweizimmerwohnung, die nach dem vorliegenden Gutachten 91 Quadratmeter groß und nach der Sanierung in gutem baulichem Zustand sein sollte. Das Paar bot den Preis im Vertrauen auf den guten Ruf der Sparkasse, obwohl der Gutachter vermerkte, daß er selbst die Wohnung nicht besichtigt habe. Das hätte Frau Rolle und Herrn Rieß freilich stutzig machen sollen, denn als sie ihre neue Behausung endlich selbst in Augenschein nehmen konnten, erlebten sie ihr blaues Wunder. Es handelte sich um eine völlig heruntergekommene, sanierungsreife Altbauwohnung, die nur 65,8 Quadratmeter groß und keineswegs den bezahlten Preis wert war. Annemarie Rolle und Rudolf Rieß fühlten sich hintergangen und warfen der Sparkasse öffentlich Betrug vor. Das ließen die Regensburger Geldhändler nicht auf sich sitzen und klagten gegen die beiden auf Unterlassung solcher »ehrenrühriger Äußerungen«. Die geprellten Wohnungskäufer bekamen jedoch nach mühsamen Recherchen heraus, daß zumindest ein Mitarbeiter der Sparkasse vor der Versteigerung den wahren Zustand der Wohnung gekannt hatte. Daraufhin bot das Kreditinstitut an, die Wohnung für 195 000 Mark zurückzukaufen. Die geprellten Eigentümer aber rechneten vor, daß sich ihr gesamter Schaden mittlerweile auf rund 360 000 Mark erhöht habe und lehnten das Angebot ab.
Bis zum Abschluß dieses Buches war keine Einigung zustande gekommen, doch ist es den beiden Geschäftsleuten nach einem Urteil der 3. Zivilkammer beim Regensburger Landgericht bis auf weiteres untersagt, zu behaupten, die Sparkasse habe ihnen die Wohnung »angedreht« und »sich ganovenhaft verhalten«. Wenn sie sich nicht daran halten, droht ihnen eine Geldbuße bis zu 500 000 Mark.

Übles Spiel der Landesbank

Welch geringe Skrupel die feinen Herren des Geldes haben, wenn irgendwo ein netter Zinsgewinn winkt, das zeigt sich nicht nur im kleinen Rahmen bei Spar- und Darlehenskassen, sondern auch in großem Stil bei den sogenannten ersten Adressen des Geldgewerbes. Zu diesen zählt ohne Frage die Bayerische Landesbank in München, die von der internationalen Ratingagentur Moody's mit dem Gütesiegel erster Klasse, dem Bonitätsprüfzeichen AAA, ausgezeichnet wurde. Dieses grundsolide Institut, das viele Jahre vom ehemaligen bayerischen Ministerpräsidenten Max Streibl beaufsichtigt wurde, finanzierte nicht nur die üble Ölbohrfirma Megapetrol, an der etwa 2000 deutsche Anleger rund 200 Millionen Mark verloren, sondern auch zahllose überteuerte Schrottimmobilien, die im sogenannten »Erwerbermodell« vorwiegend an Kleinsparer verhökert wurden.
Der Schaden, der dadurch entstand, läßt sich noch gar nicht genau beziffern. Fest steht jedenfalls, daß diese gewaltige Vermögensvernichtungsmaschinerie, die Tausende Wohnungskäufer um ihre Ersparnisse brachte, ohne die 100-Prozent-Finanzierung der renommierten Landesbank nicht funktioniert hätte. Im Sommer 1993 versammelten sich deshalb vor dem Gebäude der Landesbank geschädigte Erwerber, um ihren Schadenersatzansprüchen mit einer makaberen Demonstration Nachdruck zu verleihen. Vor laufenden Film- und Fernsehkameras legten sie sich Stricke um den Hals und grüßten als symbolisch Erhängte.
Die »Aktion Solidarität«, eine Schutzgemeinschaft für Erwerbermodellgeschädigte, wies nach, daß die Bank sehr wohl gewußt habe, daß die rund 6000 über den bekannten Abschreibungskünstler Clemens J. Vedder verkauften Wohnungen nicht das Geld wert waren, das die Erwerber dafür bezahlten mußten. Dazu Herbert Holzner, Pressesprecher der »Aktion Solidarität«: »Mit ihrer Darlehenszusage in doppelter Höhe des realen Marktpreises und der Tatsache, daß die Bayerische Landesbank kein Eigenkapital von uns forderte, täuschte sie uns vor, es handle sich um wertvollen Immobilienbesitz. Aufgrund der von ihr vor der Finanzierung erstellten Wertgutachten, deren

Inhalt uns unbekannt war, wußte sie aber ganz genau, daß sie ihre Kunden in die Irre führte.«

In die Irre geführt wurden zum Beispiel die Käufer der Wohnungen »Am Römerbrunnen« in Mönchengladbach. Die Prospekte gaukelten wie üblich hohe Werthaltigkeit und glänzende Zukunftsperspektiven vor. Letzte Zweifel beseitigte die großzügige Kreditzusage der Bayerischen Landesbank, die für die Wohnung Nr. 48 zum Beispiel ein Darlehen von 53000 gewährte. Ob die Banker wußten, was sie finanzierten? Sechs Jahre später jedenfalls bekam der Käufer für sein Objekt gerademal die Hälfte der Darlehenssumme, nämlich 27000 Mark dafür.

Einen Kilometer Luftlinie entfernt, Am Ahrenerfeld, steht ein anderer Wohnblock. Hier kaufte sich die Familie Schmidt die Wohnung Nr. 29, ebenfalls mit einem Darlehen der Bayerischen Landesbank über insgesamt 140000 Mark. Sieben Jahre später verkauften die Schmidts ihr Erwerbermodell und bekamen gerade noch 101000 Mark dafür.

Da müssen sich die vornehmen Landesbanker aus München offenbar ganz schön verrechnet haben, als sie dem Abschreibungskünstler Clemens J. Vedder 1983 rund 127 Millionen Mark Kredit gaben, damit er die Mönchengladbacher Schrottimmobilien kaufen konnte. Am Ende freilich hat sich das Geschäft wohl doch gelohnt, freilich nur für die Landesbank, die ihr Darlehen nebst stattlichen Zinsen zurückbekam. Bezahlen mußten die Zeche natürlich die Käufer der überteuerten Abschreibungsmodelle.

Eine besonders aparte Variante dieser in den achtziger Jahren zu Tausenden verhökerten Steuersparimmobilien waren die sogenannten Hotelappartements. In touristisch reizvollen Gegenden Süd- und Norddeutschlands stellten findige Bauträger großräumige Hotelkomplexe auf die meist günstig erstandene grüne Wiese. Die Hotelzimmer wurden mit vollmundigen Renditeversprechungen einzeln an Geldanleger verscherbelt, der ganze Hotelkomplex an eine sogenannte Betreibergesellschaft verpachtet.

Den Schnitt dabei machten meistens aber nur die Initiatoren des Projekts, die schon bei der Weiterveräußerung des Grundstücks an den Bauträger tüchtig absahnten. Viele Appartementbesitzer freilich machten schlechte Erfahrungen, denn häufig blieb ihnen die Betreibergesellschaft die Miete schuldig oder rechnete so hohe Kosten ab, daß die Rendite gegen Null tendierte. So erging es den Eigentümern der Appartements im »Chiemgauer Hof« im bayerischen Inzell oder jenen des »Tourotel« im Münchener Stadtteil Schwabing. Klagt der Münchener Anwalt Josef Cichon, der selbst ein »Tourotel«-Appartement gekauft hatte: »Jeder der gut 230 Anleger steht mit mindestens 120000 Mark in der Kreide und bekommt für sein Engagement nichts.« Jetzt hat er beim Münchener Landgericht Klage gegen die Betreibergesellschaft AWV eingereicht, die dem Münchener Bauunternehmen Ginther GmbH & Co. gehört.

Aus dem Ansparprogramm wird ein »Armsparprogramm«

Während viele Anbieter mit den Steuersparmodellen einen Riesenreibach machen, haben die Erwerber im allgemeinen nichts als Ärger, Kosten und Verluste. Albrecht Manger aus Mönchengladbach zum Beispiel kaufte bei einer Bauträgerfirma im Rheinland eine Zweizimmerwohnung für 110000 Mark. Obwohl er inzwischen Tausende Mark an Zins und Tilgungsraten, Gebühren und Provisionen berappen mußte, kann er die Wohnung acht Jahre nach dem Kauf allenfalls für die Hälfte des einst gezahlten Preises wieder loswerden.
Dazu der Anlegerschützer Heinz Gerlach aus Oberursel: »Die Bank weiß ganz genau, was mit dem Anleger passiert. Wir nennen das nicht Ansparprogramm, sondern ›Armsparprogramm‹. Das Kernproblem solcher Erwerbermodelle ist die Bausubstanz, die meist 20 oder 30 Jahre alt ist. Die Anleger müssen über viele Jahre hinweg sogenannte Sonderumlagen bezahlen, damit die Dächer wieder in Ordnung gebracht, Fahrstühle in Gang gesetzt werden können. Das alles steht nicht in den Prospekten. Die Bank weiß das natürlich vorher und rechnet sich aus, ob dieser Anleger aus seinem Gesamteinkommen die Raten bezahlen kann.«

An diesem Geschäft haben sich neben der Bayerischen Landesbank auch andere Renommierinstitute kräftig beteiligt, so die Deutsche Bank, die Bayerische Hypotheken- und Wechselbank und auch die DSL Bank. Klaus Lützenkirchen aus Herne, ehemaliger Vorstandsassistent bei der Ruhrkohle AG, gehört ebenfalls zu denjenigen, die auf die vollmundigen Versprechungen der Steuersparmodellverkäufer hereingefallen waren. Er kaufte insgesamt elf Wohnungen und erwirtschaftete damit so hohe echte Verluste, daß er aus Zorn darüber inzwischen eine Solidargemeinschaft aus rund 400 geschädigten Erwerbermodellkäufern ins Leben rief. Lützenkirchen wirft den Banken vor, daß sie die überteuerten Wohnungen ohne genaue Objektprüfung viel zu hoch finanziert und daher die Erwerber zu ihren verlustreichen Engagements erst richtig motiviert hätten. Den Schaden, den die Modellverkäufer und ihre Finanziers anrichten, beziffert der Wohnungseigentümer aus Herne auf mindestens 50 Milliarden Mark.

Jetzt wird im Osten abkassiert

Sind die Wunden, die die Finanzartisten aus der Steuersparszene mit ihren Bauherren- und Erwerbermodellen während der achtziger Jahre ins Vermögen ungezählter Kleinanleger rissen, noch längst nicht verheilt, da gehen sie jetzt schon wieder mit einem neuen Dreh hausieren: »Sonder-AfA« heißt das Zauberwort, das ihnen jetzt überall die Brieftaschen öffnet. Gemeint ist ein Steuergeschenk des Bundesfinanzministers, das dazu dienen soll, Bauinvestoren in die neuen Bundesländer zu locken. Wer auf dem Gebiet der ehemaligen DDR bauen, renovieren oder sanieren läßt, kann die Hälfte seines Aufwands von der Steuer absetzen.
»Wenn die Leute hören, daß sie Steuern sparen«, wundert sich der in Ehren ergraute Vertriebsdirektor einer Münchner Bauträgergesellschaft, »dann überlegen sie nicht mehr lange, sondern zücken, schwuppdiwupp, das Scheckheft.« Und so wiederholt sich das üble Spiel mit vermeintlich günstigen Steuersparofferten jetzt im deutschen

Osten: »95 Prozent der Angebote«, schätzt der Fachmann, »sind überteuert und rechnen sich trotz der Steuervorteile nicht.«
Hartmut Bulwien aus München zum Beispiel, der sich von Berufs wegen mit der Preisentwicklung auf dem Immobilienmarkt beschäftigt, wollte sich privat im Osten engagieren und prüfte annähernd 30 verschiedene Angebote, ehe er resigniert bekannte: »Lieber finanziere ich Theo Waigel als die Anbieter solcher Bauprojekte.«
Dennoch wurden allein zum Jahresende 1993 für viele Milliarden Mark Anteile von Gewerbeparks, Einkaufszentren, Supermärkten oder auch Wohnblocks an gutverdienende Wessis verhökert, und bei jeder Unterschrift verdiente irgendeine Bank mit. Denn ohne die großzügigen Finanzierungszusagen westdeutscher Kreditinstitute wären all die großartigen Verkaufsprospekte und Projektentwicklungspläne nichts als Makulatur. So trägt die Kreditwirtschaft wieder einmal dazu bei, daß zahllose Anleger, die nichts anderes wollen, als ein wenig Steuern zu sparen, Milliardenbeträge fehlinvestieren.

Fallen in den Kreditverträgen

Selbstverständlich kann man einer Bank nicht verbieten, Investitionsprojekte zu finanzieren, aber wenn schon beim ersten Blick auf ein solches Projekt klar wird, daß es hier nicht um eine volkswirtschaftlich sinnvolle Investition geht, sondern allein um das Abzocken hochbelasteter Steuerzahler, dann wäre ein wenig Zurückhaltung bei der Darlehensvergabe wohl angebracht. Doch den Instituten geht es offensichtlich auch gar nicht darum, die Guthaben ihrer Kunden besonders sinnvoll zu investieren, sie suchen den maximalen Zinsschnitt und sonst gar nichts.
Die Tücke von Banken und Sparkassen offenbart sich schon in den Feinheiten ihrer Kreditverträge und noch mehr in ihrem Verhalten, wenn der Kunde Schwäche zeigt. Erst der Bundesgerichtshof mußte Ende 1988 mit der jahrelang geduldeten Praxis Schluß machen, daß die von Kunden monatlich gezahlten Tilgungsraten erst am Ende des jeweiligen Rechnungsjahres berücksichtigt wurden. Dadurch kassier-

ten die Banken aus den meisten ihrer Kreditverträge viel zu hohe Zinsen. Im Klartext: Obwohl jede monatliche Tilgungsrate die Kreditsumme verkürzte, wurden die Zinsen auf die volle Höhe des Kredits angerechnet.

Unzulässig ist nach neuer Rechtsprechung auch eine bereits im Kreditvertrag festgeschriebene Kreditausfallentschädigung. Durch eine solche Klausel verpflichtet die Bank den Kreditnehmer, einen bestimmten Betrag zu bezahlen, wenn er den bereits bewilligten Kredit doch nicht in Anspruch nehmen möchte. Will die Bank eine solche Entschädigung kassieren, muß sie exakt den Schaden beziffern und nachweisen, der ihr durch die Absage des Kunden entstanden ist.

Eine andere Methode, mit der die Geldhäuser ihre Hypothekenkunden zu schröpfen pflegen, besteht darin, daß sie bei vorzeitiger Rückzahlung des Baudarlehens auch das volle Disagio vereinnahmen, obwohl ihnen eigentlich nur ein Teil davon zusteht. Angenommen, jemand braucht ein Darlehen über 100000 Mark, möchte aber aus steuerlichen Gründen ein zehnprozentiges Disagio in Anspruch nehmen. Dann lautet die gesamte Kreditsumme über 110000 Mark, ausbezahlt werden aber nur 100000 Mark. Das Disagio stellt für die Bank einen im vorhinein bezahlten Zins dar. Deshalb sind die laufenden Zinsraten niedriger, als sie es bei 100prozentiger Auszahlung des Darlehens gewesen wären.

Wird nun das Darlehen bereits nach fünf statt nach zehn Jahren getilgt, müßte der Schuldner eigentlich nur 105000 Mark zurückzahlen, die Bank aber verlangt in der Regel die vollen 110000 Mark zurück. Sie kassiert also die Hälfte des Disagios zuviel. Obwohl bereits mehrere Gerichte diese Praxis verurteilten, lassen manche Institute noch immer nicht ab von ihr.

Verträge sollten deshalb stets mit der Lupe nach Finten und Fallen abgesucht werden, denn die Profis des Geldgeschäfts versuchen für gewöhnlich, bei jedem einzelnen Vertragspunkt Vorteile für sich herauszuschinden. Beispiel: Wird das Darlehen kurz nach Beginn eines Quartals zurückgezahlt, wird die Bank stets versuchen, die Zinsen bis zum Quartalsende bezahlt zu bekommen.

Wie die Hypo die »Floriansmühle« kassierte

Höchste Vorsicht ist angebracht, wenn der Kunde zur Bank geht, um ein besonders attraktives Immobilienobjekt zu finanzieren oder zu beleihen. Erweckt nämlich dieses Objekt die Begierde der Bank (oder des zuständigen Bankdirektors), dann stehen die Chancen, daß sie (oder er) es bekommt, offenbar recht günstig. Allein in München lassen sich jede Menge Exkunden einer bestimmten Bank auftreiben, die an dieses Institut ihr Hab und Gut verloren.

Da ist zum Beispiel der Fall des ehemaligen Feinkosthändlers Peter Schmidt, der durch Zufall auf eine wahre Immobilienperle gestoßen war. Es handelte sich um ein idyllisch gelegenes Gelände im nördlichen Stadtteil Freimann, das bis 1988 als öffentliches Freibad genutzt wurde: die Floriansmühle. Das Areal unweit der Fernsehstudios des Bayerischen Rundfunks gehörte einem privaten Eigentümer, der es, weil er die erforderlichen Investitionen in das Freibad nicht aufbringen wollte, für fünf Millionen Mark zum Kauf feilbot.

Als Peter Schmidt davon erfuhr, marschierte er zur Bayerischen Hypotheken- und Wechselbank, um sich dort den Kaufpreis finanzieren zu lassen. Groß war sein Erstaunen, als ihm die Banker eröffneten, die Liegenschaft sei keineswegs fünf Millionen wert und könne deshalb auch nicht in dieser Höhe beliehen werden. Sie taxierten den angeblich realen Wert auf nur 500000 Mark. Mit Blick auf die »geordneten« Verhältnisse des Kunden und sein gutgehendes Feinkostgeschäft bewilligten sie ihm ein Darlehen über 1,2 Millionen Mark.

Das reichte natürlich nicht zum Kauf, deshalb bohrte der enttäuschte Bankkunde nach und verwies auf die Möglichkeit, eine wesentlich höhere Grundschuld auf das Grundstück einzutragen. »Was woll'n S' denn mit dem Ding?« soll der Hypo-Bank-Direktor geantwortet haben, das Gelände sei als Landschafts- und Vogelschutzgebiet ausgewiesen und dürfe deshalb weder bebaut noch landwirtschaftlich genutzt werden. Nun wollte Peter Schmidt auch gar nicht bauen; sein Ziel war es vielmehr, aus dem ehemaligen Freibad eine Brotzeitoase für die Münchner Radler, Wanderer und Spaziergänger zu machen.

Auch von diesem Projekt hielten die Hypo-Banker nichts, denn sie verweigerten jeden weiteren Kredit.
Während der Feinkosthändler die Kaufverhandlungen einschlafen ließ, wurde ein anderer hellwach. Für insgesamt 5,3 Millionen Mark kaufte der Immobilientycoon Christian Krawinkel die Floriansmühle. Der millionenschwere Chef der CKV-Vermögensverwaltungs-GmbH, Stifter mehrerer Bäume im benachbarten Englischen Garten und als alerter Bauträger stadtbekannt, hatte offensichtlich nicht die geringsten Finanzierungsprobleme, aber wohl auch kein Konzept für das Freibadgelände.
Ganz gegen seine sonstigen Gewohnheiten ließ er es weder planieren noch bebauen, sondern verkaufte es, so wie es war, im Jahr 1991 an, ja, an wen wohl? Natürlich an die Bayerische Hypotheken- und Wechselbank. Und die zahlte für das Grundstück, das 1989 bekanntlich ja nur eine halbe Million Mark wert war, einen Preis, der nach den Recherchen des düpierten Beinahebesitzers Peter Schmidt so um die elf Millionen Mark betragen haben soll.
Bleibt noch zu erwähnen, daß das einstige »Natur- und Vogelschutzgebiet« sich unter der kundigen Pflege der Banker in ein bebaubares Gelände verwandelt hat, auf dem nun mit beträchtlichem Aufwand ein Tagungs- und Trainingszentrum für die Angestellten der Hypo-Bank entsteht. Dieses Vorhaben entbehrt nicht einer gewissen Logik, da in unmittelbarer Nachbarschaft die Kollegen aus anderen Bankhäusern ihre firmeneigenen Tennisplätze haben.

Die »Bayerische Affären- und Wechselbank«

Bleiben wir noch ein wenig bei der Bayerischen Hypotheken- und Wechselbank, deren Chef Eberhard Martini so überzeugend für die guten Sitten im Geldgewerbe eintritt. Als der eloquente Branchensprecher 1987 in den Vorstand aufrückte, nannten Spötter sein Institut die »Bayerische Affären- und Wechselbank«. Das feine Münchener Geldhaus hatte nämlich große Mühe mit dem Nachweis, daß es am

Untergang einer Reihe namhafter Unternehmen vollkommen unschuldig war.
Bei rund 20 Firmen im süddeutschen Raum, die zwischen 1979 und 1984 die Pforten schließen mußten, zeigten sich nämlich die gleichen Untergangssymptome: Alle waren bei der Hypo-Bank verschuldet, alle mußten sich der Dienste einer ziemlich umstrittenen Beratungsfirma, nämlich der Frankfurt Institut Management GmbH (F. I.), bedienen, alle verfügten über beträchtliche Vermögenswerte in Form von Grundstücken, alle ereilte das gleiche Schicksal.
Die tüchtigen Berater des F. I. entmachteten zunächst die Inhaber, Geschäftsführer oder Vorstände, demotivierten die Belegschaft und wirtschafteten die Betriebe gründlich herunter, so daß der Konkurs nicht mehr zu vermeiden war. Zuvor kassierten sie horrende Honorare und schanzten der Bank das Grundvermögen zu. Auf diese Weise endeten so bekannte Unternehmen wie der Münchener Bekleidungshersteller Ralph Louisoder, der Fürther Spielwarenproduzent Hermann Neuhierl (Marke »Carrera«), der Garmischer Skibindungsfabrikant Hannes Marker, der Dingolfinger Fassadenbauer Götz und der Münchener Druckereibetrieb Karl Thiemig AG.
Erich Schmitt, im Vorstand der Hypo-Bank zuständig für die Kreditengagements, mußte sich gegen den Vorwurf wehren, er sei der Regisseur all dieser Firmenpleiten gewesen und habe allein zum Nutzen der Bank (und vielleicht auch zu seinem eigenen) gehandelt. Das scheint ihm nicht ganz überzeugend gelungen zu sein. 1987 schied der ebenso ehrgeizige wie geltungsbedürftige Präsident des renommierten Tennisclubs »Iphitos« aus dem Vorstand der Hypo-Bank aus.
Vor allem die Art, wie der vom kleinen Filialleiter zum Vorstandsmitglied aufgestiegene Kollege Schmitt das übel beleumundete Frankfurt Institut des Unternehmensberaters Rolf Kübel protegierte, erregte einiges Mißfallen. Obwohl Kübels Berater die ihnen von Hypo-Schmitt anvertrauten Firmen geradewegs in den Ruin steuerten, zockten sie allein bei den fünf genannten Unternehmen ein Riesenhonorar von 16,3 Millionen Mark ab. Das Frankfurt Institut gehörte mehrheitlich einer Rodau AG in Luxemburg, und von dort aus führten Spuren

zu einem Gesellschafterkreis, der sich durch Briefkastenfirmen in den Steuerparadiesen der Karibik vertreten ließ.

Der Fall Ralph Louisoder

Undurchsichtig wie die Hintermänner der Beratungsgesellschaft müssen wohl auch die Motive der Bank gewesen sein, namhafte Kreditkunden, darunter den schwäbischen Strickwarenhersteller Bleyle und den bayerischen Skiproduzenten Fritzmeier, solchen »Fachleuten« anzuvertrauen. Deutlich wird dies am Fall des Münchener Kostüm- und Lodenschneiders Louisoder. Der einstige Darling der Münchener Schickeria, Sproß einer alteingesessenen Textilunternehmerdynastie, hatte sich in den fünfziger Jahren, nach einem Zwist mit dem Vater, selbständig gemacht. Mit akkurat geschneiderten Damenkostümen und Lodenmänteln der Marke »Ralph-Moden« stieg er rasch zu einem der erfolgreichsten Bekleidungshersteller Deutschlands auf. Mitte der siebziger Jahre beschäftigte sein Betrieb, der als Kommanditgesellschaft auf Aktien firmierte, rund 1200 Mitarbeiter und setzte über 100 Millionen Mark um.

Seine Hausbank war von Anfang an die Hypo, mit deren damaligem Chef Anton Ernstberger ihn ein freundschaftliches Vater-Sohn-Verhältnis verband. Den smarten Hypo-Bank-Aufsteiger Erich Schmitt, den er häufig auf dem Tennisplatz traf, duzte er sogar. Als der Kostümboom Ende der siebziger Jahre abflaute, wollte Ralph die deutsche Fertigung radikal verringern und dafür verstärkt im Ausland ordern. Die Hypo-Bank, bei der er mit etwa acht Millionen Mark verschuldet war, redete ihm den Plan aus. Hätte ihn Ralph Louisoder realisiert, wäre sein Kreditbedarf dramatisch geschrumpft.

»Ich war zu weich damals«, kommentiert der gescheiterte Unternehmer heute sein Nachgeben. Ralph ließ weiter Kostüme und Mäntel schneidern und verlor bei jedem Stück ein paar Mark. Sein Schuldenberg wuchs, und die Verhandlungen mit der Bank verliefen zunehmend harziger. 1981 verlangte Freund Erich, der dem Louisoder-Aufsichtsrat vorstand, kategorisch die Einschaltung des Frankfurter

Management-Instituts. Ralph: »Er drohte mir mit sofortiger Kündigung der Kredite, wenn ich die Frankfurter Berater nicht engagierte.«

Hypo-Schmitt stellte weitere harte Bedingungen: Ralph mußte seinen sichersten Vermögenswert beleihen, ein fast drei Hektar großes Grundstück an der Münchener Leopoldstraße, das er Anfang der sechziger Jahre für ein Spottgeld von drei Millionen Mark gekauft hatte. Anfang der Achtziger war es nach einem Gutachten fast 50 Millionen Mark wert. Zähneknirschend ließ Ralph eine Grundschuld zugunsten der Bank eintragen. Und notgedrungen akzeptierte er auch den »Berater« Rolf Kübel, obwohl er nach dessen erstem Besuch argwöhnte: »Der hatte keine Ahnung.« Doch Kübel besetzte mit seinen Hilfskräften die Firma und trat auf, als ob ihm diese bereits gehörte.

Mit Rückendeckung der Hypo-Bank schalteten und walteten die Berater aus Frankfurt nach Belieben, und Ralph mußte ohnmächtig mit ansehen, wie sein Betrieb allmählich vor die Hunde ging. Viele seiner Mitarbeiter wurden gegen seinen Willen versetzt oder entlassen, im Lager stapelte sich unverkaufte Ware. Nach drei Monaten erst gelang es ihm, dem Spuk ein Ende zu machen. Doch als er die Berater endlich los war, hatte er bei seinen Mitarbeitern jeden Kredit verspielt. Jetzt bekam er Druck von allen Seiten: Die Bank forderte dringend Geld, die Mitarbeiter mußten bezahlt werden, Lieferanten lieferten nur noch gegen Vorkasse, in den Zeitungen erschienen Negativberichte.

In dieser Situation hielt er es für das beste, sich durch den Verkauf seines Grundstücks an der Leopoldstraße auf einen Schlag zu entschulden und dann einen neuen Anfang zu wagen. Auch ein Kaufinteressent war bald gefunden: Die Baufirma Dyckerhoff & Widmann war bereit, die erhofften 50 Millionen dafür zu bezahlen. Doch so leicht ließ sich die Bank ihre Beute nicht abjagen. Als Ralph sich zum ersten Verkaufsgespräch mit den Abgesandten der Baufirma traf, saßen zu seinem Erstaunen zwei Vertreter der Hypo-Bank mit am Tisch und diktierten die Bedingungen.

Kurz vor Weihnachten, als das Geschäft besiegelt werden sollte, weigerte sich der Münchener Notar Dr. Zöller, den Knebelvertrag zu unterschreiben. Wenig später stellte die Bank sämtliche Zahlungen ein und besiegelte damit das Aus der Ralph Louisoder KG aA. Obwohl die Firma über Aktiva verfügte, die weit wertvoller waren als die 16 Millionen Mark, die sie der Bank schuldete, war sie zahlungsunfähig. Es war einfach kein Geld mehr in der Kasse.

Ralph schlug vor, den Münchener Betrieb zu schließen, die Vorräte zu verwerten und in zwei Zweigbetrieben die Produktion von Röcken und Hosen fortzusetzen. So glaubte er seine Schulden allmählich abzahlen zu können. Doch die Gläubiger unter Führung der Hypo-Bank lehnten dies kategorisch ab, verbannten ihn aus seiner Firma und überließen diese einem vom Gericht bestellten Konkursverwalter.

Ralph Louisoder verbittert: »Dieser Verwalter hatte es offenbar nur darauf abgesehen, die Verluste noch größer ausfallen zu lassen. Die vorhandenen Warenbestände und Einrichtungsgegenstände wurden regelrecht verramscht.«

Bis heute hat der an seiner Bank gescheiterte Exunternehmer keine Abrechnung über den Konkurs bekommen, weil die Hypo-Bank offenbar nicht in der Lage ist, ihre Forderungen genau zu beziffern. Das, was sie damals so dringend begehrte, hat sie natürlich längst bekommen: das Traumgrundstück an der Leopoldstraße, dessen Wert Ralph Louisoder heute auf über 100 Millionen Mark schätzt. Der einst steinreiche Fabrikant besitzt keinen Pfennig mehr. Er mußte persönlichen Konkurs anmelden und eine eidesstattliche Versicherung abgeben. »Wenn ich nicht in guten Tagen«, erinnert sich der Pleitier wehmütig, »meiner Frau ein Vermögen überschrieben hätte, dann gingen wir jetzt am Bettelstab.«

Ein Fabrikant bringt sich um

Schlimmer traf es den Fürther Spielwarenfabrikanten Hermann Neuhierl. Der Hersteller der bekannten »Carrera«-Autorennbahnen entzog sich dem brutalen Zugriff der Hypo-Bank und ihrer Gehilfen vom Frankfurt Institut, indem er sich am 4. Februar 1985 zusammen mit seiner 85jährigen Mutter ins Auto setzte, den Motor anstellte und die

Auspuffgase ins Wageninnere leitete. »Tod durch Selbstmord« lautete der Polizeibefund.
Die Blutspur, die die unseligen Berater des F. I. hinterließen, führt geradewegs in die Chefetagen des noblen Münchener Kreditinstituts, das sich in großformatigen Zeitungsanzeigen seines qualifizierten Personals rühmt. Wie es Kunden dieser Bank mitunter ergehen kann, beweist auch der Fall des Tankstellen- und Werkstattbesitzers Gustav Praxl, der sich in den siebziger Jahren von dem Leiter einer Hypo-Filiale in der Münchener Hohenzollernstraße dazu überreden ließ, für ein paar 100000 Mark Wechsel- und Bürgschaftsverpflichtungen für die Gastronomiekette Samy zu unterschreiben.
Der Filialleiter, dessen Haus den Samy-Brüdern hohe Kredite gewährt hatte, verschwieg freilich, daß das Unternehmen zu dem Zeitpunkt praktisch schon konkursreif war. Damit die Bank ihr Geld zurückbekam, mußten nun Kunden bluten. Über eine Million Mark kassierte die Hypo-Bank allein von Gustav Praxl, der bis heute vergeblich versucht, über den Rechtsweg sein Geld zurückzubekommen. »Der Kampf gegen die Hypo ist mein Lebenswerk«, begründete der mittlerweile pensionsreife Exunternehmer seine Justizkampagne. Sie könnte zu einer endlosen Geschichte werden.
Unzählige Unternehmer mußten schon die bittere Erfahrung machen, daß die Kreditpipelines der Banken oft pures Gift ausspucken. Norbert Patzner aus Bad Mergentheim erfuhr eines Tages von seiner Hausbank Partin & Co., daß er binnen zwei Wochen rund fünf Millionen Mark neues Eigenkapital aufbringen müsse, da die Bank ansonsten den Kredit fällig stellen würde. Der Hersteller von Kaffeemaschinen, Großküchen und Geschirrspülern mußte passen, und seine Firma, deren Wert er auf rund zehn Millionen Mark veranschlagte, ging für lächerliche 250000 Mark an die Bad Mergentheimer Beteiligungsgesellschaft, die der Partin-Bank gehörte. »Betrug und Erpressung«, wetterte der enteignete Unternehmer.

Wie aus einem Haufen Geld ein Schuldenberg wurde

Tödliche Kreditfallen kommen also nicht nur in der kalten Welt der Großbanken vor, sondern auch im gediegenen Ambiente der feinen Privatinstitute, und manchmal tappen auch solche Kunden in eine Kreditfalle, die eigentlich gar keinen Kredit brauchten. Diese verblüffende Erfahrung machte zum Beispiel eine betuchte Klientel der Privatbank Mees, Pearson in Hamburg. Das Institut ist eine seit 1922 bestehende Niederlassung der holländischen Muttergesellschaft gleichen Namens, die mit einer Bilanzsumme von 33 Milliarden Gulden zu den größeren unter den Privatbanken der Niederlande gerechnet werden darf.

Zum Kundenkreis des diskreten Hauses, das seit alters Ex- und Importgeschäfte finanziert, zählen einige der ersten Adressen aus dem Hamburger Reeder- und Kaffeehändlermilieu. Seit einiger Zeit aber beginnt sich der Kundenkreis zu ändern, denn die bislang eher zurückhaltende Privatbank setzt auf Expansion. In großformatigen Anzeigen preist sie, etwa im *Handelsblatt,* ihre Dienste bei der Geldanlage an. Diese Dienste bekamen gerade einigen der neu gewonnenen Kunden ziemlich schlecht.

Manfred Campe zum Beispiel, der es in Hamburg als Präsident des Fußballclubs St. Pauli zu einiger Prominenz brachte, ist gar nicht gut auf die Bank in der Pelzerstraße zu sprechen. Als er im Oktober 1993 zufällig an seiner Bank vorbeikam, wollte er eigentlich nur rasch ein bißchen Kleingeld abheben. Zu seiner Verblüffung bekam er nicht einen Pfennig. Dafür eröffnete ihm einer der beiden Filialleiter, daß sein Konto mit über einer Million Mark im Minus sei. Manfred Campe hingegen wähnte sich im Besitz eines Wertpapiervermögens von wenigstens 750000 Mark. Grundlage dieser Einschätzung war eine Saldenbestätigung seiner Bank vom August 1993.

Wortreich versuchte ihm der Banker klarzumachen, daß das Geld in waghalsigen Geschäften verspekuliert worden sei, zu denen er, der Kunde, eine Vollmacht erteilt habe. Tatsächlich ließ der Exfußballpräsident mit seinem Geld spekulieren. Er hatte dem freiberuflichen Vermögensberater Frank P. die Erlaubnis erteilt, das Guthaben auf

seinem Konto bei der Bank Mees für Termingeschäfte einzusetzen. P. spekulierte im Namen seines Kunden vor allem mit Optionen und Aktienindizes (wie dem DAX oder dem Dow Jones) und schloß sogenannte Stillhaltergeschäfte ab.
Trotz der Risiken, die in solchen Transaktionen liegen, mochte Manfred Campe nicht einsehen, wie es zu dem riesigen Vermögensverlust in so kurzer Zeit kommen konnte. Vor allem irritierte ihn die Tatsache, daß sein Konto laut Auszug vom 20. Oktober ein Minus von 1,18 Millionen Mark aufwies, obwohl er seinem Vermögensberater ausdrücklich verboten hatte, mit Krediten zu spekulieren.
Frank P. gestand Campe schließlich, daß er mit vielen seiner »Transaktionen« in Schieflage geraten sei, und zwar nicht nur bei seinem Konto. Es stellte sich heraus, daß insgesamt zehn weitere Kunden von Mees, Pearson beträchtliche Vermögensverluste erlitten hatten. Den Gesamtschaden bezifferte P. »auf 14 bis 20 Millionen Mark«. Der Vermögensberater, der Mees, Pearson einst als Angestellter gedient hatte, sieht sich freilich selbst als Opfer falscher Bankauskünfte. P.: »Ich habe immer geglaubt, die Konten seien im Plus, und habe nie Gegenteiliges von der Bank erfahren.«

Die Katastrophe sollte vertuscht werden

Das Debakel begann im September 1992, als P. im Namen seiner Kunden auf fallende Kurse an den Aktienmärkten spekulierte und im großen Stil sogenannte Verkaufsoptionen erwarb. Weltweit aber fingen die Notierungen zu klettern an, und die von P. gekauften Terminkontrakte konnten nur noch mit hohen Verlusten abgestoßen werden. Etwa ab März 1993, so will der düpierte Bankkunde Manfred Campe herausgefunden haben, gerieten die meisten von P. betreuten Konten ins Minus. Von da an wurden die Geschäfte immer hektischer und umfangreicher, die Kunden aber erfuhren nichts davon.
Noch im September, einen Monat, bevor ihm die Bank die Auszahlung des Tausenders verweigerte, eröffnete Immobilienkaufmann Campe, begeistert über die scheinbar erfolgreiche Vermögensverwaltung, ein

zweites Geschäftskonto bei Mees, Pearson. Über dieses Konto wollte er einen Grundstückskauf abwickeln, und die Bank sollte dabei die Zwischenfinanzierung übernehmen: »Die zuckten nicht mal mit der Wimper, als ich sie um den Kredit bat.«
Tatsächlich lief das Geschäft wie geplant ab: Die Bank finanzierte 450 000 Mark, und wenig später floß der Verkaufserlös von 675 000 auf das Konto zurück. Doch die Differenz von 225 000 Mark mochten die feinen Banker nicht mehr herausrücken, als sie ihren Kunden über die Verluste seines Anlagekontos informiert hatten. Manfred Campe: »Durch diese Blockade der Bank bin ich praktisch pleite und kann jetzt keine weiteren Zahlungen für Immobiliengeschäfte mehr leisten. Das kommt eigentlich einem Berufsverbot gleich.«
Der ehemalige St.-Pauli-Präsident gibt das Spiel noch nicht verloren. Er wirft der Bank vor, sie habe ihn wissentlich falsch informiert, habe bei wilden Spekulationsgeschäften hohe Provisionen kassiert und dem Vermögensverwalter P. entgegen seinen Anweisungen hohe Kredite eingeräumt.
Angesichts des Gesamtschadens, der den Bankkunden bei Mees, Pearson entstanden ist, sieht Manfred Campe dringenden Handlungsbedarf auch bei der deutschen Terminbörse und dem Bundesaufsichtsamt für das Kreditwesen. Campe: »Beide Institutionen haben versagt.« Es gäbe keine hinreichende Sicherheitsprüfung für die hochspekulativen Geschäfte mit den sogenannten Finanzderivaten.
Vor allem aber zeigt dieser Fall, wie schnell Bankkunden zu Opfern ihrer eigenen Gewinnsucht werden können. Solange es etwas an ihnen zu verdienen gibt, werden sie hofiert und notfalls auch mit geschönten Informationen zufriedengestellt. Sobald sie sich erdreisten und ihr Geld zurückhaben wollen, schließen sich sofort die Reihen des Kartells der Kassierer.
Daß ihnen Kredite eingeräumt werden, die sie gar nicht haben wollten, ist offenbar im deutschen Geldgewerbe gar nicht so ungewöhnlich, wie verschiedene Klagen geschröpfter Geldanleger beweisen. Bei wem der Schwarze Peter hängenbleibt, müssen wohl die Gerichte klären. Bei Frank P., dem freiberuflichen Vermögensverwalter, der seinen Kunden exorbitante Gewinne versprach und das Eingeständnis scheu-

te, daß er auf der ganzen Linie versagt hat? Oder bei der Bank, die die wilden Geschäfte des Frank P. nicht nur zuließ, sondern mit stillschweigend vergebenen Krediten förderte, weil sie an diesen Geschäften hohe Provisionen verdiente? Höchstwahrscheinlich aber doch bei den Kunden, die ihr Geld im Vertrauen auf den seriösen Namen der Bank einem Spekulanten anvertrauten und nun statt vorgegaukelter Erträge gewaltige Verluste hinnehmen müssen.

Unternehmer im Würgegriff der Banken

Steht Mees, Pearson für eine besonders aparte Kundenbetreuung mit Hilfe großzügiger Kredite, so haben unzählige kleine und mittlere Betriebe unter dem Gegenteil zu leiden: dem Bankendiktat mit Hilfe der Kreditverweigerung. Wie die Katze mit der Maus pflegen manche Kreditinstitute mit ihren Firmenkunden zu spielen, bis am Ende nur noch ein Kadaver übrigbleibt, den sie sich mit einem behaglichen Grunzen einverleiben.

Als Spielball seiner Hausbanken fühlt sich zum Beispiel Gerhard Weihbrecht, Geschäftsführer der Weihbrecht GmbH in Wolpertshausen bei Schwäbisch Hall. Der High-Tech-Betrieb formt und schneidet Metallteile, hauptsächlich für die Autoindustrie, mit Hilfe von Laser- und Wasserstrahlen und beschäftigt derzeit noch etwa zwölf Mitarbeiter. Vor zwei Jahren waren es mehr als doppelt so viele, und weil die damals noch gute Autokonjunktur eine weitere Expansion verhieß, wollte die Firma für 2,5 Millionen Mark ein neues Betriebsgebäude anschaffen.

Die Kreissparkasse Schwäbisch Hall/Crailsheim lehnte jedoch die Finanzierung ab. Die Baufirma indes, die das Gebäude errichten sollte, war ebenfalls ein guter Kunde der Sparkasse. Sie bot dem gescheiterten Bauherren an, die Betriebsstätte auf eigene Rechnung zu errichten, wenn er sich verpflichtete, einen langjährigen Mietvertrag zu unterschreiben.

Diesmal hatte die Bank keinerlei Einwendungen, obwohl die verlangte Monatsmiete von 27000 Mark viel zu hoch erschien. Mit einer solchen Rate hätte sich nämlich der Bau auch locker von der Firma selbst finanzieren lassen. Es kam noch dicker: Für ein neues Gebäude hätte die Firma Weihbrecht ohne weiteres öffentliche Fördermittel in Höhe von etwa DM 300000 bekommen, für das gemietete Objekt freilich gab es nichts.

Um ihrem Kunden den Mietvertrag schmackhaft zu machen, bestärkte sie ihn jedoch in dem Glauben, daß die Fördermittel fließen würden. Dazu Weihbrechts Rechtsanwalt Peter Parenica vom Roten Ring: »Die Bank befand sich in einer eklatanten und geradezu abenteuerlichen Interessenkollision. Sie hat hier ausschließlich die Interessen eines alten langjährigen Kunden im Auge gehabt.«

Pech für Gerhard Weihbrecht, daß er nicht dieser Kunde war. Folgerichtig verhinderte die Bank auch, daß die finanzschwache High-Tech-Firma eine Liquiditätshilfe der Landeskreditanstalt nach Förderprogramm Nr. 7 in voller Höhe in Anspruch nehmen konnte. Für Investitionen in moderne Maschinen und Ausrüstungen bewilligte die Stuttgarter Landeskreditanstalt (Lakra) eine runde halbe Million, doch Weihbrechts Hausbank bescheinigte ihrem Kunden, daß allenfalls DM 300000 Liquiditätshilfe benötigt würden. Und auch diese dringend benötigten Finanzmittel enthielt die Bank ihrem Kunden zur Hälfte vor.

Kaum waren nämlich die DM 300000 aus Stuttgart eingegangen, verwendete sie sofort eigenmächtig DM 150000 davon zur Reduzierung der Kreditlinie von Weihbrecht. Damit konnte das Unternehmen die zweckgebundenen Mittel gar nicht mehr im Sinne der Lakra investieren.

Und so ging es weiter: Als Weihbrecht ein Haus mit drei Werkswohnungen für Mitarbeiter errichten ließ und dafür Zuschüsse der Landeskreditbanken in Höhe von 120000 Mark beantragte, legte sich die Hausbank wieder quer. An die Vergabe dieser Mittel war nämlich die Bedingung geknüpft, daß als Sicherheit für die Rückzahlung eine Grundschuld an erster Rangstelle eingetragen werden mußte. Diese Rangstelle aber besetzte die Bank, die sich monatelang weigerte, ihren Platz für die Landeskreditbank freizumachen. Wieder verlor Weihbrecht Zinsen und Liquidität.

Inzwischen, da die Rezession den Metallbetrieb voll erfaßt hat, froren sowohl die Kreissparkasse Schwäbisch Hall/Crailsheim als auch die Volksbank Crailsheim, die beiden wichtigsten Finanziers, die Konten der Firma Weihbrecht ein. Über Wasser hält sie sich jetzt, im Dezember 1993, nur noch mit Hilfe eines Postgirokontos, über das die laufenden Zahlungen abgewickelt werden. Wenn es dem »Roten Ring« nicht gelingt, die Geldhäuser zum Einlenken zu bewegen, geht wieder ein hoffnungsvoll gestarteter Betrieb an der ignoranten und eigennützigen Politik zweier Banken zugrunde.

8.

Die bargeldlose Gesellschaft

Ob Kreditnehmer, Geldanleger oder einfacher Besitzer eines Girokontos: Sie alle haben Grund, künftig den Geldhäusern noch mehr als bisher auf die Finger zu schauen. Denn trotz einer zunehmend verbraucherfreundlichen Rechtsprechung greift die Finanzwirtschaft ihren Kunden immer ungenierter in die Taschen. Auch nach dem aufsehenerregenden Urteil des Bundesgerichtshofs zum Beispiel, in dem der Deutschen Bank verboten wurde, ihre Kunden bei Bareinzahlungen mit einer Gebühr von DM 1,20 zur Kasse zu bitten (Aktenzeichen: X 1 ZR 80/93), zogen zahlreiche Institute weiterhin die zu Unrecht erhobenen Gebühren ein. Wer zum Beispiel in München bei der Bayerischen Landesbank, der Bayerischen Vereinsbank, der Dresdner Bank oder der Reuschel-Bank Geld von seinem eigenen Girokonto abheben oder Bargeld auf dieses Konto einzahlen wollte, bekam noch im Dezember 1993 prompt Buchungsgebühren zwischen 40 und 75 Pfennigen aufgebrummt.

Noch dreister verfährt die Bayerische Vereinsbank mit Kunden, die für eine Jahresgebühr um die 80 Mark ein Schließfach gemietet haben. Bezahlen sie diese Gebühr nämlich bar, verlangt die Bank aus unerfindlichen Gründen einen Aufschlag von 20 Mark. Die Stadtsparkasse München weigert sich sogar, überhaupt noch Bares für die Miete von Schließfächern entgegenzunehmen. Der Kunde ist also gezwungen, die Gebühr vom Konto abzubuchen.

Hinter der rigorosen Gebührenschneiderei der Institute wird eine Strategie sichtbar, die darauf abzielt, den für die Banken lästigen, für

den Kunden aber äußerst praktischen Bargeldumlauf auf ein Minimum zu reduzieren. »Nur Bares ist Wahres«, reimt der Volksmund, doch dem elementarsten aller Zahlungsmittel hat die gesamte Finanzwirtschaft längst den Kampf angesagt.
Bargeldbesitzer sind nämlich, was sie nach dem Willen der Finanzwirtschaft nicht sein sollen, nämlich unabhängig. Wer Bargeld hortet, läßt die Bank nichts verdienen, wer mit Bargeld bezahlt, kann den Finanzminister aushebeln, wer über Bares verfügt, kann Preise drücken und von niemandem kontrolliert werden. Wer genügend Bares hat, braucht keinen Kredit und ist schwer einzuschätzen. Firmen, die über genügend liquide Mittel verfügen, können die Geldhäuser gegeneinander ausspielen und überall die günstigsten Konditionen heraushandeln. Schließlich: Wer mit gebündelten Scheinen zur Bank kommt, verursacht echte Arbeit. Da muß gezählt, sortiert und transportiert werden. Da müssen Tresore gehalten und Kassierer beschäftigt werden. All das kostet Geld, und das möchten unsere Banken und Sparkassen lieber für sich behalten.
Viel einfacher ist da doch der Druck auf den Knopf des Computers, der kostet so gut wie nichts und leistet dasselbe. Nur, daß jeder Kauf und Verkauf, jede finanzielle Transaktion, sobald sie mal im Rechnerwerk der Kreditwirtschaft registriert ist, ihre Spuren hinterläßt. Sie ist bis in ihre feinsten Verästelungen nachvollziehbar und noch nach Jahren als Beweis zu verwenden. Kurz, mit der Eliminierung des Bargeldumlaufs sollen zwei Fliegen mit einer Klappe getroffen werden: Die Geldwirtschaft will Kosten senken, der Staat des Bürgers letzte Intimität aufheben. Und an dieser Schnittstelle, an der sich die Interessen der Staatsmacht und der Finanzwirtschaft treffen, bleibt der Bürger hoffnungslos auf der Strecke.

Das Geheimnis der neuen Geldscheine

Die Zukunft der Geldwirtschaft hat längst begonnen. Als die Deutsche Bundesbank im Herbst 1990 ihre neuen Geldscheine in Umlauf brachte, da begründete sie den gewaltigen Aufwand, den die größte Geldumtauschaktion seit der Währungsreform 1948 erforderte, mit der Fälschungssicherheit: »Durch Verbesserung und Ergänzung der auf jeder Note sichtbaren Echtheitsmerkmale soll die neue Banknotengeneration bestmöglichen Schutz vor Fälschungen bieten.«
Wenn dem so gewesen wäre, dann müßte man wohl heute die verantwortlichen Manager der Bundesbank fristlos entlassen. Denn erst nach der Umstellung auf die neuen Scheine rollte eine wahre Falschgeldlawine über Deutschland hinweg. 1992 zum Beispiel wurden viermal so viele falsche Banknoten entdeckt wie 1989.
Da die Bundesbank jedoch in fast allen ihren Aktivitäten außerordentliche Qualitäten beweist, darf man ihr wohl nicht unterstellen, sie habe gerade die spektakulärste und öffentlichkeitswirksamste Aktion ausgesuchten Trotteln anvertraut. Insofern dürfte es Sinn machen, ein wenig darüber nachzudenken, ob es denn vielleicht noch andere Beweggründe für den ansonsten wenig plausiblen Notenwechsel gegeben hat (die alten DM-Scheine galten bis dato als die fälschungssichersten der Welt).
Tatsächlich besitzen die neuen Scheine einige Eigenschaften, die sie gravierend von ihren Vorgängern unterscheiden. Und diese Eigenschaften dienen ausschließlich den Interessen der Finanzwirtschaft. Die neuen DM-Noten sind zum Beispiel maschinenlesbar. Das heißt, jeder einzelne Schein, der in der Geldzählmaschine eines Kreditinstituts oder einer Landeszentralbank landet, kann automatisch identifiziert werden. Der Zählcomputer registriert nicht nur, ob es sich um einen Zehn-, 20- oder 50-Mark-Schein handelt, sondern er kann, wenn er darauf programmiert ist, die Seriennummer des Scheins und noch andere Identifikationsmerkmale abspeichern.
Da die Rechner der Landeszentralbanken miteinander vernetzt sind und jeder Geldschein im statistischen Durchschnitt spätestens alle vier Monate bei irgendeiner Landeszentralbank auftaucht, lassen sich mit

der geeigneten Software leicht sogenannte Notenflußprofile erstellen. Im Klartext heißt das, daß die Bundesbank jetzt in der Lage ist, die Wanderungsbewegungen einzelner Geldscheine von einer Landeszentralbank zur anderen zu registrieren. Nach Aussagen von Experten lassen sich so auf längere Sicht größere Schwarzgeldbestände ebenso zielgenau orten wie die Fluchtwege des Kapitals rekonstruieren, das nach steuerfreien Anlagemöglichkeiten in Oasenländern sucht.

Mit der Rasterfahndung über ihre Außenstellen will die Bundesbank dem Phänomen auf die Spur kommen, warum in Deutschland trotz der zunehmenden Automatisierung des Zahlungsverkehrs der Bargeldumlauf dramatisch zunimmt. Nicht ohne Grund argwöhnen die Banker, im Verein mit den Fiskalbehörden, daß ihnen gewitzte Bargeldzahler in immer größerer Zahl durch die Lappen gehen.

Das Phänomen beeinflußt mittlerweile sogar schon die offizielle Zinspolitik. Richteten die Bundesbanker die Höhe der Leitzinsen bisher vor allem am Wachstum der inländischen Geldmenge (»M 3«) aus, ziehen sie seit einiger Zeit verstärkt die sogenannte erweiterte Geldmenge (»M 3 +«) ins Kalkül, die auch Guthaben deutscher Firmen und Privatleute im Ausland einschließt. Und diese Menge »M 3 +« wächst viel schneller als das offiziell im Inland zirkulierende Kapital. Außerdem ist sie sehr viel schwieriger zu berechnen, da sie eben jenen, kaum bezifferbaren Batzen Schwarzgeld enthält, der bar und unregistriert über die Grenzen rollt.

Der Trend ist also klar: Der Fluß des Bargelds soll mit den neuen Noten besser kontrolliert und, so die Hoffnung der Bundesbanker, insgesamt eingedämmt werden. An dieser Verringerung der frei zirkulierenden Notenmenge hat, wie wir gesehen haben, die private Kreditwirtschaft ein vitales Interesse. Sie möchte das Bargeld am liebsten ganz abschaffen und es durch das viel kostengünstigere, von ihr total kontrollierte Computergeld ersetzen.

Ziel ist die totale Kontrolle des Zahlungsverkehrs

Längst haben nämlich die deutschen Geldhäuser den psychologischen Effekt schätzen gelernt, der die Amerikaner zu einer der am höchsten verschuldeten Nationen machte: Kunstgeld, das man nicht sehen und anfassen kann, wird viel schneller und bedenkenloser ausgegeben als eine Note oder Münze. Um diesen Effekt in klingende Münze zu verwandeln, erwies sich die Kreditkarte als ideales Vehikel.
Diente das im Februar 1950 von dem New Yorker Geschäftsmann Frank McNamara erfundene Plastikkärtchen zuerst nur einer gutbetuchten Klientel aus Unternehmern, Ärzten und Künstlern als Geldersatz, so entwickelten sich die 85 x 54 mm großen Rechtecke aus Polyvinylchlorid (PVC) mittlerweile zum weitverbreiteten Zahlungsmittel für jedermann. Ende 1993 steckten bereits über acht Millionen Exemplare in deutschen Brieftaschen, Tendenz weiter steigend.
Doch das Plastikgeld mit Nobeltouch hat seine Tücken. Einerseits verlockt es durch bequeme Handhabung zum leichten Ausgeben, andererseits zwacken die Kreditkartenorganisationen höhere Gebühren ab, und schließlich öffnet der keineswegs fälschungs- und manipulationssichere Geldersatz Wirtschaftsganoven modernen Stils alle Türen. Über 100 Millionen Mark wurden bereits 1992 mit Kreditkarten ergaunert, die Polizei registrierte rund 11 000 Betrugsfälle allein in den alten Bundesländern, das waren 74 Prozent mehr als im Jahr zuvor.
Die Branchenregel lautet: Der Schaden, der mit den Karten angerichtet wird, wächst doppelt so schnell wie der Umsatz. Auch der ganz legale Verlust, den die Kartenbesitzer erleiden, kann sich sehen lassen. »Mit keinem anderen Zahlungsmittel«, warnt Rainer Metz von der Verbraucherzentrale Nordrhein-Westfalen, »kann man sich so rasch, so tief und so sinnlos verschulden.« Wohl wahr, wie die sich in besorgniserregendem Tempo häufenden Überschuldungsfälle beweisen.

Der große Reibach mit Kreditkarten

Den großen Reibach hingegen machen die Kreditkartenorganisationen, eine der am besten verdienenden Sparten im gewiß nicht notleidenden Geldgewerbe. Zwar bekamen die Hochpreisanbieter wie *American Express* und *Diners Club*, die für ihren Service Jahresgebühren von weit über 100 Mark verlangen, harte Konkurrenz durch preiswertere Anbieter wie *Visa* oder *Eurocard*, doch mittlerweile wird der Konkurrenzkampf kaum noch über den Preis ausgefochten. Dafür versuchen die Anbieter, Kunden mit sinnlos überteuerten Prestigelabels wie Gold- oder Platinkarten zu keilen, oder sie verkaufen überflüssige Zusatzleistungen wie Reiseversicherungen und Pauschal-Rabatte.

Was in den meisten Angeboten jedoch höflich verschwiegen wird, sind die Nebenkosten, die beim Gebrauch einer solchen Karte anfallen. So knapsen noch immer einige Kartenorganisationen eine Provision von ein bis zwei Prozent für sich ab, wenn ein Kunde im Ausland Rechnungen mit seiner Kreditkarte begleicht, obwohl das Amtsgericht Frankfurt in einem Urteil vom 2. Juli 1993 (Aktenzeichen 32 C 780/93-19) genau dies untersagte. Ein Kunde hatte gegen die GZS (Gesellschaft für Zahlungssysteme mbH) geklagt, die ihm nach zahlreichen Auslandskäufen insgesamt 400 Mark Gebühren abgenommen hatte.

Schon fangen einzelne Kartenanbieter, wie die britische Barclays Bank an, an der Gebührenschraube zu drehen, und auch die Konkurrenten versuchen, wo sie nur können, zusätzliche Gebühren abzuschöpfen. Will sich ein Karteninhaber zum Beispiel am Geldautomaten oder im Ausland mit Bargeld eindecken, muß er Gebühren zwischen zwei und vier Prozent abführen, mindestens jedoch zehn Mark pro Auszahlung.

Je mehr Karteninhaber im Netz der großen Kartenorganisationen zappeln, die längst von den Giganten des Geldgewerbes beherrscht werden (die Deutsche Bank zum Beispiel kaufte sich bei Diners Club ein), desto leichter wird der Finanzwirtschaft der Marsch in die schöne neue Geldwelt gelingen. Das Ziel ist die vollkommen bargeldlose

Gesellschaft, wie sie der Computerspezialist John Diebold schon in den sechziger Jahren vorausgesagt hat.
Unsere Einnahmen und Ausgaben, unser gesamtes Vermögen und unsere Schulden sind dann nichts mehr als bloße Verrechnungsposten in den Computern der Geldkonzerne. Sie verdienen dann nicht nur an jeder finanziellen Transaktion beinahe nach Belieben, sondern haben einen vollständigen Einblick in unsere materielle Existenz. Per Knopfdruck lassen sich dann von jedem Bürger detaillierte »Konsumprofile« anfertigen, die den Werbe- und Marketingabteilungen genügend Hinweise für weitere Attacken auf unsere Konten liefern. Sowohl die Banken als auch der Staat wissen dann soviel über unsere finanziellen Verhältnisse, daß sie uns manipulieren, auspressen und nötigen können, soviel sie wollen.
Daß dies keine Horrorvision aus dem Gruselkabinett George Orwells, sondern eine sehr konkrete Utopie ist, die uns bereits in wenigen Jahren erreicht haben wird, läßt sich an den aktuellen Bemühungen der Geldwirtschaft unschwer ablesen. Der Trend: Das Geldgeschäft wird immer weiter automatisiert. Die Deutsche Bank zum Beispiel ergänzte ihre Geldausgabeautomaten in einigen Filialen bereits durch sogenannte Multifunktionsterminals, an denen die Kunden den gesamten Zahlungsverkehr abwickeln können. Auch die bayerische Hypo-Bank ist dabei, das Geschäft der Standardkunden über Automaten abzuwickeln. Dafür gründete sie eine eigene Gesellschaft, die Hypo-Servicebank (HSB), die mit wesentlich weniger Angestellten auskommt als die einer anspruchsvolleren Klientel vorbehaltenen Hypo-Filialen.

Phone Banking läßt die Kasse klingeln

Den größten Effekt aber versprechen sich die Rationalisierer in den Geldinstituten von einer aus den USA importierten Spielart der Telekommunikation: Phone Banking. Hier will man den Kunden gar nicht mehr in der Filiale sehen, sondern ihn zwingen, seine Transaktionen per Telefon abzuwickeln. Trendsetter auf diesem Gebiet ist die deutsche Tochtergesellschaft der New Yorker Citibank, an deren Bochumer Telefonzentrale bereits rund 400000 Kunden hängen. Übers Telefon können hier die Kontostände abgefragt, Überweisungen vorgenommen, Daueraufträge erteilt und in manchen Fällen sogar Kredite abgerufen werden. Über ein Dutzend heimischer Kreditinstitute, von der Augsburger Aktienbank bis zur Stadt- und Kreissparkasse Leipzig, haben bereits den für sie so kostengünstigen Telefonservice eingeführt.

Und schon naht die nächste Stufe des voll computerisierten Geldverkehrs, das sogenannte Home Banking. Hier benützt der Bankkunde einen PC, über den er via Telefon ins Datennetz seiner Bank gelangen kann. Über sein Terminal zahlt er Rechnungen, ordert Schecks, fragt die Kurse an der Aktienbörse ab und schichtet sein Wertpapierdepot um.

Für den Kunden hat diese Entwicklung nicht nur Vorteile: Erstens steigen seine Telefongebühren überdurchschnittlich an, zweitens bekommt er keinen individuellen Service mehr, sondern muß sich mit standardisierten Angeboten zufriedengeben, drittens schließlich nimmt die Sicherheit seiner Transaktionen ab. Daß Phone und Home Banking keineswegs so narrensicher sind, wie die Geldhäuser ihren Kunden gerne suggerieren möchten, bewiesen mehrere Tests von Fachmagazinen wie *A la carte-Journal* oder *DM*.

Mitglieder des Hamburger Chaos Computerclubs zum Beispiel konnten mit Hilfe eines normalen Kurzwellengerätes mühelos die über Cityruf ausgesendeten Nachrichten auffangen und im Klartext auf einem Computerbildschirm sichtbar machen. Und so wäre es ihnen auch leicht möglich gewesen, Bankgespräche, die über Funktelefone abgewickelt wurden, aufzuzeichnen und so vertrauliche Finanzdaten einer Vielzahl von Bankkunden zu erfahren.

Das alles freilich wird die Finanzkonzerne nicht hindern, den eingeschlagenen Weg fortzusetzen. Im Gegenteil: Schon planen Banken und Sparkassen, die einfache Eurocheque-Karte durch eine multifunktionale EC-Chipkarte zu ersetzen. Sie besitzt anstelle eines einfachen Magnetstreifens einen Mikrochip, der sowohl Zahlungsvorgänge registriert als auch die Lesegeräte von Supermarktkassen, Fahrschein-

entwertern und Telefonautomaten aktiviert. Die Chipkarte soll dem Kunden als universelles Zahlungsmittel dienen, gleichzeitig garantiert sie aber auch die totale Überwachung seines Konsumverhaltens.
Die Geldhäuser indes sehen in ihr vor allem ein gewaltiges Rationalisierungspotential, denn auch sie folgen, rigoros wie kaum eine andere Branche, dem Trend zur Rationalisierung, zu Lean-Management und Lean-Production. Hatten die Banken in den siebziger und achtziger Jahren immer neue Filialen eröffnet, so daß die alten Bundesländer heute über das nach Belgien zweitdichteste Netz an Zweigstellen in Europa verfügen, so versuchen sie jetzt durch eine personelle Ausdünnung ihre Kosten auf ein Minimum zu reduzieren.
Nach einer Studie der Unternehmensberatung Arthur D. Little stehen derzeit rund 50 Prozent aller Arbeitsplätze im Kreditgewerbe zur Disposition. Hunderttausende Bankangestellte werden also ihren Job verlieren. Die Kunden müssen sich mit einem immer dürftigeren Service zufriedengeben und einen Teil davon sogar selbst übernehmen, während die Finanzkonzerne immer üppigere Gewinne in ihre Kassen schaufeln und mehr Macht als je zuvor anhäufen.

Der graue Markt

9.

Strukis und Telefonverkäufer

»Grau ist dieser Markt, weil sich auf ihm so viele schwarze Schafe mit weißen Westen tummeln«, spottete einst ein Frankfurter Banker über das außerhalb der Geldhäuser betriebene Geschäft mit Kapitalanlagen.

Tatsächlich umfaßt der graue Kapitalmarkt eine Vielzahl von Finanzgeschäften, vom Verkauf steuerbegünstigter Ostimmobilien über Risikoinvestitionen in neue Produkte und Verfahren bis hin zu den windigsten Spekulationen mit Warenterminkontrakten oder exotischen Pfennigaktien.

Kennzeichnend für diesen Markt sind vor allem die Vertriebsmethoden. Während die Banken ihre Kunden in Schalterhallen und Besprechungszimmern bearbeiten, dringen die Vertriebsprofis des grauen Marktes in die Wohnzimmer der Geldanleger vor. Mit ausgeklügelten, höchst effizienten Gesprächstechniken kochen sie ihre Opfer per Telefon weich und überlisten sie im häuslichen Ambiente zu folgenschweren Unterschriften.

Nirgendwo zeigt die Finanzbranche so unverhüllt ihre Gier nach dem Geld der Anleger wie hier. Auch wenn dieser Markt in den letzten Jahren durch zahllose Skandale und Betrugsfälle diskreditiert wurde, wenn ihn die Medien als Zerrbild des scheinbar legalen Finanzmarktes darstellen, so ist er offenbar nicht totzukriegen. In Wahrheit wächst der Graumarkt für Finanzanlagen noch immer in geradezu beängstigendem Tempo. Und je mehr die Manager der Banken- und Versicherungskonzerne auf diesen Markt mit dem Finger zeigen, desto emsiger

bedienen auch sie sich seiner Methoden, desto gieriger schnappen sie nach der fetten Beute, die es hier zu verteilen gilt.
Daß es den Graumarkt überhaupt gibt, haben sich die etablierten Geldmächte selbst zuzuschreiben. Inkompetenz, Risikoscheu und Berührungsängste der Banken ließen erst jene Lücken entstehen, die sich, neben einigen wenigen seriös operierenden Anbietern, jede Menge halbseidener Abschreibungskünstler, Finanzartisten und Abzocker zunutze machten. Den Schaden, den diese »Anlageexperten« anrichten, taxieren Fachleute auf mehr als 50 Milliarden Mark im Jahr. Allein die gerichtsbekannten Fälle kosten Deutschlands Sparer und Anleger jährlich etwa vier Milliarden Mark. Zu Recht beklagt der Chefredakteur der *Wirtschaftswoche,* Volker Wolff, die Versäumnisse der etablierten Geldmächte: »Allen wohlmeinenden Erklärungen über die tiefgreifende Kundenorientierung zum Trotz verkaufen Banken, Bausparkassen und Versicherer dem Gros ihrer Kunden am liebsten ihr Standardprodukt und – wenn es denn schon etwas mehr sein muß – die Produkte der Konzerngesellschaften ... die eierlegende Wollmilchsau gibt es nicht. Keiner der deutschen Finanzriesen verfügt auf allen Gebieten über Spitzenprodukte und -berater.«
Schuld an den Wildwestzuständen ist in erster Linie der Staat, der es versäumte, rechtzeitig für geordnete Verhältnisse zu sorgen. Ob mit Absicht oder aus schlichter Ignoranz – die sonst so aktive Gesetzgebungsmaschinerie Bonns zeigte für die Verluste der Bürger immer erst dann Interesse, wenn der Druck der Medien zu groß geworden war. Millionen Bürger mußten erst Hab und Gut verlieren, ehe die Bonner Volksvertreter halbherzig den Schwindel mit überdrehten Abschreibungsmodellen eindämmten oder geschönte Prospektangaben in Kapitalanlageofferten unter Strafe stellten. Und bis heute bewilligen sie den Ermittlungsbehörden zuwenig Personal und zu geringe Mittel, als daß diese den Kampf gegen die organisierte Wirtschaftskriminalität gewinnen könnten.
Auch die Rechtsprechung ist mit den komplexen Fällen von Anlagebetrug fast immer überfordert, da es ihr ebenfalls an ausgebildeten Fachleuten fehlt, die sich im Bilanz- und Steuerrecht ebenso gut auskennen wie auf den internationalen Finanzmärkten. Den Frei-

raum, den ihr die Politik, ob freiwillig oder nicht, einräumte, nutzt die Finanzbranche zu immer dreisteren Raubzügen. Und längst betrachten die etablierten Geldmächte den grauen Markt als Experimentierfeld, um die Akzeptanz neuer Anlageprodukte oder Vertriebsmethoden zu testen. Abgesehen haben es die großen Banken- und Versicherungskonzerne vor allem auf die sogenannten Strukturvertriebe und Finanzdienstleister, die den grauen Kapitalmarkt erst zu seiner heutigen Größe anwachsen ließen.

Die »Strukis« erobern den Kapitalmarkt

Keimzelle all dieser Klopper- und Drückerkolonnen war die IOS des legendären Finanzartisten Bernie Cornfeld, der in den späten sechziger Jahren den Haustürvertrieb von Anlagezertifikaten organisierte. Die IOS (Investors Overseas Services) steuerte von ihrem Genfer Hauptquartier aus europaweit den Handel mit Anteilsscheinen an Investmentfonds. Die Fondsidee, in den USA geboren, war damals in Deutschland noch ziemlich unbekannt und erfuhr durch IOS eine ungeahnte Popularität.

Im Kern krankte bereits das IOS-Imperium an den Fehlern, die heute noch den meisten Offerten am grauen Kapitalmarkt anhaften: Die Produkte sind, wegen der hohen Vertriebskosten, meist hoffnungslos überteuert. Und so ging auch Bernie Cornfelds Investmenttrust im Jahr 1969 unter, doch die Vertriebsmethoden des Gründers bewährten sich bis heute.

Cornfeld kombinierte die Idee, Geldanlagen wie Waschpulver oder Gesichtscreme an der Haustür zu verkaufen, mit einer neuen Organisationsform seiner Vertreterschar. Anders als die meisten bekannten Direktvertriebe, heuerte er nicht einfach eine Truppe gleichberechtigter Vertreter an, sondern baute seinen Vertriebsapparat streng hierarchisch auf, etwa nach dem Vorbild eines Offizierskorps beim Militär. Wer bei IOS anheuerte, mußte erst mal auf dem niedersten Dienstgrad beweisen, daß er Umsätze brachte. Erreichte er das vorgegebene Verkaufsziel in einer bestimmten Zeit, wurde er vom Soldaten zum

Unteroffizier befördert und konnte nun selbst weitere Vertreter einstellen, die ihm einen Teil ihrer Provision abtreten mußten. Hatte er genügend Untervertreter eingestellt, durfte er wieder einen Rang höher steigen und partizipierte nun von den Provisionen der beiden unter ihm versammelten Gruppierungen.

So ging es weiter, bis zum Gebiets-, Landes- oder gar Bundesdirektor. An der Spitze der deutschen IOS-Organisation stand für eine Weile der ehemalige FDP-Chef und Ritterkreuzträger Erich Mende. Und auch diese Idee, prominente Politiker, Sportler oder Showstars für sich einzuspannen, wurde später von Bernies Erben immer wieder kopiert.

Vier Vertriebsmaschinen beherrschen heute den grauen Kapitalmarkt, und alle profitieren von den Ideen ihres Lehrmeisters Bernie Cornfeld. Branchenführer ist Reinfried Pohl, Chef und Gründer der DVAG (Deutsche Vermögensberatung AG), die mit rund 12000 selbständigen »Vermögensberatern« bei deutschen Geldanlegern im Jahr für über 20 Milliarden Mark Verträge abschließt und dafür etwa 600 Millionen Mark Provisionen kassiert.

Pohl, der das Handwerk bei der IOS als Assistent von Erich Mende lernte, gilt als Erfinder des Allfinanzkonzepts. Seine kopfstarke Kloppertruppe machte den äußerlich eher unscheinbaren Vertriebsprofi zu einem der mächtigsten Männer der deutschen Finanzwirtschaft. Selbst die Großmogule des Geldgewerbes wie Wolfgang Schieren, der Aufsichtsratsvorsitzende des Allianz-Konzerns, und Hilmar Kopper, Chef der Deutschen Bank, werben um die Gunst des Starvertreters, dessen Vermögen auf über eine Milliarde Mark geschätzt wird.

Die Hälfte des Aktienkapitals der DVAG verkaufte er bereits vor Jahren an den Versicherungskonzern AMB (Aachener und Münchener Beteiligungsgesellschaft). Klar, daß Pohls angeblich unabhängige Vertriebssoldaten ihren Kunden reichlich AMB-Verträge aufs Auge drücken. Reinfried Pohl war es auch, der im Hintergrund die Fäden zog, als der französische Versicherungsriese AGF bei der »Aachener und Münchener« einsteigen wollte und von deren Chef Klaus-Dieter Baumgartel jahrelang blockiert wurde. Am Ende verlor Baumgartel seinen Job.

Die AGF bekam zwar ihren Sitz im AMB-Aufsichtsrat, doch zu sagen hat sie dort bisher nicht viel, denn Pohl sorgte dafür, daß die Mehrheit des Aktienkapitals sicher in deutschen Händen blieb. Gemeinsam mit Allianz-General Schieren verhinderte er taktisch geschickt die Machtergreifung der Franzosen bei der zweitgrößten deutschen Versicherungsgruppe.
Und obwohl die Allianz selbst über 40 000 Außendienstler unterhält, will auch Europas mächtigster Versicherungskonzern nicht auf die Dienste der leistungsstarken Pohl-Vertreter verzichten: In Österreich kooperiert die Wiener Allianz bereits mit Pohls Allgemeiner Vermögensberatung GmbH. So dürfen sich zumindest die süddeutschen Allianzvertreter bald mit harter Konkurrenz durch die unwillkommenen Kollegen vom grauen Kapitalmarkt auseinandersetzen.
Der Großmeister des Finanzvertriebs, der den ehemaligen Frankfurter Oberbürgermeister Walter Wallmann als Generalbevollmächtigten anheuerte und den Kanzler Kohl mit dem Bundesverdienstkreuz erster Klasse auszeichnete, verkörpert wie kein zweiter die Gier und den Machtanspruch des Kartells der Kassierer. Pohl setzte die Maßstäbe für all jene erfolgshungrigen Finanzvertreter, die heute zu Zehntausenden ausschwärmen, um Deutschlands Sparer mit Versicherungen, Bausparverträgen, Investmentfondszertifikaten, Steuersparimmobilien und sogar mit Ferienreisen zu beglücken. Die Verkäufertricks des ehemaligen IOS-Mannes, sein missionarischer Eifer, mit dem er die Vertreter impft, das Provisionierungs- und Motivationssystem mit Hilfe von Titeln, Ehrenzeichen und »Incentive-Reisen«, all das haben die anderen »Strukis« (Branchenjargon) beim Großmeister des Strukturvertriebs abgekupfert.

»Mindestens 80 Prozent arbeiten unseriös«

Fuhr Pohls Vertreterarmee 1993 Verträge für insgesamt rund 20 Milliarden Mark in die Scheuer von 20 Produktlieferanten, so brachte es die Nummer zwei, Otto Wittschiers OVB Allfinanzvermittlungsgesellschaft mbH & Co. KG, noch auf knapp 16 Milliarden. Auch der ehemalige Volksschullehrer (Hauptfächer Deutsch und Religion) Wittschier, der für seine Vertretermeetings schon mal Politpromis der ersten Garnitur wie Exaußenminister Hans-Dietrich Genscher oder Henry Kissinger engagierte, kommt aus der Schule des Bernie Cornfeld.

Nach dem Zusammenbruch der IOS gründete der begnadete Verkäufer sein eigenes Unternehmen, das er »Objektive Vermögensberatung« nannte. Doch weil er inzwischen, genauso wie sein großes Vorbild Reinfried Pohl, die Hälfte der OVB an einen Versicherungskonzern, nämlich den Deutschen Ring, verkauft hat, darf er jetzt den Firmennamen nur noch als Kürzel verwenden. Und objektiv sind, wie Tests verschiedener Fachblätter ergaben, die OVB-Berater keineswegs, wenn es zum Beispiel um Versicherungen geht. Nicht von ungefähr steuerten Wittschiers Berater zuletzt fast zwei Drittel zum gesamten Neugeschäft des Deutschen Rings bei.

Anders als einst die IOS, verkaufen die Strukturvertriebe neuerer Bauart keine eigenen Finanzprodukte, sondern picken sich ihre Angebote bei Banken, Bausparkassen, Investmentfonds und Versicherungen zusammen. Die scheinbar ideale Form der Finanzberatung entpuppt sich bei näherem Hinsehen in vielen Fällen rasch als Mogelpackung. Denn verkauft wird nicht unbedingt das, was dem Kunden den höchsten Nutzen bringt, sondern vor allem solche Finanzdienstleistungen, die die höchste Provision abwerfen. Und das sind für gewöhnlich die Lebensversicherungen.

Unisono kamen Tester von Magazinen wie *Focus, DM* und *Wirtschaftswoche* zu dem Schluß, daß die Beratungskonzepte der vorgeblich unabhängigen Finanzdienstleister häufig mehr ihnen selbst als den Kunden nützen. »Mindestens 80 Prozent aller Verkäufer im Strukturvertrieb arbeiten – wissentlich oder unwissentlich – mit unseriösen oder sogar kriminellen Methoden«, befindet zum Beispiel Deutschlands bekanntester Anlegerschützer, Heinz Gerlach.

Von solchen Verdikten freisprechen möchte die Nummer drei der Branche, der Hannoveraner Carsten Maschmeyer, die rund 3500 »Berater« seines AWD (Allgemeiner Wirtschaftsdienst), die 1993 Verträge im Gesamtwert von 7,2 Milliarden Mark unterschreiben

ließen. Der 35jährige Sonnyboy, einst Otto Wittschiers bester Verkäufer, gründete seinen eigenen Vertrieb erst 1987, gilt aber mittlerweile als aggressivster und wachstumsstärkster Konkurrent in dieser expandierenden Branche.
Maschmeyer, intern »Maschi« genannt, widerstand bisher zwar allen Verlockungen von Banken und Versicherungskonzernen, die sich nur allzugern an seinem Unternehmen beteiligt hätten, doch wollen die Gerüchte nicht verstummen, daß insbesondere die Deutsche Bank ein Auge auf den AWD geworfen habe. Sollte der ehemalige Medizinstudent, der schon mal auf einem Elefanten in den Saal einritt, in dem er seine Vasallen versammelt hatte, es sich eines Tages anders überlegen, wäre er mit Sicherheit auf einen Schlag Milliardär.
Abgerutscht auf den vierten Platz ist der einstige Branchenerste, die nach der IOS-Pleite von Reinfried Pohl gegründete Bonnfinanz. Mit etwa 3000 Mitarbeitern setzt der von Helmut Maier geführte Strukturvertrieb etwa dreieinhalb Milliarden Mark im Jahr um. Und obwohl sich die Bonnfinanz in ihren hemdsärmeligen Verkaufsmethoden kaum von den anderen Strukturvertrieben unterscheidet, gehört sie, über die Versicherungsgruppe Deutscher Herold, seit geraumer Zeit der Deutschen Bank.

Der Pakt mit Banken und Versicherungen

Hielten die feinen Herren des Geldgewerbes jahrelang mit gerümpfter Nase Distanz zu den ambulanten Finanzdienstleistern, so üben sie neuerdings gleich reihenweise den Kotau. Die enormen Umsatzzuwächse, die die Drückerkolonnen der Strukturvertriebe in den letzten Jahren vorgelegt haben, ließen die Berührungsängste bei Bankern und Versicherungsvorständen verschwinden.
Im beinharten Machtkampf um die Vorherrschaft auf dem Finanzmarkt sucht jeder der Konzerngeneräle nach geeigneten Hilfstruppen, und da die skrupellosen, aufs knallharte Verkaufen getrimmten »Strukis« bei der Jagd aufs Geld der Kundschaft den biederen Bankbeamten und stationären Versicherungsvertretern locker den Rang ablie-

fen, werden sie neuerdings vom Finanzadel hofiert, auch wenn viele von ihnen mit fast schon kriminellen Methoden operieren.
Die sensationellen Verkaufserfolge der Strukturbetriebe gehen einher mit reihenweise übertölpelten Kunden, mit enormen Stornoquoten bei Versicherern, mit enttäuschten Hoffnungen, zerstörten Karrieren und schweren psychischen Schäden bei vielen gescheiterten Vertriebsmitarbeitern.
»Unbedarften Kunden schwatzen sie Versicherungspolicen oder Sparpläne, Bausparverträge oder ganze Produktkombinationen auf, die sie nicht brauchen und die im Qualitätsvergleich mit den Produkten anderer Anbieter nicht immer glänzen«, befand beispielsweise die *Wirtschaftswoche.*
Wenn die Kunden, die im Wohnzimmer von einem psychologisch geschulten Struki zur Unterschrift unter eine viel zu teure Versicherungspolice genötigt wurden, sich später besinnen und den Vertrag annullieren, dann kann das auch eine gestandene Versicherungsgesellschaft in Schwierigkeiten bringen. Bei der Transatlantischen Lebensversicherung AG zum Beispiel summierten sich die stornierten Verträge im Verlauf des Jahres 1992 auf zuletzt 25,91 Prozent der gesamten Neuabschlüsse, und das kostete schließlich dem Trans-Leben-Chef Karl-Albert Altfuldisch den Job.
Mitverantwortlich für die miserablen Ergebnisse war der von Altfuldisch bevorzugte AWD-Strukturvertrieb. Mittlerweile haben zwar auch andere Versicherer erkannt, welche Zeitbombe in den von den Strukis angeschleppten Verträgen tickt, doch das hält noch immer viele von ihnen nicht davon ab, sich weiterhin der Dienste der Drükkerkolonnen zu bedienen. Denn auch in den Assekuranzkonzernen macht nur Karriere, wer möglichst schnell möglichst viel Neugeschäft »schreibt«. Und so setzen nicht wenige der Vertriebsvorstände namhafter Versicherer auf die schnellen Jungs von den Strukturvertrieben, auch wenn sie genau wissen, wie wenig dauerhaft deren Abschlüsse oft sind.

Ideologisierung des Geldgeschäfts

Die Erfolge der Strukis beim Keilen der Kunden beruhen auf einem feinen Psychotrick: der Ideologisierung des Geldverdienens. In den Schulungskursen, Verkaufsseminaren und Trainingsveranstaltungen der Vertriebsgesellschaften erfahren die meist jungen, im Schnellverfahren angelernten Finanzkaufleute wenig über die fachliche Seite ihres Berufs, dafür um so mehr über die Tricks und Maschen, mit denen man leichtgläubige Kunden zu manchmal überflüssigen Abschlüssen nötigen kann.

Zuvor aber werden die meist über Zeitungsanzeigen geköderten »Wirtschaftsberater« ideologisch indoktriniert, wie es sonst nur noch bei bestimmten Sekten oder dogmatischen Parteien vorkommt. Im Kern geht diese Methode der Gehirnwäsche auf einen amerikanischen Soziologen namens Napoleon Hill zurück, der bereits in den zwanziger Jahren die psychologischen Voraussetzungen für erfolgreiches Verkaufen erforschte. In den vierziger Jahren faßte er seine Erkenntnisse in einem Buch zusammen, das unter dem Titel *Think and Grow Rich* (Denke nach und werde reich) erschienen ist.

Danach zeichnet sich ein Erfolgsmensch durch drei Eigenschaften aus: Er verfügt über eine positive Lebenseinstellung, entwickelt Enthusiasmus für die zu bewältigende Aufgabe und besitzt die Begabung, andere Menschen für sich arbeiten zu lassen. Auch IOS-Gründer Bernie Cornfeld beherzigte diese Regel, indem er den simplen Vertrieb von Investmentfondsanteilen zur beinahe sakralen Handlung hochstilisierte und das Geldverdienen zum absoluten Ziel aller irdischen Existenz erhob.

Seine späten Nachfahren verfeinerten das Repertoire und ergänzten es um einen beinharten Drill ihrer Mitarbeiter. Ein Reporter des Wirtschaftsmagazins *Capital,* der sich in die Verkäufertruppe des AWD einschleuste, notierte während seines Grundseminars in der Kölner Geschäftsstelle inmitten einer Schar ehemaliger Heizungsbauer, Autoverkäufer, Soldaten, Videothekenbesitzer, Pädagogen, Soziologen, Umschüler und Studenten: »Einige sind aus Neugier hier, andere wollen nebenbei ein Taschengeld verdienen. Doch die überwiegende

Mehrzahl verbindet der gemeinsame Wunsch nach viel Geld, möglichst schnell verdient.«
Als der Schulungsleiter auf den AWD-Gründer Maschmeyer zu sprechen kommt, notiert der *Capital*-Reporter: »Für Untergeordnete verkörpert er etwas Übersinnliches. Sein Wort scheint Gesetz. Hehre Sätze von Ethik und sozialer Verantwortung werden gedankenlos nachgeplappert. Erfolgreiche Anfänger bekommen theatralisch in Aussicht gestellt, einen ›Maschi‹-Vortrag besuchen zu dürfen. Das alles wirkt irgendwie sektenähnlich. Individualität und logisches Denken sind verpönt.«
Die Mitarbeiterin eines Strukturvertriebs aus der Heilbronner Gegend veröffentlichte unter dem Pseudonym Kim Feldmann einen Erfahrungsbericht, der unter dem Titel *Der Traum vom schnellen Geld* erschienen ist.
Die junge Frau, die mit den höchsten Erwartungen auf eine schnelle Karriere in die Vertriebsgesellschaft eintrat und diese nach vier Jahren trotz unbestreitbarer Verkaufserfolge frustriert, enttäuscht und mit einem Schuldenberg von mehreren 100000 Mark wieder verließ, schildert ihre Eindrücke so: »Die Verkaufsschulungen ... bestanden zum Großteil aus dem Einstudieren vorgefertigter Verkaufsgespräche. Diese mußten auswendig gelernt werden, und zwar so gut, daß der Verkäufer sie lebte und sein Gegenüber den Eindruck haben mußte, sie seien ganz natürlich und dem Sprecher gerade eingefallen. Das Auswendiglernen wurde regelmäßig gedrillt und selbstverständlich benotet. Die zu lernenden Texte beinhalteten hervorragende Fragetechniken, die den Kunden suggestiv auf den Vertragsabschluß hinführten. Alle erdenklichen Kundeneinwände und Bedenken trainierten wir ebenfalls mit einer Intensität, daß ich, die eigentlich vorher nie beredt war, heute 99 Prozent aller Gespräche für meinen Gesprächspartner unbemerkt in jede von mir gewünschte Richtung lenken kann und dabei ganz natürlich wirke. Es ist ein Reflex, es ist meine zweite Haut, es ist in meinem Blut.«

Auch die »Drücker« werden ausgebeutet

Die so gedrillten Strukis werden von den Vertriebsgesellschaften systematisch in eine psychische und materielle Abhängigkeit gebracht. Das beginnt schon damit, daß sie zunächst gehalten werden, in ihrem persönlichen Umkreis zu »wildern«. Sie gehen die nächsten Verwandten, Freunde und sogar den Ehepartner an, um ja möglichst schnell die ersten Abschlüsse zu melden. Da die Produkte für die Kunden meist nicht sehr vorteilhaft sind und dies natürlich irgendwann mal bemerkt wird, isolieren sie sich beinahe von selbst in ihrer unmittelbaren privaten Umgebung.

Nun sucht der allein gelassene Vertreter die verlorene Nestwärme zwangsläufig im Umkreis seiner Kollegen. Jeder Novize hat in einer Struktur einen Vorgesetzten, der ihn lenkt und anleitet und – natürlich – klotzig an ihm verdient. Erstes Ziel jedes Vorgesetzten ist es, den neuen Untergebenen total von sich abhängig zu machen. Das geschieht, indem er ihm erst mal seine Bedeutungslosigkeit klarmacht, ihn dann wieder aufbaut und ihn – scheinbar – auf eine höhere soziale Ebene hievt.

Dabei verleitet er ihn zu einem kostspieligen Lebensstil, zum Beispiel zum Kaufen oder Leasen eines teuren Autos, zur Anmietung einer noblen Wohnung, zum Kauf teurer Designerklamotten und anderer Statussymbole.

Nicht von ungefähr gleichen sich die fixen Jungs aus der Anlagebranche wie ein Sparbrief dem anderen, mit ihren Porsches oder Ferraris, den Pferdelederschuhen von Alden und der unvermeidlichen Goldrolex am Handgelenk. Weibliche Strukis bevorzugen Porsche und Jil Sander, wahlweise auch Escada. Das alles geht natürlich ins Geld, und damit hapert es bei den meisten Strukturvertrieben.

Oft zahlen sie ihren rangniederen Mitarbeitern nicht einmal ein Fixum, sondern zwingen sie, ausschließlich von den erwirtschafteten Provisionen zu leben. Und die müssen sie sich teilen mit dem gesamten Überbau bis hinauf zum obersten Chef. Bringt eine Lebensversicherung über 100 000 Mark zum Beispiel 5 000 Mark Provision, dann wird dem Basismitarbeiter, der den Abschluß zustande gebracht hat, nur

ein Bruchteil der Provision gutgeschrieben. Mehr als etwa 1 200 Mark darf er selten erwarten.
Doch zwischen Gutschrift und Auszahlung liegt bei manchen Vertriebsgesellschaften ein ziemlich langer Weg. Aus Prinzip zögern die Oberbosse die Auszahlung der Gelder an ihre Mitarbeiter so lange wie möglich hinaus. Folge: Die Mitarbeiter müssen sich bei der Gesellschaft verschulden und geraten durch ihren aufwendigen Lebenswandel immer schneller und weiter in die roten Zahlen, auch wenn sie erfolgreich arbeiten und immer mehr Provisionen auf ihrem Konto anhäufen.
Klagte Autorin Kim Feldmann, die vor allem steuerbegünstigte, aber überteuerte Immobilien loszuschlagen hatte: »Das Teuflische an der Zusammenarbeit mit der Firma war unsere völlig desolate finanzielle Situation und das ewige Gebettel um die Provisionen. Ich machte riesige Umsätze, deren Abrechnung durch Rückläufe immer wieder verzögert wurde. Gleichzeitig suggerierte die Firma uns stets, daß wir die Schuld an diesen Rückläufen und damit gar keine Provision verdient hätten. Manche Immobilienprovisionen erhielt ich erst nach mehr als zwei Jahren.«
Eine bewährte Methode mancher Vertriebsgesellschaften ist es auch, ihre Mitarbeiter zu hohen Spesenaufwendungen beim Werben um ihre Kunden zu veranlassen, an denen sie selbst wiederum kräftig verdienen. So, wenn Interessenten für Eigentumswohnungen oder Lebensversicherungen zu sogenannten »Informationstagungen« in feudale Hotels eingeladen werden. Die Kosten dafür hat stets der Vertriebsmitarbeiter zu tragen, die Hotels hingegen gehören häufig der Vertriebsgesellschaft, die sich so um deren Auslastung keine Sorgen mehr zu machen braucht.

Psychoterror gegen Aussteiger

Nur wenn es darum geht, ihre Kloppertruppen wieder »heiß« zu machen, geizen die Vertriebe nicht mit Geld. Die jährlichen Meetings finden stets an teuren Orten statt, etwa in München, Monte Carlo oder

Las Vegas. Kein Aufwand scheint den Firmen dann zu hoch zu sein, wenn sie damit ihre Verkäuferschar beeindrucken können. Da werden teure Entertainer engagiert und spektakuläre Shows gebucht, und der Höhepunkt ist stets die Ehrung der Jahressieger. Das sind jene Mitarbeiter, die die meisten Abschlüsse zustande brachten und die höchsten Provisionen kassierten. Sie werden nun dem Fußvolk als Vorbilder präsentiert. Doch keiner dieser Champions ist davor gefeit, morgen an den Pranger gestellt zu werden, wenn er statt Rekordleistungen nur Durchschnittserträge bringt.

Das kann jedem Verkäufer schneller passieren, als er glaubt. Denn irgendwann hat er sein persönliches Umfeld so nachhaltig abgegrast, daß er sich bei keinem seiner früheren Kunden mehr sehen lassen kann. Und dann fällt es ihm immer schwerer, die hochgeschraubten Zahlen zu erreichen. Geknebelt wird er vor allem durch die Produkte, die er zu verkaufen hat.

Auch die Mitarbeiter des AWD zum Beispiel, der sich gerne mit seiner Unabhängigkeit brüstet, sind in der Auswahl ihrer Angebote keineswegs frei. Zwar heißt es in den Schulungsseminaren stets: »AWD-Mitarbeiter dürfen alle Produkte verkaufen, die sie oder der Kunde wollen.« Tatsächlich aber ist ihnen die Vermittlung von Verträgen untersagt, die »nicht vom AWD beziehungsweise einer Partnergesellschaft angeboten werden und nicht in dem jeweiligen Produktplan enthalten sind«. So jedenfalls steht es im Mitarbeitervertrag unter Punkt 7.2.

Richtig ungemütlich wird es für den Mitarbeiter eines Strukturvertriebs aber erst, wenn er dahinterkommt, wie schlecht die Produkte, die er zu verkaufen hat, wirklich sind, und wenn er als Konsequenz daraus die Absicht äußert, die Struktur zu verlassen. Da setzt bei manchen Gesellschaften ein Psychoterror ein, ähnlich dem, für den beispielsweise die Scientology Church berüchtigt ist.

Die Mitarbeiterin eines großen Strukturvertriebs, die ihr Unternehmen verlassen hatte, registrierte wochenlang die Beschattung durch einen Privatdetektiv. Sie erhielt anonyme Anrufe unflätigster Art, und eines Nachts brannte ihr vor dem Haus abgestelltes Auto aus. Wenn sie sich bei früheren Kunden meldete, dann wollten diese

plötzlich nichts mehr mit ihr zu tun haben, und vor der Kripo mußte sie sich gegen ungerechtfertigte Vorwürfe des Betrugs und Diebstahls wehren.
Auch Kim Feldmann berichtet von ähnlichen Methoden. Sie wurde innerhalb der Struktur isoliert, keiner der ehemaligen Kollegen durfte mit ihr noch Kontakt halten, die Firma enthielt ihr Provisionen in Höhe von 150000 Mark vor und überzog sie mit Schadenersatzforderungen, so daß sie am Ende bekannte: »Ich kann Ihnen meine Gefühle und Schmerzen kaum beschreiben, von denen ich auch gerade jetzt, wo ich diese Zeilen schreibe, verfolgt werde. Es ist Ekel und Scham darüber, daß sich ein erwachsener Mensch jahrelang so demütigen und herabsetzen und manipulieren läßt. Und es ist Wut über meine Situation, in die ich mich dadurch selbst hineinmanövriert habe.«

Der große Raubzug im deutschen Osten

So bedauerlich die individuellen Schicksale einzelner »Strukis« sein mögen, insgesamt hat die Szene der aggressiven Finanzverkäufer bei den Kunden so viel Schaden angerichtet, daß sich das Mitgefühl mit ihren Nöten in Grenzen hält. Ihre bedenkenlose Raffgier, das skrupellose Ausnützen ihres Informationsvorsprungs und die dreiste Art, mit der sie ihre psychologische Überlegenheit gegenüber den Kunden ausspielen, fordert den Gesetzgeber geradezu heraus.
Es kann nicht angehen, daß vollkommen unbedarfte Männer und Frauen ohne jegliche Verantwortung so komplexe Produkte wie Finanzdienstleistungen verkaufen dürfen, während bei jedem Metzger, Tischler oder Automechaniker eine wenigstens dreijährige Lehre verlangt wird. Die sektenähnlich organisierten Strukturvertriebe, deren einziges Ziel die Maximierung ihrer Provisionseinnahmen ist, sollten ebenso selbstverständlich einer staatlichen Aufsicht unterstehen wie jede Bank, jede Versicherungsgesellschaft und sogar jedes kleine Zeitarbeitsunternehmen. Sonst werden die krebsartig wuchernden Armeen aus notdürftig angelernten Hilfskräften einen Schaden anrichten, der nicht mehr wiedergutzumachen ist.

Die 50 Milliarden Mark, auf die das Bundeskriminalamt in Wiesbaden die von Wirtschaftsganoven pro Jahr verursachten Vermögensschäden taxiert, gehen zu einem guten Teil auf das Konto der Strukturvertriebe. Besonders übel trieben es die Strukis in den ersten beiden Jahren nach der Wiedervereinigung: Rund 80000 oft im Schnellverfahren angeworbene Neulinge durchkämmten im Auftrag von etwa 50 Vertriebsorganisationen die neuen Bundesländer und drückten den arglosen Ossis jede Menge überteuerter und falsch konzipierter Finanzprodukte aufs Auge.
Unangenehm fielen vor allem Verkäufer der OVB-Truppe des Otto Wittschier auf, wie Lilo Blunck, verbraucherpolitische Sprecherin der SPD-Bundestagsfraktion, registrierte. Allein an Versicherungsbeiträgen zogen die fixen Jungs aus dem Westen ihren Brüdern und Schwestern im Osten schon 1992 rund zehn Milliarden Mark aus den Taschen, und viele dieser unterschriebenen Policen waren für die Beitragszahler so überflüssig wie ein Kropf.
»Gebt uns euer Geld, wir machen euch reich«, hieß schon der freche Slogan des Bernie Cornfeld, und mit ähnlich dreisten Versprechungen vernebelten die Strukis jetzt ihren Opfern die Gehirne. Der beispiellose Raubzug der mobilen Verkäufertruppe trug wesentlich zur großen Enttäuschung der ostdeutschen Bevölkerung über die neuentdeckte Marktwirtschaft bei, und der tiefe Graben, der sich heute in den politischen Vorstellungen zwischen Ost und West auftut, wurde von den gewissenlosen Hintermännern der Abzocker gewiß verbreitert.
Das Geschäft in den neuen Bundesländern schwemmte eine wahre Geldlawine in die Kassen der Strukturvertriebe, von denen auch die weniger bekannten wie die Münchner Quinz Holding, die Hamburger Tecus Holding, die Kölner PS Finanzplanservice oder die Hannoveraner RWS geradezu abenteuerliche Zuwachsraten erzielten. Von den Gewinnen sahen die Vertriebsmitarbeiter freilich für gewöhnlich nur wenig, da sie sich die Provisionen mit bis zu zehn übergeordneten Hierarchiestufen teilen mußten.

»Sie wollen supergeiles Geld machen?«

Das perfide Teilungssystem, in dem Branchenkritiker die eigentliche Ursache für die Dynamik der Strukturvertriebe sehen, bescherte den Gründern und Inhabern wahre Traumgewinne. Bereits 1991 scheffelte die OVB rund 194 Millionen Mark Provisionen, und nach Abzug sämtlicher Kosten und Steuern blieben noch stattliche 86 Millionen Mark übrig – bei einem lächerlichen Grundkapital von nur 180000 Mark. OVB-Gründer Otto Wittschier zweigte allein für sich rund 40 Millionen ab, und seine beiden Kompagnons Tönnes und Schwarz erhielten je 19 Millionen Mark – Summen, von denen selbst die Manager der größten Industriekonzerne nur träumen können.

Mittlerweile, nachdem das Ossi-Geschäft gelaufen ist, kämpfen zu viele Strukis um die knapper werdenden Ersparnisse der Deutschen mit immer rauhbeinigeren Methoden. Beispiel dafür ist eine Drückerkolonne, die im Münchner Raum unter den verschiedensten Firmenbezeichnungen wie Quattro Enterprise, Pegasus, Multimega Consulting oder Tufan Jagd auf Kundengelder und Mitarbeiter macht. Die Grenzen sind hier fließend, denn auch die hoffnungsvollen Kandidaten, die sich von den Werbemaßnahmen der Drückertruppe angesprochen fühlen und zum Einführungsseminar antreten, werden erst mal abkassiert.

»Sie wollen supergeiles Geld machen?« unterstellte eine Multimega-Abgesandte namens Frau Maric der Reporterin der *Süddeutschen Zeitung,* die sich in ein solches Seminar eingeschlichen hatte. Der Einführungskurs, auf dem nicht viel mehr geboten wurde als banale Sprüche (»Vermögen ist Geld mal Zeit«) und die vage Aussicht auf hohe Gewinne, kostete stramme 250 Mark. Ehe der Novize am nächsten Tag tiefer in die Geheimnisse des »geilen Geldes« eindringen darf, muß er der Frau Maric erst mal sein Adreßbuch sowie seine kompletten Steuerunterlagen zeigen, damit die sich über seine finanziellen Verhältnisse ein Bild machen kann.

Danach drängt sie ihn – noch immer ist vom Verdienen nicht die Rede – zur Unterschrift unter ein ganzes Bündel von Verträgen, sozusagen der Grundausstattung des künftigen Mitarbeiters. Es besteht aus einer

Lebensversicherung nach dem 936-Mark-Gesetz, einem Bausparvertrag, einer Risikolebensversicherung und einer Beteiligung an einem »Bavaria Fonds«, der sein Geld angeblich in Immobilien investiert. Obwohl das Gesamtpaket monatliche Raten von rund 400 Mark erfordert, finden sich bei jeder Bewerberrunde immer wieder ein paar Dumme, die sich auf diese Weise zu jahrelangen Zahlungen verleiten lassen. Haben die Novizen ihre Unterschrift geleistet, müssen sie auch noch mindestens 50 Adressen von Verwandten, Freunden und Bekannten herausrücken, ehe sie im Schnellverfahren das Nötigste über die zu verkaufenden Produkte erklärt bekommen.
Unter den Aspiranten befinden sich fast immer zahlreiche Jugendliche, die nicht die geringste Ahnung vom Finanzgeschäft haben und die nun für so namhafte Unternehmen wie die Heimstatt Bausparkasse oder die Continental Versicherung Kunden akquirieren sollen.
Gefragt, warum er mit so unseriösen Vermittlern zusammenarbeitet, wiegelte Heimstatt-Vorstand Horst Vogt ab: »Selbstverständlich können Bausparer, die nachweislich zu Verträgen verleitet wurden, die ihre Sparmöglichkeiten überschreiten, bei uns Beschwerde einlegen. Im Zweifelsfall entscheiden wir immer zugunsten des Kunden.«

Die Aufsichtsämter haben versagt

Wenn solche unseriösen »Finanzdienstleister« wie die Multimega Consulting des in der Branche berüchtigten Harald Gietmann dadurch geadelt werden, daß namhafte Anbieter aus dem Bausparkassen- und Versicherungsbereich mit ihnen kooperieren, wenn selbst Institute wie die Deutsche Bank, die Allianz oder die AMB-Gruppe sich gar an den Strukturvertrieben beteiligen, dann diskreditiert sich damit die gesamte Finanzbranche.
Denn bei den von den Keilertruppen hervorgerufenen Schäden handelt es sich nicht um versehentliche Ausrutscher, die man mit besserer Schulung und schärferer Kontrolle verhindern könnte, sondern um die Auswirkungen einer von vornherein auf rücksichtslose Profitmaximierung angelegten Fehlkonstruktion. Strukturvertriebe können gar

nicht anders, als unseriös zu arbeiten. Der durch den hierarchischen Aufbau, im Verbund mit dem Provisionierungssystem, erzeugte Druck auf die Mitarbeiter erzwingt geradezu das Keilen von Kunden um fast jeden Preis.

So werden dann 60jährigen Großmüttern Lebensversicherungen mit 30jähriger Laufzeit aufs Auge gedrückt, Sozialmietern im deutschen Osten kostspielige Hausratversicherungen aufgeschwatzt, Hilfsarbeiter zum Kauf überteuerter Eigentumswohnungen veranlaßt, Lehrlinge zum Abschluß unrentabler Sparverträge überredet. Und das alles nur, damit sich ein paar Vorstände in den großen Geldkonzernen gegenüber ihren Kollegen mit hohen Zuwachsraten beim Neugeschäft brüsten können.

Wenn die Geldwirtschaft nicht mehr die Bedürfnisse der Klientel in den Mittelpunkt ihrer Bemühungen stellt, sondern ihren Wissens- und Informationsvorsprung skrupellos dazu nutzt, den Kunden die falschen Produkte zu überteuerten Preisen anzudrehen, ist es höchste Zeit, nach einer strengeren Aufsicht zu verlangen. Sicher ist der Ruf nach dem Staat kein Allheilmittel und jede weitere Behörde grundsätzlich von Übel, doch da sich außer der öffentlichen Hand weit und breit keine Gegenmacht findet, die es mit der Finanzwirtschaft aufnehmen kann, sind die Politiker aller Parteien aufgerufen, sich des Themas anzunehmen.

Daß die vorhandenen Aufsichtsämter für das Kredit- und das Versicherungswesen ihrer Aufgabe nicht gewachsen sind, haben sie hinlänglich bewiesen. So wie das von Minister Horst Seehofer aufgelöste Bundesgesundheitsamt die Interessen der Pharmaindustrie gegenüber den Ansprüchen aidsverseuchter Patienten schützte, so gleichgültig lassen die beiden Berliner Aufsichtsämter geprellte Kunden abblitzen, wenn sie sich über die Praktiken der Geld- und Versicherungskonzerne beschweren. Obwohl allein das Bundesaufsichtsamt für das Versicherungswesen 1992 mit über 5 000 Beschwerden aus den neuen Bundesländern konfrontiert wurde, konnten die Drückerkolonnen der Assekuranz weiterhin ungehindert ihren Vernichtungsfeldzug gegen die Ersparnisse der Ossis fortsetzen.

Warum Anlagebetrüger so erfolgreich sind

Ohnmächtig zeigten sich die Aufsichtsbehörden auch gegenüber der wachsenden Zahl von Anlagebetrügern, Kredithaien und Wirtschaftsganoven. Kaum eine Woche vergeht, in der nicht irgendwo in der Republik ein neuer Finanzskandal ans Licht kommt. Das Spektrum reicht von der Millionenpleite der Mühlheimer VBS Vermögensbildende Sparsysteme GmbH, die rund 55 000 Anleger um insgesamt 811 Millionen Mark erleichterte, bis zu dem gelernten Konditor aus München, der sich als Finanzberater selbständig machte und die rund 500 000 Mark, die ihm seine Kunden zur Anlage in Aktien und Anleihen anvertraut hatten, sofort in einen Zwölfzylinder-BMW und eine teure Wohnungseinrichtung investierte.

Rund vier Milliarden Mark, so schätzt die Verbraucherzentrale Berlin, ziehen betrügerische Anlageberater den deutschen Sparern jedes Jahr aus der Tasche. Als selbst die Ganovenjäger des Bundeskriminalamts sich vergebens den Kopf darüber zerbrachen, warum die Finanzgauner bei den Deutschen so leichtes Spiel haben, beauftragten sie die Diplompsychologen Hermann Liebl und Joachim Oehmichen vom Bamberger Institut für Wirtschaftskriminalität mit einer wissenschaftlichen Untersuchung des Phänomens »Anlagebetrug«. Die beiden Psychologen werteten insgesamt 906 Fälle aus, in denen ein Schaden von über 63 Millionen Mark verursacht worden war. Sie kamen zu dem Schluß, daß im wesentlichen drei Gründe ausschlaggebend sind. Die Anlagebetrüger

- wecken die Gier der Sparer nach einer überdurchschnittlich hohen Rendite und Spekulationsgewinnen;
- nutzen das Bedürfnis der Anleger nach persönlichen Kontakten, menschlicher Wärme und aufrichtiger Anteilnahme an ihrem Leben;
- bestätigen die Anleger in deren vermeintlicher Kompetenz in kaufmännischen und finanziellen Angelegenheiten.

»Die Täter verkaufen keine Kapitalanlagen, sondern Freundschaft«, vermuten die Psychologen. Indem die Verkäufer Vorurteile der Kunden zum Beispiel gegenüber Banken bestätigen, können sie die vermeintlichen Vorteile ihrer eigenen Anlageprodukte um so verlockender hervorheben: Das insgesamt recht dürftige und ideenarme Anlageangebot der Banken entpuppt sich so als heimlicher Motor für die kriminellen Geschäfte betrügerischer Finanzdienstleister.
Nicht verwunderlich ist es deshalb auch, daß wirtschaftlich Selbständige mit überdurchschnittlichem Bildungs- und Einkommensniveau, also etwa Ärzte, Architekten, Rechtsanwälte, ebenso wie Künstler und Inhaber kleinerer und mittlerer Betriebe, in der Schar der Geprellten zahlreich vertreten sind. BKA-Chef Hans-Ludwig Zachert macht es sich ein wenig zu einfach, wenn er feststellt: »Das Maß an Dummheit unter denen, die Geld haben, ist offenbar schrankenlos.«
Denn es ist beileibe nicht pure Dummheit, was Deutschlands Geldanleger reihenweise in die Arme der Betrüger treibt. Schuld ist vielmehr ein Staat, der stillschweigend davon ausgeht, daß alles, was mit Geld, Börse und Vermögensfragen zusammenhängt, bei den Universalbanken bestens aufgehoben ist. Und weil er diesen Banken von vornherein absolute Seriosität unterstellt, kümmert er sich nicht oder zuwenig um gesetzliche Regelungen für den gesamten Kapitalverkehr.

Banken ignorieren den Bedarf der Anleger

Vielleicht aber hat er auch nur kapituliert vor der Lobby der allmächtigen Geldwirtschaft, die keine Gelegenheit ausläßt, Reglementierungen in ihrem Bereich zu hintertreiben. Und da die Geldwirtschaft in den vergangenen Jahrzehnten mit ihren simpelsten Produkten wie dem Sparbuch, dem Girokonto, den hauseigenen Anleihen und Investmentzertifikaten stets genügend Geld verdiente, brauchte sie sich um die komplizierteren Spielarten des Anlagegeschäfts nicht allzu intensiv kümmern.
Weil die Banken den Aufwand für eine wirklich umfassende Schulung ihrer Anlageberater scheuten, machten sie den Platz frei für die phan-

tasievollen Kreationen dubioser Vermittler. Beispiele dafür sind steuersparende Kapitalanlagen, Warentermingeschäfte, Zinsdifferenzgeschäfte, kreditfinanzierte Spekulationen mit Aktien und Optionen, Risikokapitalinvestitionen in High-Tech-Firmen, Stillhaltergeschäfte mit Optionen auf Aktien und Devisen, jede Art von Devisenspekulation usw.

Zwar gibt es in jeder größeren Bank auch Experten für solche Geschäfte, doch deren Dienste bleiben einer elitären Klientel von Großkunden vorbehalten, während das Fußvolk in der Schalterhalle mit Standardprodukten abgespeist wird. So fiel es Außenseitern nicht schwer, in die von den Banken offengelassene Marktlücke zu stoßen und auch naive Kleinanleger mit den horrenden Gewinnmöglichkeiten bei hochbrisanten Spekulationsgeschäften zu ködern.

Nicht selten traten diese Außenseiter, meist ehemalige Angestellte von Banken und Brokerhäusern, durchaus mit der ehrlichen Absicht an, ihren Kunden zu guten Gewinnen zu verhelfen. Wenn sie dann durch eine Fehleinschätzung der Lage die Einlagen ihrer Kunden verspekuliert hatten, versuchten sie auf Biegen und Brechen das verlorene Kapital wieder einzuspielen, indem sie immer höhere Beträge einsetzten. Das Kapital dazu mußten dann für gewöhnlich die neu geworbenen Kunden beisteuern, auf deren Konten dann eben die Einzahlungen fehlten. Das ging natürlich nur so lange gut, wie stets mehr neues Geld nachfloß, als bei den Spekulationen bei den Altkunden vernichtet wurde.

Irgendwann brach jedes dieser Schneeballsysteme zusammen, die Initiatoren flohen ins Ausland, die geprellten Anleger gründeten eine Schutzgemeinschaft, die mehr Kosten verursachte, als sie Geld auftreiben konnte, und nach Jahren wühlten sich Staatsanwälte durch Berge von Kontoauszügen, um die Täter hinter Gitter zu bringen. Fast immer war der größte Teil des abgezockten Geldes verloren, und die geprellten Anleger konnten den Verlust nicht mal von der Steuer absetzen.

Dieses grausame Spiel wiederholt sich fast täglich in der Bundesrepublik Deutschland. Man sollte meinen, daß es eines Tages sein natürliches Ende findet, wenn nämlich sämtliche Besserverdiener der Nation wenigstens einmal übers Ohr gehauen worden sind. Doch weit gefehlt:

»Der Anleger ist das einzige Lebewesen, dem man das Fell zweimal über die Ohren ziehen kann«, weiß BKA-Chef Hans-Ludwig Zachert.
Das wird nur verständlich, wenn man die ausgebufften Argumentationstechniken, Täuschungstricks und Verkaufsmethoden der rund 500000 Strukturvertriebsmitarbeiter kennt, die in Deutschland ihr Unwesen treiben. »90 bis 95 Prozent des Lerninhalts, den wir auf unseren Seminaren geboten bekamen«, bekannte zum Beispiel der Exstruki Joachim Haller in der ZDF-Sendung »Zündstoff« vom 5. Januar 1994, »betrafen das Verkaufen, und nur etwa fünf bis zehn Prozent die Finanzprodukte.«

Vom Loader zum Psychiater

Fast jedes Mittel ist ihnen recht, wenn es dazu dient, einen Kunden zur Unterschrift unter einen provisionsträchtigen Vertrag zu bewegen. Größte Vorsicht ist zum Beispiel geboten, wenn die Kontaktaufnahme per Telefon erfolgt. Zwar dürfen die Anlagehaie nicht mehr, wie früher, wildfremde Leute anrufen, deren Adresse sie sich aus dem Branchentelefonbuch beschafft hatten. Jedoch kennen die Marketingprofis jede Menge Tricks, das telefonische Kontaktverbot zu umgehen. Es genügt zum Beispiel schon, wenn der Verkäufer als Türöffner einen – fiktiven – Arbeitskollegen oder Geschäftspartner des Kunden als Vorwand benützt oder wenn er sich von einem zweiten Vertriebsmann empfehlen läßt.
Das Geschäft der Telefonverkäufer läuft für gewöhnlich in mehreren Phasen ab:

1. Kontaktaufnahme: Der Initiator kauft von einer Direct-Mailing-Agentur ein paar 1000 Adressen potentieller Kunden, ausgesucht nach Regionen, Berufsgruppen, Einkommensverhältnissen oder anderen interessanten Merkmalen. Dann heuert er eine Truppe junger Telefonverkäufer an, die die Adreßlisten durchtelefonieren und potentiellen Kunden Prospekte und Informationsmaterial

über die neue, »absolut seriöse« und außergewöhnlich erfolgreiche Art der Vermögensbildung bieten.

2. Lockangebot: Kunden, die sich die Broschüre schicken ließen, werden von einem erfahrenen Verkäufer angerufen. Er versucht herauszubekommen, welche Anlageziele der Kunde verfolgt und wieviel Geld er zur Verfügung hat. Sein wichtigstes Ziel ist es jedoch, eine Vertrauensbasis aufzubauen, indem er den Kunden in seinen Ansichten bestätigt, ihn zu seinem vernünftigen Urteil beglückwünscht und so etwaige Ressentiments gegenüber dieser Form der Vermögensanlage beseitigt. Schließlich bietet er ihm an, mit einer kleinen Summe, quasi zur Probe, einzusteigen. Dafür verzichtet er großzügig auf Provisionen und Spesen und übernimmt sogar die Garantie für die Rückzahlung des eingezahlten Kapitals.
3. Das Loading: Hat der Kunde angebissen und sein Geld überwiesen, erhält er nun wöchentlich einen vom Computer gestalteten, sehr echt aussehenden Kontoauszug, der immer höhere Erträge ausweist. Nach einer gewissen Zeit ruft dann der wichtigste Mann bei dem ganzen Manöver an, der sogenannte Loader. Er bietet dem Kunden zunächst an, das eingesetzte Geld samt aufgelaufenen Gewinnen zurückzuzahlen, macht jedoch dabei keinen Hehl aus seiner Ansicht, daß das ungefähr das Dümmste wäre, was der Kunde tun könnte. Denn jetzt hätten sich die Aussichten auf weitere Gewinne noch erheblich verbessert.
   Gerissene Loader lassen während des Gesprächs eine Kassette mit Hintergrundgeräuschen ablaufen, die an einer großen Börse, etwa der New Yorker Stock Exchange, aufgenommen wurden. So bekommt der Kunde den Eindruck, sein Gesprächspartner sitze mitten im Zentrum der Hochfinanz, auch wenn der nur ein schäbiges Büro in irgendeinem Hinterhofgebäude angemietet hat. Gibt die Firma vor, in Warentermingeschäfte zu investieren, dann dringen ständig die Notierungen für Kaffee, Kakao, Schweinebäuche, Sojabohnen oder Orangensaft durch den Äther.
   Der Loader erzählt zum Beispiel von brandheißen Nachrichten über irgendwelche Frostnächte in Florida, die er gerade exklusiv per Satellit auf den Tisch bekommen habe und die wahnwitzige

Gewinnchancen am Orangenmarkt eröffneten. Das Geschäft müsse aber blitzschnell abgeschlossen werden und erfordere einen Einsatz von wenigstens 50 000 Mark oder mehr. Dafür könne man binnen weniger Wochen das Zehnfache herausholen.

4. Das Abzocken: Auch jetzt erhält der Anleger wieder Kontoauszüge, die ihm Gewinne bescheinigen. Der Loader ruft ihn regelmäßig an, rät zum schnellen Aussteigen aus dem ersten Geschäft und zur Wiederanlage des »enorm angewachsenen« Kapitals in einem anderen Markt. Sein Bestreben ist es jetzt, den Kunden zum möglichst häufigen Umschichten seines Depots zu veranlassen, denn bei jedem Verkauf und Neukauf fallen hohe Provisionen an, die bis zu einem Fünftel in den Taschen des Loaders landen.
5. Das Ausquetschen: Etwa ein halbes Jahr nach Beginn des grausamen Spiels wollen die meisten Anleger wenigstens einen Teil ihrer Gewinne ausbezahlt bekommen. In dieser Phase erleiden ihre Konten plötzlich Verluste. Nun ist der Loader nicht mehr zu sprechen, dafür ruft ein anderer an, der sogenannte Psychiater. Der schiebt die gesamte Schuld auf den Loader und erklärt dem Kunden, man habe sich von diesem Mitarbeiter getrennt. Der Psychiater macht dem Kunden klar, daß er nur noch eine Chance habe, wenigstens seinen Einsatz wiederzubekommen: Er muß neues Geld nachschießen.
6. Finale: Der Psychiater erklärt, daß die Verluste nur langsam aufzuholen seien, weil das frische Geld extrem sicher angelegt werde. Es seien keine so hohen Gewinne möglich. Der Kunde könne die Phase aber beschleunigen, indem er seinen Einsatz nochmals erhöhe. Zu diesem Zeitpunkt haben die Anlagebetrüger jedoch schon alle Vorbereitungen für ihr Verschwinden getroffen. Zahlt der Kunde, wird er noch ein letztes Mal abgekocht, diesmal mit der brutalen Erpressung: »Entweder Sie schicken sofort Geld, oder Ihr gesamter Einsatz ist weg!« Kuriere werden auf den Weg geschickt, um die letzten Märker in bar abzuholen, denn jetzt wird den Betrügern der Boden zu heiß. Sie müssen befürchten, daß aufgebrachte Kunden die Kripo alarmieren und die Konten blockieren lassen.

Bevor es dazu kommt, machen die Ganoven klar Schiff. Sie räumen das Büro, transferieren sämtliche Bankguthaben auf irgendwelche Auslandskonten und lassen die Anlagefirma, die meist durch einen unbedarften Geschäftsführer repräsentiert wird, in Konkurs gehen. Die Telefonverkäufer, der Loader und der Psychiater haben längst abgemustert, die eigentlichen Hintermänner der ganzen Transaktion bleiben unerkannt und setzen sich ins Ausland ab. Sofern sie es nicht vorziehen, in einer anderen Stadt eine neue Firma zu gründen, mit einem neuen Büro, neuen Mitarbeitern und der gleichen Methode.

10.

Die Abzocker

Auf ähnliche Weise wurden in den vergangenen Jahren Zehntausende Bundesbürger um ihre Ersparnisse gebracht. Kleinere Beträge, regelmäßig abgezwackt, flossen in unrentable Sparverträge nach dem 936-Mark-Gesetz, größere Summen verschwanden auf den Konten von Börsenspekulanten, Steuersparschwindlern oder Investmentfondsbetrügern. Sicherheitsbedürftige Anleger wurden mit wertlosen Bankgarantien geködert, Technikfreaks zu sinnlosen Investitionen in neue Produkte und Verfahren verleitet. Kunden mit gesellschaftlichen Ambitionen ließen sich von den Vorzeigepromis dubioser Anlagefirmen blenden, naive Ossis von Versicherungsbetrügern auf dem Papier reich rechnen. Und viele dieser bedauernswerten Opfer müssen noch heute für ihre windigen Sparverträge, Erwerbermodelle oder Versicherungspolicen bluten.
Hier eine – keineswegs vollständige – Übersicht über die größeren Anlageskandale der letzten Jahre:

- Ambros S. A.: Zwischen Oktober 1986 und Januar 1991 zahlten ungefähr 55000 Anleger insgesamt 811 Millionen Mark auf die Konten dieser in Panama registrierten Gesellschaft und ihrer Schwesterfirmen, der SAX Vermögensverwaltung GmbH in Würzburg sowie der VBS Vermögensbildende Sparsysteme GmbH in Mühlheim, ein. Die Kunden schlossen 23350 Spar- und 66738 Vermögensverwaltungsverträge ab, weil sie den großmäuligen Versprechungen der Ambros-Verkäufer Glauben schenkten, sie bekämen für ihr Geld Traumrenditen von bis zu sechs Prozent im Monat.

Solch abenteuerlich hohe Erträge gedachten die Ambros-Macher durch Spekulationen an der US-Börse mit Options- und Termingeschäften zu erwirtschaften. Anfangs ließ sich das wohl auch recht erfolgreich an, es wurden tatsächlich Gelder über das Chicagoer Brokerhaus Capcom an der Börse investiert und Erträge an die Kunden zurücküberwiesen. Doch dann kam der große Börsencrash vom Oktober 1987 und vernichtete durch Kursverluste einen Großteil des eingezahlten Kapitals der Ambros-Anleger.

Nun begannen die Initiatoren zu tricksen, täuschten den Kunden Gewinne vor, wo in Wirklichkeit Verluste angefallen waren, und forderten neues Kapital an. So wuchs sich das ganze, nach dem Schneeballsystem funktionierende Betrugsmanöver zu einer Riesenpleite aus, bei der mehr als eine halbe Milliarde Mark verlorenging.

- Typisch für die Ambros-Geschädigten ist der Fall des Frührentners Friedrich Berger aus einer westfälischen Kleinstadt, der auf Empfehlung eines Arbeitskollegen hin zunächst 500 Mark bei Ambros riskierte. Nachdem er die ersten Renditebestätigungen erhalten hatte, schob er gleich 20000 Mark nach und geriet so immer tiefer in den Strudel der Ambros-Pleite hinein, bis seine sämtlichen Ersparnisse fürs Alter, insgesamt 390000 Mark, verspekuliert waren.

  Trotz des riesigen Schadens, den sie verursacht hatten, wurden die Ambros-Gauner Richard Sax und Hans-Jürgen Funk vom Landgericht Duisburg im April 1993 zu vergleichsweise milden Freiheitsstrafen von sechs beziehungsweise sechseinviertel Jahren verurteilt. Der Dritte im Bunde der Ambros-Macher, Günther Böckels, kam noch besser davon: Er ließ sich von seinem Arzt bescheinigen, daß er verhandlungsunfähig sei.
- Hosse & Partner: Im März 1993 waren rund 1000 Polizisten im Einsatz, um gleichzeitig sämtliche Geschäftsräume, Zweigstellen und Privatwohnsitze einer Bande von Anlagebetrügern zu durchsuchen, die unter den verschiedensten Namen tätig geworden waren. Die Dachgesellschaft firmierte als Hosse & Partner. Sie verfügte über Filialen in den USA, und sie gab wie Ambros vor, das Geld der

Anleger in Börsengeschäften mit Optionen auf Aktien, Anleihen und Währungen zu investieren.
Nach Angaben der Staatsanwaltschaft, die 112 Personen festnehmen und fünf Tonnen Material beschlagnahmen ließ, wurden bei Hosse & Partner mindestens 60 Millionen Mark veruntreut, Branchenkenner taxieren den Schaden jedoch auf mehr als 200 Millionen Mark.

- SVVG-Beteiligungs GmbH: Das war nur eine von vielen Abzockerfirmen, die einen Konstruktionsfehler in Norbert Blüms Vermögensbildungs-(936-Mark-)Gesetz zu millionenschweren Beutezügen nützten. Die sogenannten »Blindpools« sammelten in monatlichen Teilbeträgen Geld bei Arbeitnehmern ein und versprachen, dieses gewinnbringend in Beteiligungen an verschiedenen Unternehmen zu investieren. Staat und Arbeitgeber förderten durch kräftige Zuschüsse diese Form der Vermögensanlage.
Doch viele dieser sogenannten »Blindpools« bedienten sich aus dem Beitragstopf erst mal selber und kassierten horrende Provisionen und Spesen ab. Nur ein Bruchteil des eingezahlten Geldes wurde zweckgerecht investiert. Den Schaden, der durch solche Finanzfirmen angerichtet wurde, bezifferten Fachleute in einem Hearing des Bundestagsfinanzausschusses auf »500 Millionen bis zu einer Milliarde Mark«.
- Würzburger Aktiengesellschaft für Vermögensbeteiligungen und Verwaltung (WAG): Weit über 100 Millionen Mark sammelten Gerd Schildbach und Franz Klaffenböck, die beiden Vorstandschefs der WAG, über ihre »Strukis« vorwiegend bei den Bürgern der neuen Bundesländer ein, die sich mit Monatsraten zwischen 50 und 500 Mark als stille Gesellschafter an der Würzburger Firma beteiligten.
Die Geldeinsammler aus dem Fränkischen warben bei den Anlegern mit überdurchschnittlichen Renditen, doch in Wahrheit verbrauchten sie einen erheblichen Anteil des Geldes für ihren kostspieligen Außendienst, einen Fuhrpark voller Luxuswagen und einen opulenten Lebensstil.
Weil auch ihre Investitionen nicht den erwünschten Erfolg zeitigten,

geriet die wundersame Geldvermehrungsmaschinerie der WAG immer mehr ins Stocken und brach schließlich mit Getöse zusammen. Zehntausende geprellter Kunden verloren einen Großteil ihrer Einlagen, der Konkursverwalter errechnete eine Schadenssumme in zweistelliger Millionenhöhe.

Obwohl der *Gerlach-Report* und andere Medien frühzeitig auf das Würzburger Finanzabenteuer hingewiesen hatten, griff die Staatsanwaltschaft viel zu spät ein. Seit dem 27. August 1992 sind Klaffenböck und Schildbach in Haft. Der Prozeß war bei Drucklegung dieser Auflage noch nicht beendet. Als Geldeintreiber für die Pleitefirma fungierte übrigens die Deutsche Bank; sie buchte per Einzugsermächtigung die fälligen Raten von den Konten der WAG-Kunden ab.

- Financial Management Services (FMS): Lutz Winkler, Initiator dieser Firma, keilte seine Opfer vorzugsweise in der Schickeria. Zu seinen Partygästen zählten Showgrößen wie Michael Schanze, Elke Kast, Costa Cordalis. Eine besondere Geschäftsbeziehung verband ihn mit Starkoch Alfons Schuhbeck sowie mit den Exfußballern Paul Breitner und Karl-Heinz Rummenigge. Das Quartett gründete die »Interessengemeinschaft Waging am See«, die Fußball-Benefiz-Spiele organisieren sollte.

  Winklers FMS indes verfolgte sehr viel handfestere Ziele: Zwischen 1990 und 1992 erleichterte sie rund 500 Anleger um geschätzte 100 Millionen Mark. Der gelernte Anstreicher, der an Düsseldorfs feiner Rheinallee zwei stattliche Bungalows bewohnte und mehrere Yachten sein eigen nannte, versprach seinen gutgläubigen Kunden horrende Gewinne, die er mit dem Kauf amerikanischer und kanadischer Aktien (sogenannter Penny Stocks) erwirtschaften wollte. Tatsächlich verbrauchte er nach den Erkenntnissen des Düsseldorfer Staatsanwalts Dieter Quermann den größten Teil der Gelder für sich selber.
- Cash & Cash: Wieder ein Beispiel, wie leicht den deutschen Sparern das Geld aus der Tasche zu ziehen ist. Seinen Kunden versprach der schwergewichtige Gründer Volker Röver aus Bad Zwischenahn Superrenditen von zwölf Prozent im Monat. Schlauberger, die

schnell nachrechneten, entdeckten, daß sich ihr Kapital dabei binnen eines Jahres locker vervierfachen würde.
Wie er solche Gewinne erwirtschaften wollte, erzählte der Cash-Experte nicht. Dafür wartete er mit zwei unschlagbaren Argumenten auf: mit Kunden, die tatsächlich horrende Gewinne kassiert hatten, und mit »strengster Diskretion«. Tatsächlich ließ Röver bei einigen Kunden seinen Partner Benno Bullermann im Mercedes 500 vorfahren, der ihnen den Einsatz samt Gewinnanteilen bar auf den Tisch packte. Das sprach sich schnell herum, und Cash & Cash hatte keine Probleme mehr beim Geldeinsammeln.
Wegen der »Diskretion« gründete Röver in London die Firma Goodwin, Jones & Samuel Finance, die als offizieller Vertragspartner der Geldanleger auftrat, ferner gab es da noch eine Cash & Cash-International A. S. in der Türkei sowie eine Dependance in Luxemburg, an die die Gelder überwiesen werden sollten. Klar, daß das Schneeballsystem nur so lange funktionieren konnte, wie ständig neue Anleger Geld einzahlten. Im Februar 1993 flog der Schwindel auf, Röver wurde verhaftet, und viele der geprellten Anleger mußten mit Besuchen von der Steuerfahndung rechnen.

- Autosafe-Parkhaus AG: Herbert Jochum hieß der Gründer dieser Aktiengesellschaft, die bei deutschen Anlegern etwa 12,5 Millionen Mark lockermachte, indem sie ihnen vorgaukelte, sie würde die Parkplatzprobleme in deutschen Städten mit einer technischen Innovation lösen, dem Autopaternoster. In Wahrheit ging es den Hintermännern der Gesellschaft offenbar gar nicht um neuartige Parkhäuser, sondern ums schlichte Abkassieren. Autosafe-Gründer Herbert Jochum wurde mittlerweile zu einer Freiheitsstrafe verurteilt.

Finanziell verbunden war die Autosafe-Parkhaus AG mit zwei anderen Gesellschaften, bei denen Aktionäre durch Kursverluste ebenfalls Millionenbeträge verloren. Die Aktiengesellschaft für Beteiligungen am Telekommunikationsunternehmen (AGFB) sowie die Süweda AG verlockten Interessenten mit optimistischen Prognosen zum Kauf der Aktien. Die Realität freilich sah ganz anders aus, denn statt Kursgewinnen stellten sich herbe Verluste ein. Mitte

März 1993 war die AGFB-Aktie, die bei der Ausgabe über 300 Mark gekostet hatte, nach Angaben der *Wirtschaftswoche* nur noch 31 Mark wert.

- EICHCO International Corporation: Flotte 12,65 Prozent Rendite verspricht EICHCO-Gründer Uwe Eichhorst aus Hamburg seinen Kunden, die er angeblich mit Aktientransaktionen an der amerikanischen Börse erwirtschaften will. Und damit das Ganze nicht allzu windig aussieht, beruhigt der hanseatische Finanzjongleur seine Kundschaft mit angeblichen Bankgarantien, die einen Zinssatz von 18 Prozent auf das eingezahlte Kapital gewährleisten sollen. Doch weder Eichhorst noch sein Notar Jörn Petersen waren bisher in der Lage, zu erklären, um welche Bank es sich dabei handelt. Vermutet Anlegerschützer Heinz Gerlach: »Die EICHCO-Leute sind möglicherweise den mutmaßlich betrügerischen Geschäften im sogenannten Interbankenhandel auf den Leim gegangen.«
- Megatrend Audiovisuelle Produktion GmbH: Noch so eine phantasievolle Idee, die bei deutschen Anlegern die Brieftaschen öffnete. Rund 40 Millionen konnten die Hintermänner dieses Unternehmens einsammeln, das über ein wirres Geflecht von rund 20 miteinander verschachtelten Firmen tschechische und ungarische Zeichentrickfilme für Kinder und Jugendliche vermarkten wollte.

  Weil solche Filme einerseits vom Finanzministerium mit hohen Abschreibungsmöglichkeiten gefördert werden und andererseits die privaten Fernsehanstalten einen hohen Bedarf an Kinderfilmen meldeten, hätte das Ganze wohl auch durchaus funktionieren können. Megatrend-Macher Antonin Vnuk, ein vorbestrafter Tscheche, und sein luxemburgischer Partner Charles Ewert widmeten dem Trickfilmgeschäft aber gar nicht allzuviel Aufmerksamkeit. Ihnen ging es, so vermuten die Staatsanwälte, in erster Linie ums Abkassieren.

  Einen Großteil der eingezahlten Gelder verwendeten sie für Spesen, Finanzierungskosten und Anwaltshonorare. Viel Geld landete auf Konten bei der BfG-Luxemburg und in Panama. Rund 3000 Anleger haben das Nachsehen.
- Intercontinental Brokerage GmbH (ICB): Auch diese Brokerfirma

seifte ihre Kunden mit vollmundigen Gewinnversprechungen ein. Wer sich zum Beispiel an dem »Beteiligungspool« WA II B. beteiligte, so versprachen die rührigen Verkäufer dieses kriminellen Unternehmens, dessen Wurzeln bis in die amerikanische Zockermetropole Las Vegas reichten, könne binnen 120 Tagen eine »Rendite von 8,95 Prozent effektiv« erzielen. Investiert wurde das Geld angeblich in obskuren amerikanischen Waffenfirmen.
Die ICB beruhigte ihre Kunden mit der angeblichen Mitgliedschaft in Organisationen, die Verluste von Brokerfirmen absicherten. Insgesamt rafften die smarten Telefonverkäufer der ICB nach Schätzungen von Anwälten etwa 500 Millionen Mark zusammen. Nachdem sich ICB-Geschäftsführer Lutz Pilling dem Zugriff der Kripo im Februar 1990 durch Flucht ins Ausland entzog, konnte der zum Sequester bestellte Düsseldorfer Anwalt Joachim Schneider gerade noch elf Millionen Mark davon auf den diversen ICB-Konten aufspüren.

- Effekten- und Edelmetallberatungsgesellschaft (EFB): Die Geldmaschine des Altmeisters der Anlagebetrüger. Er heißt Heinz H. Hensley-Piroth, lernte das Handwerk bei amerikanischen Brokerfirmen und brachte seinen Schülern bei, wie man den Kunden am Telefon oder im persönlichen Beratungsgespräch die Sinne vernebelt. Rund 200 Millionen Mark zockten die EFB-Verkäufer bei Deutschlands Kleinspekulanten ab, für die sie angeblich mit Schweinebäuchen, Dollaroptionen oder Goldkontrakten dealten. In Wahrheit hatten sie es nur darauf abgesehen, das Geld so schnell wie möglich auf die Konten von Strohmännern in Panama, Grand Cayman und anderen Steuerparadiesen zu verstecken. Selbst ein so cleverer Geschäftsmann wie der Exfußballprofi Paul Breitner ging Hensleys Hiwis auf den Leim. Der Altmeister setzte sich zwar nach Florida ab, als ihm der deutsche Boden zu heiß wurde, aber die Zielfahnder vom BKA erwischten ihn im August 1991 doch. Aus dem Knast heraus versprach er: »Ich komme wieder, verlaßt euch drauf.«
- ABE Wirtschaftstreuhand, Limburg: Ein Kompagnon Hensley-Piroths namens Arno E. Arndt köderte seine Kunden mit seltsamen

Aktienspielchen. Wenn sie eine Aktie der ABE Luxemburg für 63 Mark kauften, so versprach er ihnen, würde er das Papier später gegen 50 Ein-Dollar-Aktien der ABE Industrial Holding in Florida eintauschen. Diese Ein-Dollar-Papiere sollten dann zu einem Ausgabekurs von sechs bis acht Dollar an der US-Börse NASDAQ eingeführt werden. Das Ganze hätte den Anlegern nach Arndts Rechnung Gewinne bis zu 800 Prozent eingebracht. Etwa 3000 Anleger, so vermuten die Ermittlungsbeamten, investierten in die obskure Transaktion, obgleich der Informationsdienst *Kapitalmarkt Intern* über den Werbeprospekt der Firma urteilte: »Ein inhaltsleeres Machwerk mit epochalem Geschwafel.« Am 5. August 1992 wurde ABE-Hintermann Arndt verhaftet.

- WWS GmbH, München: In der Schickeria der Bayern-Metropole wurden Nikolaus Würz, ein ehemaliger Konditor, und sein Partner Uwe Woitzig als Geheimtip gehandelt, wenn von lukrativen Geldanlagen die Rede war. Das lebensfrohe Duo versprach seiner exklusiven Klientel Supergewinne, die mit Terminspekulationen an den US-Börsen erzielt werden sollten. Der Schlagersänger Bernie Paul setzte gut eine halbe Million ein, und auch Rosemarie Springer aus der Hamburger Verlegerfamilie ließ sich nicht lumpen. Das Geld sahen sie freilich nicht wieder.
- Thorsten Lindner, München: der Bezirksdirektor der OVB-Kloppertruppe nutzte seine Kenntnisse der materiellen Verhältnisse von Kunden zu betrügerischen Nebengeschäften. Mit phantastischen Zinsversprechungen überredete er insgesamt etwa 90 Kunden, ihm rund 1,4 Millionen Mark als »Darlehen« anzuvertrauen. Als vermeintliche Sicherheit bot er den Geldgebern gefälschte Bankbürgschaften an. Und nebenbei betrieb dieser Sonnyboy des Strukturvertriebs noch ein verbotenes Gewinnspiel unter dem Namen »Top Games«, für das er den Interessenten Einsätze zwischen 500 und 1000 Mark sowie zusätzliche Bearbeitungsgebühren von 225 Mark abknöpfte. Lindner, zeitweilig Chef von 17 OVB-»Strukis«, flüchtete, als ihm die Kripo auf die Spur kam.
- Hamburg Connection: Nirgendwo sonst in Deutschland haben sich so viele betrügerische Warenterminhändler versammelt wie in der

Alstermetropole. Das Flair seriöser Überseekaufleute, die zur Absicherung ihrer Ex- und Importgeschäfte schon immer an der Warenterminbörse operierten, begünstigte die betrügerischen Abzokker. Die legten das Geld ihrer Kunden meist gar nicht an der Börse an, sondern steckten es sofort in die eigenen Taschen. Eine Vielzahl von Firmen ist in diesem Geschäft tätig, die ihre Türschilder oft noch schneller wechseln als ihre Bankkonten.
Ins Visier der Fahnder gerieten zum Beispiel die Amidas GmbH und die Bloomfield Corporation Deutschland, die Acto Trading and Consulting GmbH, die Cirox Consultancy and Brokerage Service GmbH, die Magnum Gesellschaft für Vermittlung von Vermögensanlagen und Vermögensberatung mbH, die Media Beratungs- und Treuhandgesellschaft mbH oder die Pecunia Vermögensverwaltung GmbH. Schlüsselfiguren der Szene, die unter immer neuen Firmennamen operieren, sind Heiko Floßbach, Klaus Junginger, Robert Hoffmann, Uwe Klein, Matthias Knoll, Stephan Vogt und Wolfgang Klaus Lüdecke. Der Schaden, den die Hamburg-Gang anrichtete, beträgt nach Erkenntnissen der Fachinspektion Wirtschaftskriminalität des Hamburger Landeskriminalamts mindestens eine halbe Milliarde Mark.

Gauner zwischen Brasilien und Sankt Moritz

Und so geht es immer weiter: Eine Royco Investment Company aus Genf verheißt deutschen Anlegern über 70 Prozent Rendite, präsentiert als Sicherheit für das eingesetzte Kapital das Vermögen ihrer holländischen Tochterfirma Varia N. V., das sich bei näherem Hinsehen freilich als ein Bündel 60 Jahre alter, völlig wertloser Anleihen des Deutschen Reiches entpuppt. In Stuttgart wird einem gewissen Hans-Joachim Eisele der Prozeß gemacht, der von Basel aus über die MSF-Finanz AG mindestens 208 deutsche Kapitalanleger um ihre Einsätze – Beträge zwischen 10000 und 50000 Mark – gebracht hatte.
Phantasievoller ging ein Schwindlertrio zu Werk, das seinen Kunden in Deutschland und Österreich vorgaukelte, es werde begehrte Sport-

wagenoldtimer und Luftkissenboote in Brasilien kostengünstig nachbauen lassen und damit horrende Gewinne erwirtschaften. Ihr Unternehmen nannten sie M. E. L., Abkürzung für »Members of Exotic Life«, und exotisch war das Ganze in der Tat. Wer 25000 Mark in das Projekt investierte, sollte, das versprachen die M. E. L.-Macher Alberto Lohrer, Oliver Weiz und Klaus Wagner ihren Fans, innerhalb von 36 Monaten garantiert 90000 Mark zurückbekommen.

Den sagenhaften Ertrag gedachten die illustren Fabrikanten angeblich mit dem Nachbau des Porsche 550 »Spider California«, eines luxuriösen Cabriolets mit dem Namen »Verona« sowie dem Bau eines angeblich 165 km/h schnellen Rennboots mit dem Namen »Airfoil« zu erwirtschaften. Ihre Glaubwürdigkeit untermauerten die M. E. L.-Macher, indem sie sich am Bismarckring 9 in Wiesbaden einen repräsentativen Firmensitz zulegten und gleich auch noch ein Fabrikgelände in Neu-Isenburg bei Frankfurt aufkauften, in dem der angeblich mit einem BMW-Motor ausgerüstete »Verona« vom Band laufen sollte.

In Hochglanzprospekten stellte sich M. E. L. als internationales Unternehmen vor, das Werke und Zweigstellen in Rio de Janeiro, São Paulo, Atlanta, Denver, Los Angeles, Wiesbaden, Neu-Isenburg und Dresden unterhalte sowie eine private Hotelanlage in Rio besitze und Eigentümer von Smaragd- und Amethystminen am Amazonas sei. Zahlungswillige Anleger lockten sie mit einem dreiwöchigen Gratisurlaub im »Eldorado Abenteuer Club«, und nicht wenige Deutsche folgten dem Ruf ins ferne Brasilien.

Natürlich besaß die M. E. L. weder das Hotel noch die Edelsteinminen und schon gar nicht die Werke zur Montage von Autos und Sportbooten. Alberto Lohrer hatte sein Geld nämlich zuvor mit einer Partnervermittlungsfirma verdient und dabei höchstwahrscheinlich auch Geschäfte mit Minderjährigen gemacht. Der Wiesbadener Staatsanwalt Hans-Joachim Gotthardt taxiert den Schaden, den die Members of Exotic Life deutschen Anlegern verursachte, auf mehrere Dutzend Millionen Mark.

Kurios auch die Masche, mit der ein Finanzkünstler aus Göppingen Honoratioren der schwäbischen Industriestadt gleich reihenweise aufs Kreuz legte. Während eines Ausflugs nach Sankt Moritz gründete er

mit seinen Skifreunden – darunter Ärzte, Geschäftsleute und sogar ein Bankier – den WCM (Wertpapierclub Sankt Moritz). Der Mindestbeitrag betrug 20 000 Mark, die alleinige Verfügung darüber erhielt der Vorsitzende, der seinen Vereinsfreunden versprach, er werde ihren Einsatz vervielfachen. Da er ständig mit seinen Anlageerfolgen prahlte und das Geld bündelweise in den Taschen hatte, hielten ihn seine Vereinskameraden wohl für ein wahres Finanzgenie.
Rund 80 Mitglieder zahlten an die zwei Millionen Mark ein, mit denen der Börsenkünstler munter spekulierte. Erst als die Auszahlungen immer spärlicher wurden, die Belege sogar ganz ausblieben, keimte in den WCM-Mitgliedern der Verdacht, daß ihr Vorsitzender womöglich nicht ganz so erfolgreich abgeschnitten habe. Nachforschungen des Staatsanwalts brachten wenig Klarheit in die Vermögensverhältnisse des Amateurspekulanten, der durch seinen Anwalt erklären ließ, daß er »auch tagsüber nicht in der Lage ist, geistige Arbeiten zu verrichten«. Er war wohl schon so verwirrt, daß er auch nicht mehr erklären konnte, wo das Geld geblieben ist.

Neues Spiel – neuer Name

Von den etablierten Finanzmächten unterscheiden sich die betrügerischen Abzocker dadurch, daß sie gar nicht mehr so tun, als wollten sie das Vermögen ihrer Kunden gewinnbringend anlegen. In den meisten Fällen lenken sie es sofort, ohne Umwege über die Börse, aufs eigene Konto. Ihre Argumentation zielt immer auf die Lücken im Angebot der Banken und Versicherer; sie legitimieren sich mit angeblich zu erzielenden Gewinnen, die weit über dem offiziellen Kapitalmarktzins liegen.
Aus dem dumpfen Gefühl heraus, am Bankschalter sowieso nie vorteilhaft beraten zu werden, folgen die derart geköderten Anleger willig den phantasiereichen Ausführungen der Finanzgauner. Denn an all diesen vorgeschlagenen Geschäften könnte ja irgendwie etwas dran sein, und tatsächlich lassen sich an der Terminbörse mit Finanztiteln, Aktien, Optionen, Devisen gewaltige Vermögen machen. Nur: Dazu gehört,

neben einem Gespür für die Entwicklung der Märkte, unverschämt viel Glück. Und das verschweigen sowohl die meisten seriösen Vermögensberater als auch die fixen Jungs aus der Zockerszene ihren Kunden. Statt dessen versuchen Banker wie Betrüger dem Anleger weiszumachen, daß es nur auf die richtigen Informationen und auf das richtige Timing ankomme. Und weil weder die Kunden noch die Justizbehörden im Einzelfall genau zwischen gut getarnten Scheingeschäften und echten Spekulationen unterscheiden können, dauert es für gewöhnlich viel zu lange, ehe den Ganoven das Handwerk gelegt wird. Tritt zum Beispiel ein Verlust ein, kann es sich sowohl um schlichten Betrug als auch um eine tatsächliche Fehlspekulation handeln. Der einzige Unterschied: In einem Fall landet das Geld auf irgendwelchen Tarnkonten der Betrüger, im anderen in den Taschen eines glücklicheren Spekulanten.

Weil die Justiz nicht präventiv tätig werden kann, für gewöhnlich also erst nach einer Strafanzeige und der mühsamen Ermittlungsarbeit der Kripo in Aktion tritt, haben die Gauner genügend Zeit, sich abzusetzen und unter einem anderen Firmennamen ein neues Spiel zu eröffnen. So sind in der deutschen Anlegerszene eine Reihe von Figuren am Markt, die schon vielfach »verbrannte Erde« hinterlassen haben.

Da gab es zum Beispiel die Firma Blinder International Enterprises GmbH, bei der zahlreiche Mitglieder der Düsseldorfer Finanzszene das Handwerk gelernt haben. Ihre Spezialität ist der Verkauf amerikanischer Aktien, vor allem marktenger Werte, die enorme Risiken enthalten. Zahlreiche Anleger verloren hier einen Teil ihres Vermögens. Einige dieser Telefonverkäufer machten sich im Juni 1991 selbständig und verkauften weiterhin US-Papiere. Die neue Firma wurde später in Holderer & Partner umbenannt. Mitgründer Erich Holderer und sein Partner Horst Gaudian versuchten sich in zwei Projekten. Holderer verkaufte Aktien der amerikanischen Firmengruppe Quantum, und Gaudian versuchte es im Osten. In Kaliningrad, dem ehemaligen Königsberg, wollte er den Nordbahnhof zu einem internationalen Handelszentrum ausbauen. Dieses rund 30 Millionen Mark teure Projekt sollte den Anlegern eine Rendite bis zu 20 Prozent bringen. Anlegerschützer Heinz Gerlach forschte nach und befand: »Das dreisteste Abzocker-Angebot, das uns in letzter Zeit vorgelegt wurde.«

Im Oktober 1993 wechselte Holderer & Partner erneut den Firmennamen und nannte sich fortan IFK GmbH, Investitionsvermittlung für Königsberg. Während das abenteuerliche Projekt in Kaliningrad nach den Unruhen in Moskau zusammenbrach, führte Erich Holderer seine Aktiengeschäfte in kleinerem Rahmen weiter.

Verwunderlich auch, daß die Geschäfte einer Anlagefirma namens Wellshire Securities aus Düsseldorf und München noch immer florieren, obwohl das Magazin *Focus* schon im Sommer 1993 den kriminellen Hintergrund der Wellshire-Macher bloßstellte. Noch im Dezember 1993 warb das Unternehmen mit regelmäßig ausgestrahlten Werbespots (zum Beispiel über den Privatsender ntv) neue Kunden an. Dabei hatte das Landgericht Düsseldorf bereits im Mai Wellshire dazu verurteilt, an drei Anleger insgesamt 498000 Mark Schadenersatz zu zahlen. Die Vorwürfe von *Focus*:

- »Die Firma ist nach eigenen Angaben Mitglied bei der Vereinigung lizensierter Börsenmakler in den USA (NASD). Kein Wort davon ist wahr.
- Geschäftsführer Douglas E. Brown hat weder – wie behauptet – eine Brokerlizenz, noch darf er sich Wirtschaftsprüfer nennen.
- Auch die Firma Wellshire selbst besitzt keine Brokerlizenz. Nicht in Utah und auch nicht in New York. Trotz oder gerade wegen der offenkundigen Lügen: Die Geschäfte gehen gut.«

Tatsächlich macht Wellshire im Jahr etwa 55 Millionen Mark Umsatz, und die »Leistungsträger« der obskuren Firma leisten sich Dienstwagen der Marken Bentley, BMW 850i, Chevrolet, Corvette und Jaguar.

Wann platzt die »Göttinger Gruppe«?

Schon lange im Visier der Medien, aber noch immer aktiv am Markt ist auch der Securenta-Konzern der drei Finanzexperten Michael Hebig, Erwin Zacharias und Jürgen Rinnewitz aus Göttingen. Die vielfältigen, kunstvoll verschachtelten Unternehmen dieser sogenannten Göttinger Gruppe, zu der auch die Securenta-Bank in München gehört, sind nach Meinung von Heinz Gerlach: »Ein gigantisches Schneeballsystem, das eines Tages mit Getöse zusammenbrechen dürfte.« Auch das Wirtschaftsmagazin *Capital* ortete bereits akute »Lawinengefahr in Göttingen«.

Tagesschau-Sprecher Werner Veigel, von den Göttingern zunächst als prominentes Aushängeschild für ihre Verkaufsaktionen angeheuert, quittierte inzwischen den Dienst: »Ich bin durch die Göttinger Gruppe ins Zwielicht geraten, das kann ich mir nicht mehr leisten.« TV-Moderator Günther Jauch verwahrte sich gegen die Verwendung seines Namens in Securenta-Prospekten.

Über zwei Milliarden Mark sammelte die Gruppe inzwischen bei deutschen Anlegern ein, denen sie Superrenditen zwischen zehn und zwölf Prozent in Aussicht stellte, wenn sie Aktien, Beteiligungen oder langfristige Sparpläne zeichneten. Kritiker freilich argwöhnen, daß es die Securenta-Macher vor allem auf die Provisionen abgesehen haben, die sie bei jeder Anlagetransaktion für sich abzweigen.

Und so scheint es nur eine Frage der Zeit zu sein, bis auch dieses undurchsichtige Finanzkonglomerat von seiner eigenen Vergangenheit eingeholt wird. Nach einer Entscheidung des Kölner Landgerichts darf zum Beispiel die Verbraucherzentrale Berlin die Göttinger Gruppe bis auf weiteres auf ihrer »Liste der unseriösen Geldanlageangebote« führen.

Millionendeal mit falschen Bankgarantien

Haben es die Initiatoren solcher Kapitalsammelsysteme vor allem auf die Masse der kleineren Anleger abgesehen, so machen in letzter Zeit immer häufiger raffinierte Finanzhaie Jagd auf größere Beute. Ihre Opfer sind bevorzugt Unternehmer und andere reiche Privatleute, die schon mal eben zehn Millionen Dollar lockermachen können. Ihnen offerieren die international operierenden Gauner entweder neuartige Finanzinstrumente wie »Stand-by Letters of Credit« (SLC), »Certificates of Deposit« (CD) oder »Prime Bank Promissory Notes« (PBN), die angeblich alle von bedeutenden Banken ausgestellt worden seien und zu Discountpreisen angeboten werden.

Der Rabatt wird begründet mit vorübergehenden Liquiditätsengpässen bestimmter Banken und Schuldner. Wenn diese Papiere dann am Fälligkeitstag eingelöst würden, seien Gewinne von 30 Prozent in 30 Banktagen oder auch von 160 Prozent in 100 Banktagen ohne weiteres möglich. Hinterher stellt sich dann für gewöhnlich heraus, daß die Großbank, die die Einlösung dieser Papiere gewährleistet hat, entweder gar nicht existiert oder nichts davon weiß. Zwar gibt es einen solchen Markt (»Collateral Market«) echter Bankgarantien wirklich, und auch die offerierten Renditen von 30 Prozent und mehr stimmen, doch sind private Anleger in diesem Geschäft höchst unwillkommen.

Die Banken, allen voran französische und schweizerische Institute, machen das unter sich aus. Auch deutsche Geldhäuser mischen hier immer kräftiger mit, obwohl sie das offiziell abstreiten. Grund: Die Bundesbank soll nichts davon erfahren, weil sie sonst unangenehme Fragen bezüglich der Liquidität und der Einhaltung der Vorschriften über die Mindestreserven stellen könnte. Der Handel mit Bankgarantien dient nämlich in erster Linie dazu, kurzfristige finanzielle Engpässe einzelner Institute zu überbrücken.

Weil das Geld immer nur für wenige Tage ausgeliehen wird, sind extrem hohe Zinssätze üblich. Dies machen sich die Betrüger zunutze, indem sie die reale Möglichkeit solcher Geschäfte als Argument fur ihre Luftgeschäfte einsetzen.

Auch Billigkredite werden offeriert, zu phantastisch niedrigen Zinsen und mit extrem langer Laufzeit. Der kleine Haken dabei: Vor der von einer Bank garantierten Auszahlung muß der Kreditnehmer erst mal eine Sicherheit von, sagen wir, 20 Prozent der Kreditsumme auf ein

Konto irgendwo in der Karibik überweisen, und diesen Betrag sieht er für gewöhnlich nie wieder. Und selbstverständlich stellen sich kurz vor Auszahlung des angekündigten Kredits plötzlich unerwartete Hindernisse in den Weg.
Aus Nigeria erhalten neuerdings deutsche Geschäftsleute das Angebot, jede Menge US-Dollars auf eines ihrer deutschen Bankkonten überwiesen zu bekommen. Das Geld soll anschließend wieder irgendwohin ins Ausland transferiert werden, und für den kurzen Aufenthalt in Deutschland werden üppige Provisionen versprochen. Dafür muß der deutsche Empfänger allerdings vorab eine Art Kaution auf ein Auslandskonto transferieren. Klar, daß auch diese Masche nur dazu dient, die »Kaution« abzukassieren.

Wie die Broker abkassieren

Viele haben dazu beigetragen, daß die Raubzüge der Geldhaie so erfolgreich verliefen. Der Staat, weil er den grauen Markt nicht rechtzeitig und effizient genug reglementierte, die Banken, weil sie das weite Feld steuerbegünstigter und internationaler Kapitalanlagen Außenseitern überließen, ferner auch die sogenannten Brokerhäuser, die die Spekulationslust anheizten, und schließlich auch jene Tipdienste, News-Letters und Fachbücher, die punktuelles Wissen über die internationalen Finanzmärkte und, zur Steigerung der Auflage, stets zuviel Euphorie und Optimismus verbreiteten.
Der riesige Schaden zum Beispiel, den die betrügerischen Warenterminhändler anrichteten, wäre ohne die stillschweigende Mithilfe großer Brokerfirmen sicherlich geringer ausgefallen. Die meisten der in Deutschland tätigen Broker sind Niederlassungen großer amerikanischer, kanadischer oder auch japanischer Maklerfirmen, wie Bache Securities, Merrill Lynch, Richardson Securities oder Nomura. Sie unterhalten Büros in größeren Städten, über die der Kunde Kauf- und Verkaufaufträge an allen Börsen dieser Welt, von der Wallstreet bis zum Kabuto-Cho in Tokio, plazieren kann.
Die angestellten Händler in den Brokerbüros beziehen meist nur ein

sehr geringes Fixgehalt, kassieren aber von jedem Auftrag einen bestimmten Prozentsatz der gehandelten Summe als »Commission« oder Provision. Deshalb sind sie alle bestrebt, die Kunden zu einem möglichst häufigen Umschichten ihres Depots zu bewegen. Ihre Werkzeuge sind zum einen das Telefon, zum anderen der Computer, über dessen Bildschirm sie in Echtzeit mit allen großen Börsen verbunden sind. Der Rechner liefert ihnen jenen Informationsvorsprung, den sie brauchen, um ihre Kunden zu einem Kauf oder Verkauf zu überreden. Beginnt zum Beispiel in New York der Dollarkurs zu steigen, läßt sich der Broker aktuelle Erklärungen führender Devisenspekulanten einspielen und ruft anschließend sämtliche Kunden an, von denen er weiß, daß sie für die Währungsspekulation etwas übrig haben. Er wird sie dazu bewegen, Ein-, Drei- oder Sechsmonats-Kaufkontrakte für US-Dollars zu zeichnen oder DM-Positionen auf Termin zu verkaufen.

Solche Termingeschäfte waren bis vor wenigen Jahren in Deutschland verboten, und auch jetzt sind noch lange nicht sämtliche Spielarten erlaubt. Das Termingeschäft erfordert vom Kunden einen Einschuß von nur etwa fünf bis zehn Prozent der gehandelten Summe. Steigt der Dollarkurs also um zehn Prozent an, hat der Spekulant sein Kapital bereits verdoppelt. Diese Hebelwirkung bei den Termingeschäften ermöglicht naturgemäß gewaltige Gewinne, aber verursacht logischerweise genauso große Risiken.

Dem Broker kann es letztlich egal sein, ob sein Kunde gewinnt oder verliert, denn er selbst verdient bei jeder Aktion seine Commission. Broker pflegen deshalb gute Kunden beinahe täglich anzurufen, um sie mit immer neuen Informationen vollzustopfen, die keinen anderen Zweck haben, als sie zu einem Geschäft zu verführen.

Nur wenige Kunden halten dem Trommelfeuer über längere Zeit stand, und noch weniger schließen ihre Spekulation mit Gewinn ab. Den meisten geht es wie den Besuchern einer Spielbank, die nach anfänglichen Gewinnen so lange am Roulettetisch bleiben, bis sie ihre letzte Mark verloren haben. Der Broker muß dann lediglich dafür sorgen, daß er für den »abgeschmolzenen« oder »verbrannten« (Branchenjargon) Kunden rasch Ersatz beschafft. Am leichtesten gelingt

ihm dies, wenn er einen Interessenten mit einem Kunden zusammenbringt, der gerade einen erfolgreichen Deal abgeschlossen hat.
Zwar bieten seriöse Broker dem international operierenden Anleger durchaus bessere Möglichkeiten und auch günstigere Konditionen als etwa deutsche Banken, die selbst über keinen Sitz an der New York Stock Exchange oder der Chicagoer Commodity Exchange verfügen und deshalb ihren Kunden zusätzlich zu ihren eigenen Spesen auch noch die Kosten eines US-Maklers berechnen. Doch verführt das Entlohnungssystem über die Commission fast jeden Broker dazu, seine Kunden über das schnelle Rein-raus-Spiel mit Waren, Währungen oder Finanzinstrumenten über Gebühr abzukassieren.
Mit heißen Tips, begeisternden Schilderungen größerer Spekulationserfolge sowie der Verbreitung langatmiger Kursentwicklungstheorien machen auch die zahlreichen Tipdienste, Spekulantenbriefe und Börsenbuchverlage ihr Geld, obgleich ihren Lesern schon der gesunde Menschenverstand sagen sollte, daß das Phänomen Börse sich der rationalen Deutung entzieht. Der Typus des intellektuellen Spekulanten, der sich an den Elliott-Wave-Theorien delektiert und eifrig die Charts aller möglichen Waren und Währungen nach Kopfschulterformationen absucht, die ein weiteres Absinken des Kurses verheißen, ist nach Meinung der Praktiker in den Brokerbüros fast noch leichter abzukassieren als sein schlichterer Bruder, den die nackte Gier zur Börse treibt. Am Ende aber sind sie alle gleich, nämlich um Erfahrungen reicher und um ihren Einsatz ärmer.

Für den Gauner eine Kugel in den Kopf

Das verschwundene Geld wiederzubeschaffen, ist eine Arbeit, die den normalen Anleger fast immer überfordert. Der Rechtsweg ist unendlich lang und führt selten zum gewünschten Ziel. Zwar erwischte die Justiz so manchen Finanzgauner, doch die »Kohle« blieb meist verschwunden. In ganz großen Fällen, wie dem von seinen Topmanagern ausgeplünderten Co-op-Konzern oder der 500-Millionen-Pleite bei Ambros, gelang es den Ermittlungsbehörden zwar, diverse Tarnkon-

ten in Liechtenstein, der Schweiz oder in der Karibik zu knacken und wenigstens ein paar Bestände zusammenzukehren.
Das sichergestellte Geld reichte jedoch in keinem der Fälle aus, die Ansprüche der vielen geschädigten Anleger nur einigermaßen zu erfüllen. Im Ambros-Fall zum Beispiel stöberten die Staatsanwälte gerade mal 8,5 Millionen Mark auf, bei den Ansprüchen von 55 000 geschädigten Kunden nur ein Tropfen auf den heißen Stein. Meist deckt die sichergestellte Beute nicht einmal die Kosten des Verfahrens und das Honorar des mit der Abwicklung beauftragten Sequesters.
Vorsicht ist deshalb angebracht, wenn sich, meist unter der Führung eines gewieften Anwalts oder Steuerberaters, nach solchen Pleitefällen schnell »Anlegerschutzgemeinschaften« bilden, die sich anheischig machen, die Interessen der geprellten Kunden zu vertreten. Deren erste Forderung lautet meistens: Neues Geld muß her, damit die abgegriffenen Millionen aufgespürt werden können. Und so lassen sich die Geprellten nicht selten noch einmal zur Kasse bitten, mit der vagen Aussicht, Bruchteile ihres einstigen Einsatzes wiederzubekommen. Vielfach kassieren hier nur die Initiatoren der Schutzgemeinschaft ab, und am Ende bleibt für den einzelnen Anleger nichts mehr übrig.
Wenn allerdings größere Beträge auf dem Spiel stehen, dann kann es sich schon mal lohnen, auf eigene Faust zu ermitteln. Und so mancher Finanzhai mußte schon die schmerzliche Erfahrung machen, daß er sich ein falsches Opfer ausgesucht hatte. Einen Abschreibungskünstler zum Beispiel, der es in den siebziger Jahren geschafft hatte, einem hanseatischen Verleger rund 20 Millionen Mark für steuerbegünstigte Investitionen in Schiffe aus der Tasche zu ziehen, fand man ein paar Jahre später mit durchschossener Schädeldecke in einer Sandbucht auf den Bahamas.
Man muß nicht zur Klasse der Milliardäre zahlen, um sich einen erstklassigen Wirtschaftsdetektiv leisten zu können, der in der Lage ist, flüchtige Täter auch im Ausland aufzuspüren und sich an die Geldverstecke der Betrügerringe heranzupirschen. Das Problem dabei: Von den rund 15 000 in Deutschland registrierten Privatdetektiven sind nach Meinung von Lothar Wenzel vom Bundesverband

deutscher Detektive e. V. (BDD) allenfalls etwa zehn bis 15 für solche Aufgaben geeignet.
Als erfolgreicher Jäger verschwundener Geldschätze ist zum Beispiel die KDM Sicherheitsconsulting des Klaus-Dieter Matschke aus Frankfurt aufgefallen. Der ehemalige Geheimdienstagent beschäftigt derzeit um die 16 Mitarbeiter und hat bereits mehrere Warenterminbetrüger und Kreditschwindler zur Strecke gebracht. Seine Mitarbeiter kosten zwischen 100 und 250 Mark die Stunde, Spitzenkräfte bis zu 5000 Mark am Tag. Gut im Geschäft sind auch die FLU Wirtschaftsfahndung in Essen; sie wird geleitet von dem ehemaligen Mineralölkaufmann Wolfgang Ufer, der als Referenz auf den Weltmeistertitel im Thai-Kickboxen verweisen kann. FLU unterhält eine Niederlassung in Düsseldorf und beschäftigt rund 20 Mitarbeiter. Erfolgreich arbeitete auch der auf Warenterminbetrüger spezialisierte Privatdetektiv Medat Fuchsgruber aus Saarbrücken.
Wer einen Privatdetektiv engagieren möchte und auf keine persönlichen Empfehlungen zurückgreifen kann, sollte sich entweder an den BDD in Bonn oder an den Konkurrenzverband BID (Bund Internationaler Detektive) in Würzburg wenden. Dort sind insgesamt rund 320 Detekteien registriert, die als »Rächer der Betrogenen« (so das Wirtschaftsmagazin *Capital*) in Frage kommen.

Gute und weniger gute Helfer

Nun ist es mit einem guten Detektiv allein nicht getan. Selbst wenn der Täter aufgespürt ist, fehlt meist eine justitiable Handhabe, ihn dingfest zu machen. Das besorgen am besten Anwälte, die auf Finanzdelikte spezialisiert sind und dennoch über den Ruf persönlicher Integrität verfügen. Dazu zählen zum Beispiel der Münchner Michael-Christian Rössner, der Göttinger Jürgen Machunsky sowie die Düsseldorfer Klaus Dittke und Joachim Schweiger.
Kripobeamte und Staatsanwälte, die sich mit den Machenschaften raffinierter Finanzganoven bestens auskennen und über umfangreiche Karteien mit den einschlägigen Daten über die Personen und Arbeits-

methoden in der Abzockerszene verfügen, gibt es mittlerweile in fast jeder Großstadt. Über besonders reiche Erfahrungen verfügen zum Beispiel Gerhard Müller von der Fachinspektion Wirtschaftskriminalität des Hamburger Landeskriminalamts, Dieter Quermann, Leiter des Kommissariats Wirtschaftskriminalität der Kripo in Düsseldorf, oder Petra Klein, Leiterin des Bereichs Wirtschaftskriminalität bei der Kripo Berlin. Sind schwierige Rechtsfragen zu klären, gilt der Bayreuther Strafrechtsprofessor Haro Otto als Autorität in Sachen Anlagebetrug.

Wer mit einem auf den ersten Blick interessanten Anlageangebot konfrontiert wird, sich aber nicht schlüssig ist, ob es sich hier um eine seriöse Offerte handelt, sollte sich vor jedem weiteren Kontakt erst einmal gründlich über die Art des Geschäfts und die dahinterstehenden Personen informieren. Über die wohl umfangreichste private Datei auf diesem Gebiet verfügt das Deutsche Finanzdienstleistungsinformationszentrum (DFI) in Oberursel, das von Deutschlands bekanntestem Anlegerschützer Heinz Gerlach gegründet wurde.

Auch wenn sich Heinz Gerlach mittlerweile vom DFI getrennt hat, so bleibt er mit seiner Firma »Direkter Anlegerschutz« weiterhin erste Anlaufstelle für Auskunftsersuchen. Auch Helmut Kapferer, Chefredakteur des *Gerlach Report*, und Axel J. Prümm vom konkurrierenden Dienst *Kapitalmarkt intern* sind erstklassige Informationsquellen für ratsuchende Anleger. Bestens im Bilde ist ferner die Verbraucherzentrale Berlin, Bayreuther Straße 40, die eine ständig aktualisierte »Schwarze Liste« mit den Adressen und Offerten unseriöser Anlagefirmen herausgibt und vor allem den Markt in den neuen Bundesländern sehr genau beobachtet.

Neben diesen seriösen Anlageschützern gibt es zahlreiche Organisationen von zweifelhaftem Ruf, die unterm Deckmantel des Verbraucherschutzes eher eigennützige Ziele verfolgen. Ins Zwielicht geriet zum Beispiel die Schutzvereinigung der Versicherten, Sparer und Kapitalanleger e. V. aus Heilbronn, weil sie in ihrem Verbraucherbrief verschiedentlich zweifelhafte Anlageofferten vorstellte. In den Verdacht, Tarnungen für gerissene Anlagepromoter zu sein, gerieten auch der »ProCura gemeinnütziger Verbraucherschutzbund e. V.« in

Bremen, ein »Proferia e.V.« in Baden-Baden sowie die »Gemeinschaft für optimale Vermögensbildung und Versicherung« (GOV) in Zeven.
Sogar die mit 13000 Mitgliedern größte aller Schutzorganisationen, die »Deutsche Schutzvereinigung für Wertpapierbesitz« (DSW), ist nicht über jeden Zweifel erhaben, weil sie sich in mehreren Auseinandersetzungen zwischen Kleinaktionären und Großunternehmen wie BMW, Siemens Nixdorf AG, Schwäbische Zellstoff AG, RWE, Feldmühle, Novell AG stets auf die Seite der Konzerne geschlagen hat. Aktionäre, meinte beispielsweise das Wirtschaftsmagazin *Forbes*, würden bei der DSW »verraten und verkauft«.

Bescheidenheit macht reicher

Fazit: Der graue Kapitalmarkt ist für den Anleger so bekömmlich wie ein Haifischbecken für einen Nichtschwimmer. Wird er schon am Bankschalter gefleddert, daß ihm die Augen tränen, so muß er damit rechnen, von den Graumarktanbietern regelrecht ausgeplündert zu werden. Nur äußerst mißtrauischen und stabilen Naturen gelingt es, den Psychotricks und Pressionen der Keilertruppen aus den Strukturvertrieben zu widerstehen.
Wer Steuern sparen und überdurchschnittliche Renditen erzielen möchte, muß schon über sehr gute Informationen und ein glückliches Händchen verfügen, damit er nicht auf irgendein Lockvogelangebot hereinfällt. Deshalb: Wann immer Ihnen, verehrte Leser, jemand eine Lebensversicherung aufschwatzen, ein Steuersparmodell aufs Auge drücken oder irgendeine andere, scheinbar besonders attraktive Geldanlage offerieren möchte, unterschreiben Sie nie, bevor Sie sich nicht über die Person des Anbieters und die Art des Geschäfts völlig im klaren sind.
Kontaktieren Sie auf jeden Fall vorher eine der genannten Anlaufstellen, ehe Sie sich auf ein möglicherweise folgenschweres Finanzabenteuer einlassen. Selbst Steuerberater, Rechtsanwälte und andere Ehrenberufler sind nicht immer bereit und in der Lage, objektiv

Auskünfte zu geben. Viele der gescheiterten Investoren, die Bauherren- oder Erwerbermodelle zeichneten, ihr Geld in Schiffe, Filme oder innovative Produkte steckten und am Ende nichts als Ärger, Verlust und Verdruß ernteten, sind von scheinbar honorigen Steuerberatern zu ihren Anlagen ermuntert worden.

Im Zweifelsfall gilt die Maxime: Lieber etwas weniger Rendite kassieren und höhere Steuern zahlen, als sich von einem Ganoven aus der Graumarktszene übers Ohr hauen lassen. Selbst Tips von guten Bekannten sind mit Vorsicht zu genießen, denn wer sagt Ihnen, daß dieser Bekannte nicht scharf auf die Provision ist, die ihm irgendein Anbieter für das Keilen eines neuen Kunden versprochen hat? Und wenn Ihnen jemand mit einem verblüffenden Rechenbeispiel zu beweisen versucht, daß sein Anlageangebot konkurrenzlos günstig sei, dann sollten Sie erst recht mißtrauisch werden, denn im Geschäft mit dem Kapital gibt es nur eine einzige feste Regel: Jedes Promille Rendite, das über den offiziellen Kapitalmarktzins hinausgeht, muß mit erhöhtem Risiko erkauft werden. Je höher der versprochene Gewinn, desto unglaubwürdiger ist fast immer das Angebot.

Die Versicherer

11.

Der Kampf der Geldgiganten

Künden die beiden 150 Meter hohen gläsernen Zwillingstürme der Deutschen Bank in Frankfurt unübersehbar vom Machtanspruch des größten Geldhauses der Nation, so gibt sich ein vielleicht noch mächtigerer Finanzriese ungleich bescheidener. Sein Hauptquartier an der Münchner Königinstraße gemahnt eher an eine Pflegestation des Roten Kreuzes als ans Nervenzentrum eines Konzerns, dessen Rücklagen ausreichen würden, das gesamte Aktienkapital aller an der deutschen Börse notierten Gesellschaften aufzukaufen.
Die Rede ist von der Allianz, dem unbestrittenen Anführer der deutschen Versicherungswirtschaft. Die Herren dieses Unternehmens brauchen keinen Glaspalast, um ihre Bedeutung hervorzuheben. Der Neid der Konkurrenz und der Respekt ihrer Geschäftspartner ist ihnen so sicher wie das Vertrauen der Kunden. Die Allianz ist Kapital pur, und die Branche, der sie vorsteht, zählt zu den solidesten Pfeilern des deutschen Wirtschaftssystems.
Das ausgeprägte Sicherheitsdenken der Deutschen machte die Assekuranz noch vor dem Kreditgewerbe zur wichtigsten Kapitalsammelstelle der Nation. Allein die Lebensversicherer gebieten über ein Kapital von mehr als 600 Milliarden Mark, und jedes Jahr kommen mindestens weitere 50 Milliarden hinzu.
Der mississippibreite Geldstrom, den ein Heer von 450 000 Außendienstlern und etwa 80 000 zusätzlich angeheuerten freien Vertretern, vor allem der Strukturvertriebe, in die Kassen der Versicherungskonzerne lenkte, machte die Assekuranz nicht nur zum größten Immobi-

lienbesitzer Deutschlands, sondern auch zu einer Industriemacht ersten Ranges. Allein der Allianz gehören weite Teile der deutschen Industrie sowie der Finanzwirtschaft. Darunter sind stattliche Beteiligungen an Unternehmen wie den Chemiekonzernen BASF, Th. Goldschmidt und Südchemie, den Energieversorgern RWE, Rheinelektra und Veba, den Maschinenbauern MAN, Klöckner-Humboldt-Deutz, Heidelberger Druckmaschinen AG, ferner am Nivea- und Tesafilm-Hersteller Beiersdorf AG, an der Metallgesellschaft, der ANT-Nachrichtentechnik, der Lahmeyer AG sowie dem Bodenbelaghersteller DLW, gar nicht zu reden von ihrem Einfluß auf die Dresdner Bank, die Bayerische Hypotheken- und Wechselbank, die Berliner Handelsbank und Frankfurter Bank, die Münchner Rückversicherungsgesellschaft, die Hamburg-Mannheimer Versicherung, Hermes Kreditversicherung, die Karlsruher Lebensversicherung sowie die Berlinische Lebensversicherung.

Und dieser krakenhafte Finanzmoloch, Besitzer teuerster Grundstücke und Häuser in den Innenstadtlagen nahezu aller westeuropäischer Metropolen, schickt sich jetzt in einer beispiellosen Offensive an, noch reicher und mächtiger zu werden. Herausgefordert fühlt sich Allianz-Vorsteher Henning Schulte-Noelle vor allem durch Attacken der Deutschen Bank und die Öffnung des heimischen Versicherungsmarktes für die Konkurrenz aus den EG-Ländern.

Die gestörte Hackordnung

Bis Anfang 1993 glich der deutsche Versicherungsmarkt einer Insel der Seligen. Die Hackordnung in der Branche war ausgefochten, die Marktanteile der einzelnen Gesellschaften schienen in Zement gegossen zu sein. Jeder kannte jeden, und fürwitzige Newcomer wie die einst zum amerikanischen ITT-Konzern gehörende Transatlantische Lebensversicherung wurden schnell gemeinsam gedeckelt.

Während Branchenführer Allianz mit seiner prall gefüllten Kriegskasse unverfroren in fremden Revieren wilderte und sich in den USA die Fireman-Versicherungsgruppe, in Italien die RAS krallte und in Eng-

land nur um Haaresbreite die Eagle Star verfehlte, hielt Konzernvater Wolfgang Schieren das heimische Revier porentief rein.
Selbst den milliardenteuren Vorstoß der französischen AGF-Gruppe, die sich mit gut 25 Prozent an der Aachener und Münchener Versicherung beteiligte, konnte die Allianz gerade noch abblocken. Aber fast gleichzeitig erfolgte unverhofft der Angriff von hinten aus dem Lager des deutschen Kreditgewerbes.
Aufgeschreckt von den Berichten ihrer volkswirtschaftlichen Abteilungen, die für die nächsten Jahrzehnte den Übergang riesiger Vermögenswerte auf die Generation der Erben verhießen und gleichzeitig den Verlust weiterer Marktanteile bei den Geldanlagen zugunsten der Lebensversicherer prophezeiten, entschloß sich der Vorstand der Deutschen Bank zur Vorwärtsverteidigung.
In schnellem Zugriff sicherte sich der fürs Versicherungsgeschäft zuständige Bankvorstand Georg Krupp die 65-Prozent-Mehrheit beim Deutschen Herold, ein 30 Prozent großes Paket vom Gerling-Konzern und eine Schachtelbeteiligung an der Nürnberger Versicherungsgruppe, während er gleichzeitig mit der DB-Leben eine eigene Lebensversicherung und der DB-Bauspar eine Bausparkasse ins Leben rief und damit unverhohlen seinen Anspruch bekräftigte, auch im Assekuranzgeschäft zur Spitzengruppe vorzustoßen. Tatsächlich schaffte das Versicherungstrio der Deutschen Bank bereits 1993 einen Zuwachs bei den Beiträgen, der größer war als jener der Allianz.
Die Herren in der Münchner Königinstraße konterten den Rempler ihres schärfsten Rivalen bei der Jagd aufs Geld der Deutschen mit der Mobilmachung ihres 40000 Mann starken Außendienstes und der Arrondierung ihrer Bankbeteiligungen. Mit Hilfe ihres 25-Prozent-Pakets und weiterer Anteile in ähnlicher Größenordnung, die bei befreundeten Unternehmen geparkt sind, kann Allianz-Chef Schulte-Noelle seinen Kollegen Jürgen Sarrazin von der Dresdner Bank leicht davon abhalten, eine eigene Versicherungsgruppe aufzubauen, und ihn statt dessen verpflichten, ausschließlich Allianzprodukte über den Bankschalter anzubieten. Ähnliche Kooperationsabkommen binden die bayerische Hypo-Bank, wahrscheinlich auch die BHF-Bank, ins Interessengeflecht der Allianz ein.

Pakt der Konzerne gegen ihre Kunden

Beim Wildern in fremden Revieren blieben die Platzhirsche der Finanzbranche keineswegs allein. Die Commerzbank kooperiert mit der DBV-Holding und der Leonberger Bausparkasse, die Volks- und Raiffeisenbanken haben sich mit der R & V Versicherung sowie der Bausparkasse Schwäbisch Hall schon vor Jahren ins Assekuranzgeschäft eingekauft. Die Bayerische Vereinsbank gründete gemeinsam mit der Victoria Versicherung die Vereinsbank Victoria Bausparkasse, die BfG arbeitet eng mit der Aachener Münchener Versicherungsgruppe sowie der Badenia Bausparkasse zusammen, die Berliner Bank sitzt mit der Gothaer Versicherungsgruppe in einem Boot, und die Iduna Nova Versicherung zog die Hamburger Privatbank Conrad Hinrich Donner KG an Land.

Der Machtkampf ist in vollem Gang. Inzwischen schlagen sich die vereinigten Bank- und Versicherungsgruppen nicht nur miteinander herum: Gemeinsam müssen sie sich ab 1. Juli 1994 der aggressiven Konkurrenten aus den anderen EG-Staaten erwehren. Ab diesem Stichtag dürfen dann zum Beispiel britische, französische oder italienische Versicherer in Deutschland ihre Policen anbieten, ohne daß sie etwa vom Berliner Bundesaufsichtsamt für das Versicherungswesen kontrolliert würden. Die Aufsicht über die Gesellschaften obliegt dann ausschließlich den nationalen Behörden des Landes, in dem sie ihren Sitz haben.

Da die deutschen Versicherer in ihrem hermetisch abgeriegelten Heimatrevier bisher penibel darauf geachtet hatten, daß das Verhältnis zwischen Prämieneinnahmen und Auszahlungen stets komfortabel zu ihren Gunsten ausfiel, begrüßten verbraucherfreundliche Gazetten wie das Wirtschaftsmagazin *DM* jubelnd die neue Freiheit. Schon bald wird sich erweisen, ob die Freude nicht etwas verfrüht war. Das Kartell der Kassierer, so ist zu vermuten, wird schnell auch auf dem größeren EG-Markt für klare Verhältnisse sorgen und bessere Konditionen für die Versicherten verhindern.

Schon jetzt gibt es genug Hinweise, wohin die Reise geht: Trotz der dicht bevorstehenden Öffnung des Marktes steigen die Prämien seit

Jahresbeginn in der Kfz-Haftpflicht- sowie in der Krankenversicherung. Und auch die Lebensversicherer machen Front gegen ihre Kunden: Bereits 1993 reduzierten 20 Gesellschaften die an die Versicherten ausgeschütteten Gewinnanteile, und voraussichtlich werden diese Leistungen 1994 nochmals beschnitten. Doch der Pakt der Konzernfürsten gegen ihre Kunden geht in Wahrheit noch viel weiter.

12.

Räuber in Nadelstreifen

Jeder, der heutzutage eine Lebensversicherung abschließt, muß damit rechnen, daß er auf ganz legale Weise um einen nicht unerheblichen Teil seiner eingezahlten Prämien gebracht wird. Der Zangenangriff der Versicherungskonzerne auf das Einkommen und Vermögen der Deutschen erfolgt aus zwei Richtungen: von außen und von innen. Von außen attackiert die Vertriebsmeute aus Strukis, Bankberatern und Versicherungsagenten. Von innen bohren die Manager der Assekuranzkonzerne den Topf an, in den das von den Versicherten eingezahlte Kapital fließt. Das geschieht, indem sie zu hohe Provisionen für ihre Vertreterheere abzweigen, karrierefördernde Luftgeschäfte ankurbeln und schließlich durch raffinierte Bilanzierungstricks riesige Vermögenswerte auf Holdinggesellschaften übertragen, die nur ihnen selbst, nicht aber den Versicherten dienen.

Die »schleichende Enteignung von Millionen Versicherungsnehmern«, so Hans Dieter Meyer vom Bund der Versicherten e. V. (BDV), wurde im Januar 1994 sogar vom Bundesverwaltungsgericht legalisiert. Anlaß für das Urteil der Verwaltungsrichter war eine Klage des BDV gegen die Deutsche Herold Lebensversicherungs AG, die 1988 fast ihr gesamtes LV-Geschäft mitsamt dem riesigen Bestand an Verträgen auf eine Tochtergesellschaft übertrug und selber nur noch als übergeordnete Konzernholding fungierte. Erwünschter Nebeneffekt: Die in den Immobilien- und Wertpapierbeständen der Lebensversicherungsgesellschaft schlummernden Reserven verblieben so im Besitz der Holding und waren fortan dem Zugriff der in der neu-

gegründeten Tochtergesellschaft versammelten Versicherten entzogen.
BDV-Gründer Meyer taxierte den Vermögensverlust der Versichertengemeinschaft des Deutschen Herold auf rund 350 Millionen Mark und klagte auf Rückübertragung. Die Berliner Verwaltungsrichter schmetterten die Klage ab mit der Begründung, die Bestandsübertragung habe »keine unangemessene Verschlechterung« der Versicherten gebracht. Zwar erkannten sie an, daß die Ansprüche der Versicherten sehr wohl beschnitten wurden, doch sei dies in einem Umfang erfolgt, der nicht zu beanstanden wäre. Empörte sich die *Süddeutsche Zeitung*: »Gilt es bei Rechtsverletzungen plötzlich zu unterscheiden, ob sie in angemessenem oder unangemessenem Umfang geschehen sind?«
Mit dem gesunden Rechtsempfinden ist dieses Urteil jedenfalls schwer zu vereinbaren. Denn es legalisiert Vermögensumverteilungen in gewaltigen Dimensionen. Den Herold-Trick haben nämlich bereits zahlreiche andere Versicherungsgesellschaften kopiert, so die Volksfürsorge, die Victoria und die Nürnberger. Hans Dieter Meyer schätzt, daß auf diese Weise bereits rund fünf Milliarden Mark den Besitzer wechselten, und nach dem Urteil des Bundesverwaltungsgerichts darf getrost damit gerechnet werden, daß nahezu alle Lebensversicherer dem unrühmlichen Beispiel folgen werden.
Das Geld wandert bei diesen Transaktionen praktisch aus der Kasse der Versicherten in die Taschen der Aktionäre, den direkten Zugriff darauf hat aber allein das Management der Assekuranzkonzerne. In Gang kam diese gewaltige Vermögensumschichtung durch eine harmlose Drucksache aus Brüssel. Die EU-Richtlinie fordert die Mitgliedsländer auf, dafür zu sorgen, daß die Versicherungsgesellschaften bis spätestens 1995 ihre stillen Reserven einheitlich offenlegen sollen.
Was in anderen Ländern offenbar gelassen zur Kenntnis genommen wurde, sorgte in den Glaspalästen der deutschen Assekuranzkonzerne für Aufregung. Denn welchen Wert ihre heimlichen Schätze haben, das behielten die Versicherungsmogule bisher für sich. Die stillen Reserven entstanden aus der Differenz zwischen den Summen, mit denen Grundstücke, Gebäude und Aktienbestände nach jahrzehnte-

langen Abschreibungen in der Bilanz verbucht sind, und ihren tatsächlichen Verkehrswerten. Und diese Differenz ist, das weiß jeder Buchhaltungslehrling, vor allem bei Immobilien gewaltig.
Besondere Brisanz bekommt die EU-Richtlinie für die Konzerne, weil sie sie indirekt zwingen würde, nachträglich viele Milliarden an die Inhaber von etwa 60 Millionen Policen auszuzahlen. Nach deutschem Recht sind die Versicherungen nämlich gezwungen, über 90 Prozent des erwirtschafteten Überschusses an die Versicherten zu verteilen. Bisher konnten sie die Bestimmung locker dadurch umgehen, daß sie längst nicht sämtliche erwirtschafteten Gewinne in ihrer Bilanz auswiesen. Die jährlichen Wertsteigerungen, die ihre Immobilien und Wertpapierbestände erfuhren, blieben weitgehend außen vor.

Wie Bonn die Konzerne schützt

Um diesem Mißstand abzuhelfen, schlägt die EU-Richtlinie vor, die Versicherer sollten ihr Vermögen mit dem aktuellen Zeitwert verbuchen und so eine gerechtere Beteiligung der Versicherten an dem mit ihren Prämien gebildeten Kapitalstock ermöglichen. Weil die Manager der deutschen Versicherungskonzerne jedoch nicht im Traum daran denken, ihre gehorteten Schätze aus der Hand zu geben, entfalteten sie eine fieberhafte Lobbytätigkeit, um in Bonn die verbraucherfreundliche Initiative der Brüsseler Europabehörde zu torpedieren. Und das gelang ihnen offenbar mit bemerkenswertem Erfolg.
Der Regierungsentwurf zur Umsetzung der Versicherungsrichtlinie in deutsches Recht aus dem Haus der F.D.P-Justizministerin Sabine Leutheusser-Schnarrenberger ist bestens geeignet, die Absicht der EU-Kommission ins Gegenteil zu verkehren. So soll von dem Vorschlag, das Versicherungsvermögen nach dem aktuellen Zeitwert zu bemessen, »kein Gebrauch gemacht werden«. Hingegen billigt der Entwurf den Assekuranzkonzernen durchaus das Recht zu, den realen Zeitwert in der Bilanz auszuweisen. Das bedeutet: Die stillen Reserven fließen, wie beim Holdingtrick des Deutschen Herold, aus dem Topf der Versicherten ins Eigenkapital des Konzerns.

Außerdem wollen die Beamten aus dem F.D.P-Ministerium die Regierung dazu bringen, daß sie die von Brüssel eingeräumte Frist bis zum letzten Tag im Jahr 1999 ausnutzt. Und ganz nebenbei haben sie dafür gesorgt, daß Bundestag und Bundesrat die konzernfreundliche Prozedur nicht stören. Das Milliardengeschenk an die Versicherungswirtschaft soll am Parlament vorbei in einer sogenannten gesonderten Verordnung erteilt werden.

Der Bund der Versicherten gibt sich noch nicht geschlagen. Zwar kann er die Bonner Mauscheleien nicht verhindern, doch möchte sein Vorsitzender Hans Dieter Meyer erreichen, daß wenigstens die Beteiligung der Versicherten an den Überschüssen ihrer Gesellschaft präziser geregelt wird. Deshalb klagte er vor dem Bundesgerichtshof gegen den Paragraphen 16 der Allgemeinen Geschäftsbedingungen, weil, so Meyer, »die Konzerne mit den Überschüssen machen können, was sie wollen«.

Folgt der BGH dieser Argumentation, ließe sich wohl auch das Urteil des Verwaltungsgerichts in Sachen Deutscher Herold nicht mehr aufrechterhalten. Das geltende Recht, meint Meyer, ermuntere die Manager der Versicherungskonzerne geradezu zum Griff in die Kasse: »Das ist in etwa so, als wenn man Vampire mit der Verwaltung einer Blutbank beauftragen würde.« Die Betroffenen sehen das etwas anders: »Die Wurst im Kühlschrank beunruhigt den Hund weniger, als wenn sie ihm ständig vorgehalten wird«, begründet Versicherungslobbyist Norbert Konrath die kargen Ausschüttungen.

Um welche Beträge es hier geht, machten die Aktienanalysten der Bayerischen Vereinsbank deutlich, die allein im Grundvermögen der Allianz stille Reserven von rund 13,7 Milliarden Mark aufspürten. Wohl noch mal so viel an verborgenen Werten steckt im riesigen Wertpapierportefeuille des Münchner Konzerns, der nach eigenen Angaben über Kapitalanlagen von gut 140 Milliarden Mark (Buchwert) verfügt und 34 000 Wohnungen sowie 8 000 gewerbliche Immobilienobjekte besitzt.

Die Versicherungslobby leistet ganze Arbeit

Ihren immensen Reichtum verdanken die Versicherungskonzerne vor allem der Fürsorge des Staates. Diese gilt aber nicht, wie man als selbstverständlich annehmen sollte, den Millionen Versicherten, sondern viel eher dem Wohl der Konzerne.

Wie keine andere Branche hat es die Versicherungswirtschaft verstanden, sich den Staat gefügig zu machen. Da gibt es zum Beispiel das sogenannte Steuerprivileg: Während jeder Bürger seine Zinserträge bis auf den vom Gesetz zugestandenen Freibetrag voll versteuern muß, bleiben die Kapitalerträge der Lebensversicherer steuerfrei. Und nur durch die Steuerfreiheit der Gewinnanteile bei Kapitallebensversicherungen mit einer Dauer von mindestens zwölf Jahren ist diese für die Assekuranzkonzerne einträglichste Geschäftssparte überhaupt noch konkurrenzfähig.

Denn müßten die Überschüsse aus der Lebensversicherung ebenso versteuert werden wie zum Beispiel Zinsen von Anleihen, würde die Lebensversicherung als Kapitalanlage so schlecht abschneiden, daß das Neugeschäft zum Erliegen käme. Oder die Narrenfreiheit, die die Konzernmanager beim Verwalten ihrer Überschüsse genießen: Anders als jeder andere Treuhänder dürfen sie Kosten und Erträge aus ihren Kapitalanlagen praktisch nach Gutdünken gegeneinander aufrechnen und so die Versicherten über die wahren Überschüsse im unklaren lassen.

Die bei den meisten Gesellschaften weit überhöhten Prämien, die miserablen Rückkaufwerte bei Lebensversicherungen, die zu hohen Provisionen für Vertreter und Agenten, die schlechte Beratung und Information der Versicherten, die rüden Werbemethoden beim Keilen neuer Kunden, die meist über zehn Jahre und länger laufenden Verträge – all das hätte längst von einer verantwortungsbewußten Gesetzgebung beseitigt werden müssen.

Warum dies nicht geschah, dafür lieferte *Der Spiegel* bereits im Jahr 1985 einen einleuchtenden Grund. In einer aufsehenerregenden Geschichte wies das Hamburger Nachrichtenmagazin nach, wie die Versicherungslobby Bonner Politiker seit Jahrzehnten mit Wahlkampf-

spenden in jährlicher Millionenhöhe gefügig machte. Ein »Arbeitskreis privater Versicherer« unterstützte schon bei der Bundestagswahl von 1976 rund 106 Kandidaten mit teilweise erheblichen Beträgen, und auf den Spendenlisten der Versicherungsverbände und einzelner Konzerne entdeckten die ermittelnden Staatsanwälte über 100 Politiker, darunter die meisten Minister des damaligen Bundeskabinetts.
»Halten uns denn die Versicherungsbosse wirklich für so dumm, daß wir nicht merkten, welch höchst eigennützigen Zwecken ihre vorwiegend ad personam gezielten Gaben dienten?« empörte sich die Wochenzeitung *Die Zeit* und bohrte nach: »Haben sie ihre Prämienzahler gefragt, ob die mit der Weitergabe des Geldes an die Versicherungslobby in Bonn einverstanden sind?«
Offenbar hat sich daran bis heute nicht viel geändert, denn längst ist es in Bonn ein offenes Geheimnis, daß die kapitalstarken Versicherer den klammen Staat ein weiteres Mal korrumpierten, indem sie versprachen, in den nächsten Jahren rund eine Milliarde Mark in den Wohnungsbau der neuen Bundesländer zu investieren, wenn dafür Finanzminister Theo Waigel auch weiterhin auf die Besteuerung der Kapitalerträge aus den Lebensversicherungen verzichte.
Nicht nur Geld ist im Spiel, wenn die Versicherer ihren Einfluß geltend machen. Das TV-Magazin »Monitor« deckte auf, wie eng die personellen Verflechtungen zwischen den Konzernen auf der einen, dem Bundesaufsichtsamt und dem Bonner Finanzministerium auf der anderen Seite bereits geworden sind. Da gibt es frühere Ministerialdirektoren wie Klemens Wesselkock aus dem Finanzministerium, die den Sprung an die Spitze großer Gesellschaften wie der Hamburg-Mannheimer Versicherungsgruppe schafften, Versicherungslobbyisten, die in Beamtenlaufbahnen wechselten, und jede Menge Politiker, die die Anliegen der Assekuranz vertreten, als ob es ihre eigenen wären.
Als einflußreichster Versicherungslobbyist gilt ein Mann, der auf keiner Payroll steht: Der ehemalige F.D.P.-Chef Otto Graf Lambsdorff diente vor seiner Politkarriere der Victoria Lebensversicherung als Vorstandsmitglied.
Auf Hilfe von unabhängigen Wissenschaftlern warten jene Politiker

vergebens, die sich um eine verbraucherfreundlichere Gesetzgebung bemühen, denn die maßgeblichen Mathematiker und Rechtsexperten an den Forschungsinstituten sind mit Gutachten, die sie gegen erkleckliche Honorare für die Unternehmen erstellen, und mit Mandaten in Aufsichts- und Beiräten der Assekuranzkonzerne hinreichend ausgelastet. Grämt sich Professor Udo Reifner vom Hamburger Institut für Finanzdienstleistungen: »Die Gründe, warum die Jurisprudenz so abstinent ist, dürften in einer beinahe schon anstößigen Verflechtung der Versicherungswirtschaft mit der universitären Rechtswissenschaft liegen.«

Kriminelle Geschäfte zu Lasten der Versicherten

Das auf diese Weise wasserdicht abgeschottete System bescherte den Versicherungsgesellschaften über Jahrzehnte hinweg überdurchschnittlich hohe Wachstumsraten, weit überhöhte Prämien und einen Vermögenszuwachs in beispielloser Größenordnung. Der von der Allianz-Gruppe beherrschte Gesamtverband der Deutschen Versicherungswirtschaft sorgte stets dafür, daß unliebsame Gesetzesentwürfe schon im Vorfeld entschärft wurden und daß sich der Ärger mit dem Bundesaufsichtsamt in Grenzen hielt.

Klagte Hans Dieter Meyer: »Infolge der zahlreichen Mißstände im bundesdeutschen Versicherungswesen haben die Bundesbürger über Jahrzehnte Hunderte von Milliarden verloren ... Mit dem Geld der Versicherten als Kriegskasse und mit ›kriegerischer‹ Skrupellosigkeit haben die Allianz und ihre Schwester, die Münchner Rückversicherung, das bundesdeutsche Versicherungsunwesen geschaffen. Sie beherrschen die Verbände, diktieren das in der Bundesrepublik extrem hohe Prämienniveau und beeinflussen über Wissenschaft und Lobby Regierung, Staatsaufsicht und Rechtsprechung ... Hätten wir im Versicherungswesen rechtsstaatliche und marktwirtschaftliche Verhältnisse, wäre vieles, was die Allianz getan hat, kriminell.«

Tatsächlich schaffte die Versicherungswirtschaft in den vergangenen Jahrzehnten eine Performance, von der andere Wirtschaftszweige nur

träumen können. Betrug ihr Anteil am Volksvermögen 1960 erst 3,6 Prozent, so liegt es heute bei etwa neun Prozent. In der Zeit dazwischen schafften die Assekuranzkonzerne jährliche Zuwächse zwischen zehn und 20 Prozent. Inzwischen haben sie den Bogen freilich etwas überspannt, denn nachdem der Vereinigungsboom ausgelaufen ist, häufen sich die Stornos, und das Neugeschäft läßt rapide nach.
Immerhin verbuchten die deutschen Versicherungskonzerne 1992 noch 260 Milliarden Mark an Einnahmen, davon entfielen rund 184 Milliarden auf die Prämien der Versicherten und etwa 80 Milliarden auf Erträge aus Kapitalanlagen. Sie verfügen über 500 Millionen Verträge und ein Vermögen, das bereits mehr als eine Billion Mark ausmachen dürfte.
Rechtzeitig vor der Öffnung des deutschen Versicherungsmarktes für ausländische Anbieter erhöhten die heimischen Gesellschaften noch schnell die Preise. Mit einer durchschnittlichen Teuerungsrate von zwölf Prozent liegen die Versicherer weit vor den anderen Preistreibern aus dem Dienstleistungsgewerbe (plus 8,8 Prozent), den Wohnungsvermietern (plus 5,9 Prozent) und den Hoteliers (plus fünf Prozent).

Zu teure Prämien, zu hohe Provisionen

Ein Riesenheer von rund 450000 Vertretern treibt den Konzernen unermüdlich neue Kundschaft zu. Schon hat jeder Deutsche im Schnitt mindestens sechs Versicherungsverträge und zahlt pro Jahr etwa 6000 Mark Prämie ein. Im Tarifdschungel der Assekuranz kennt sich zwar kaum noch jemand aus, und direkte Preisvergleiche scheitern im Dickicht des Kleingedruckten, doch eines ist gewiß: Zu niedrig sind die Prämien nie. Dafür sorgte bisher schon das Bundesaufsichtsamt, bei dem bis zum 30. Juni 1994 jeder Versicherer, der in Deutschland eine Police verkaufen will, seine Prämienkalkulation genehmigen lassen muß.
Nun ist natürlich nichts dagegen einzuwenden, wenn die Gesellschaften vorsichtig kalkulieren und stets vom schlimmstmöglichen Scha-

densverlauf ausgehen. Aber es ist partout nicht einzusehen, warum viele Lebensversicherer ihre Prämien nach längst überholten Sterbetabellen kalkulieren und deshalb viel zu hohe Todesfallraten zugrunde legen. Da die Lebenserwartung des Durchschnittsdeutschen (bei Frauen zum Beispiel 79 Jahre) in den letzten Jahren kontinuierlich anstieg, hätten die Versicherungen den Risikoanteil der Prämien reduzieren müssen. Statt der mathematisch richtigen zehn Prozent beträgt er bei den meisten Gesellschaften noch immer 20 Prozent.

Viel zu hoch sind ebenso die Anteile für Provisionen und Verwaltung, aus denen die Gesellschaften ihre eigenen Aufwendungen abdecken. Bei ihrer hemmungslosen Jagd nach neuen Kunden geben die Konzerne nämlich für die Vertreter der Strukturvertriebe statt der vom Bundesaufsichtsamt genehmigten 35 Promille von jeder Prämie bis zu 50 Promille aus. Weil das mittlerweile selbst dem Branchenprimus zuviel wird, wird Allianz-Chef Henning Schulte-Noelle ab 1995 das Prämiensystem seines Konzerns radikal umkrempeln, den eigenen Vertretern die hohen Einmalabschlußprovisionen streichen und die Kosten für die Strukis auf höchstens 35 Promille begrenzen. Allein durch die viel zu hohen Abschlußkosten einer Lebensversicherung, die nur dazu dienen, den Konzernen zu höheren Marktanteilen zu verhelfen, zahlen die Versicherten jedes Jahr viele Milliarden Mark zuviel.

Zwei Makler stellen die Konzerne bloß

Zu welchen Auswüchsen das auf ein maximales Expansionstempo ausgelegte Provisionsunwesen führen kann, erfuhr eine staunende Öffentlichkeit durch den Skandal um die beiden Hamburger Versicherungsmakler Reinhard Schmidt-Tobler und Dieter Zantop, die mit rund 20 deutschen Lebensversicherern Verträge über neun Milliarden Mark abschlossen und diese dann kräftig aufs Kreuz legten. Sie setzten dabei auf die Habgier der Versicherungsmanager, die an einem möglichst umfangreichen Neugeschäft interessiert waren und deshalb bei ihren Tarifen das kleine Einmaleins mißachteten.

Schmidt-Tobler, gelernter Mathematiker, fand nämlich heraus, daß bei einzelnen Gesellschaften die sogenannten Gruppentarife zu niedrig, die Rückkaufwerte nach zwei bis drei Jahren Versicherungsdauer aber zu hoch waren. Das nützte er gemeinsam mit seinem Partner Dieter Zantop, um eine fazinierende Geldbeschaffungsmaschine zu konstruieren.
Die funktionierte im wesentlichen so: Schmidt-Tobler und Zantop klapperten rund 300 mittelständische Unternehmen ab, die zusammen über 25000 Leute beschäftigten, und machten den Firmenchefs klar, wie sie über Unterstützungskassen ihren Arbeitnehmern steuersparend eine Betriebsrente verschaffen konnten.
Eine solche Unterstützungskasse, etwa in der Form eines eingetragenen Vereins, hat für die Unternehmer beträchtliche Vorteile. Die Einzahlungen können praktisch als Betriebsausgaben von der Steuer abgesetzt werden, das Kapital unterliegt keinerlei staatlicher Kontrolle und darf deshalb auch wieder als Darlehen vom Unternehmen in Anspruch genommen werden. Wer die formalen Spielregeln einhält, kann auf diese Weise viel Steuern sparen und sich obendrein nach Bedarf mit liquiden Mitteln versorgen.
Dies kostet das Unternehmen selbst keinen Pfennig und schaffte für Schmidt-Tobler und Zantop die Voraussetzung, Rentenversicherungsverträge am laufenden Band zu produzieren, oft ohne daß die versicherten Mitarbeiter überhaupt davon erfuhren. Das mußten sie auch nicht. Über die Unterstützungskassen wurden die Verträge zum günstigen Gruppentarif bei der Hamburg-Mannheimer, der Iduna-Nova und 18 anderen Gesellschaften abgeschlossen. Für jeden Vertrag kassierten die beiden Makler erst einmal ihre Abschlußprovision, die im Schnitt 45 Promille der Versicherungssumme ausmachte. Bei Verträgen über eine Million Mark waren dies also 45 000 Mark cash.
Aus dieser Provision bezahlten die Kassen, natürlich mit größtmöglicher Verspätung, die ersten beiden Jahresprämien für die eingereichten Versicherungen. Für die dritte Jahresprämie nahmen sie einen Kredit auf, indem sie bei der Bank die Policen als Sicherheit hinterlegten. Nach Ende des dritten Versicherungsjahres hätten die Verträ-

ge gekündigt und die Rückkaufswerte ausgezahlt werden können – mit erheblichem Gewinn für die Kassen! Von jedem Millionenvertrag wären unterm Strich etwa 15 000 Mark als Gewinn in der Kasse verblieben. Da sie insgesamt Verträge über neun Milliarden Mark abgeschlossen hatten, hätte ihnen ihre Geldmaschine im Laufe von drei Jahren die nette Summe von 135 Millionen Mark ins Haus geschwemmt. Nach Abzug der Verwaltungskosten wären ihnen etwa 100 Millionen als Gewinn verblieben. Daraus wurde erst einmal nichts.

Branchenübliche Unarten ausgeplaudert

Aufgeflogen sind die tüchtigen Absahner nur durch einen dummen Zufall. Weil sie ihr Hamburger Büro in der Palmaille 35a vom Erdgeschoß in den 13. Stock verlegt und die Versicherer nicht rechtzeitig darüber informiert hatten, stand eines Tages im Juli 1992 ein Iduna-Mitarbeiter vor verschlossenen Türen. Durchs Fenster im Erdgeschoß sah er ein ausgeräumtes Büro und schlug Alarm, weil er vermutete, Makler Zantop sei mit noch nicht voll verdienten Provisionen durchgebrannt.

Mißtrauisch waren die Iduna-Manager allerdings schon vorher geworden, nachdem sie entdeckt hatten, daß einige der von Zantop eingereichten Verträge auf Namen von Personen lauteten, die nicht bei den Firmen registriert waren. Pech für die beiden Absahner, daß sie zu der Zeit gerade auf ihrer Yacht »Claudine« im Mittelmeer kreuzten, als bei der Iduna die Alarmglocken schrillten. Die um ihre ausbezahlten Provisionen bangenden Versicherer stellten Strafantrag und ließen die Makler per Interpol suchen.

Ehe er Ende 1992 in Hamburg verhaftet wurde, rächte sich Reinhard Schmidt-Tobler mit einem süffisanten Bericht über seine Erfahrungen mit den deutschen Lebensversicherern, der unter dem Titel *Tatort Glaspalast* erschienen ist. Der »authentische Report um den größten Versicherungsskandal der Republik« fand sofort ein starkes Echo in den Medien und ließ einige Stühle in den Chefetagen der Assekuranzkonzerne wackeln.

Präzise und nicht ohne Humor beschreibt hier ein Insider erstmals die Mißwirtschaft, die in den Konzernen herrscht, die hemmungslose Gier der führenden Manager und die üblen Methoden, mit denen diese ihre Fehler zu kaschieren versuchten.
Bei manchen Gesellschaften dauerte es ziemlich lange, ehe sie begriffen, daß ihnen ihre Tarife zum Schaden gereichten. Dann erklärten sie ganze Berge von Lebensversicherungspolicen, auf die jahrelang Beiträge einbezahlt worden waren, von heute auf morgen für null und nichtig. »Ein fast legaler Trick«, befand die Wochenzeitung *Die Zeit* und urteilte: »Viele Gesellschaften lassen die Sorgfalt des ordentlichen Kaufmanns vermissen.«
Das Hamburger Landgericht sah es anders und verurteilte Schmidt-Tobler und Zantop zur Zahlung von rund 40 Millionen Mark allein an die Hamburg-Mannheimer (Branchenspott: »Hamburg-Mülleimer«).
Übel aufgestoßen war den Versicherern vor allem, daß Schmidt-Tobler branchenübliche Unarten ausplauderte und etwa die Tricks verriet, mit denen einzelne Gesellschaften ihre überhöhten Provisionen gegenüber dem Aufsichtsamt kaschierten. Außerdem gab er preis, welche Zinsgewinne durch verspätete Prämienzahlungen zu erzielen sind, welche Berechnungsfehler in manchen Tarifen stecken, welcher Luxus in den Vorstandsetagen getrieben wird oder wie man einen Versicherungsvertreter dazu zwingen kann, einen Teil seiner Provision an den Versicherten zurückzuzahlen.

Zwietracht im Geldgewerbe

Die rigide Art, mit der sich die Gesellschaften aus dem selbstverschuldeten Debakel zu befreien versuchen, indem sie die von Schmidt-Tobler und Zantop angelieferten Verträge einfach nicht mehr anerkennen, sorgte bereits für Zwietracht im Geldgewerbe. Denn die vielen Policen, die die Makler den Banken als Sicherheiten für ihre Darlehen überließen, sind nun plötzlich nichts mehr wert. Allein im Tresor der Bezirkssparkasse Überlingen liegen Verträge über 16 Millionen Mark;

bei der Berliner Privatbank Löbbecke sollen angeblich rund 25 Millionen Mark »im Feuer« liegen.
Da die Versicherer die Bankkonten der Makler sperren und ihr Vermögen pfänden ließen, können sie auch keine Zinsen mehr bezahlen. Schimpfte ein von Millionenverlusten bedrohter Banker aus Hamburg: »Die Haltung der Versicherer macht es uns unmöglich, künftig noch Lebensversicherungspolicen in Höhe der Rückkaufwerte zu beleihen.«
Schmidt-Tobler jedenfalls, der sich mit der Veröffentlichung seines Buches allerlei Pressionen ausgesetzt sieht (»Darum prüfe ich schon mal die Radmuttern meines Autos, ehe ich losfahre«), hat gegen das Urteil des Hamburger Landgerichts Berufung eingelegt. Seine Erkenntnis, nach Lektüre des Hamburger Urteils: »Ein Versicherungsnehmer darf also keine Vorteile haben, sonst ist ›die Balance‹ gestört. Die Provisionsabgabe wäre ein Vorteil, deshalb ist sie verboten.«
Seine Freunde verblüffte er mit einem netten Spruch: »Warum sind die Glaspaläste der Lebensversicherer oft von großzügigen Rasenflächen umgeben? Antwort: Damit man das ständige Klimpern nicht hören kann, wenn dort das Geld der Versicherten zum Fenster hinausgeworfen wird!«

»Die LV ist ein legaler Betrug«

Daß er so unrecht nicht hat, wird klar, wenn man Aufwand und Ertrag bei einer normalen Kapitallebensversicherung gegeneinander aufrechnet. Ungestraft darf deshalb Verbraucherschützer Hans Dieter Meyer weiterhin behaupten: »Die Lebensversicherung zur Altersversorgung ist ein legaler Betrug. Diese Kapitallebensversicherung ist zu 90 Prozent überhaupt keine Versicherung, sondern ein langfristiger Sparvertrag mit einer Rendite, die oft unter der Inflationsrate liegt und dann gleich Null ist. Mit den Geldern, die Lebensversicherte langfristig hingeben, schaffen sich die Unternehmen aber inflationssichere

Kapitalanlagen mit hohen Wertsteigerungen, an denen aber die Versicherten nur selten beteiligt werden.«
Zwar klagte der Verband der Lebensversicherungsgesellschaften auf Unterlassung, doch das Landgericht Hamburg wies die Klage ab, und Meyer wird seither nicht müde, diese bei den Deutschen nach wie vor beliebteste Form der Geldanlage als »legalen Betrug« zu bezeichnen. Tatsächlich verzinst sich das in eine Lebensversicherung investierte Kapital in den meisten Fällen schlechter, als wenn man es etwa in langlaufende Staatsanleihen investiert. Die Versicherer garantieren zum Beispiel nur dürftige 3,5 Prozent Zinsen auf das eingezahlte Kapital, auch wenn in den vergangenen Jahrzehnten ihre Ausschüttungen durch die erzielten Überschüsse höher waren. Im Schnitt bringt eine solche Police derzeit nur etwa fünf Prozent Rendite.
Nur das dem Fiskus abgetrotzte Steuerprivileg macht die Lebensversicherer überhaupt noch einigermaßen konkurrenzfähig, denn am Kapitalmarkt konnten Anleger in den letzten zehn Jahren eine Durchschnittsrendite von über sieben Prozent erzielen. Schuld an den mageren Ausschüttungen der Konzerne sind jedoch nicht deren Anlageexperten, denn die erwirtschafteten, wie die rapiden Vermögenszuwächse der Gesellschaften beweisen, meist überdurchschnittliche Erträge.
Schuld ist vielmehr eine ausschließlich an den eigenen Interessen orientierte Geschäftspolitik der Assekuranzmanager. Diese Politik setzte bei vielen Gesellschaften auf schnellstmögliches Umsatzwachstum, auf eine höchst komfortable, ja luxuriöse Ausstattung des Managements, auf Bequemlichkeit und die Aufstockung stiller Reserven, die dann durch allerlei Finanzierungstricks den Versicherten entzogen werden.
Schein und Wirklichkeit klaffen bei den Gesellschaften weit auseinander. Schein sind die offiziellen Prämienkalkulationen mit den vom Bundesaufsichtsamt vorgeschriebenen Bestandteilen: sieben bis acht Prozent der Prämien dürfen als Verwaltungskosten verbraucht werden, 3,5 Prozent von 90 Prozent jeder neu abgeschlossenen Versicherungssumme fließen als Provision an den Außendienst, 20 Prozent der Prämie sind Risikoanteil für den Todesfall, der Rest von etwa 60 bis

70 Prozent wird angelegt und mit 3,5 Prozent verzinst. Zinsen und Überschüsse aus dem angelegten Kapital sollen am Ende der Laufzeit die Versicherungssumme ergeben.
Die Wirklichkeit indes sieht bei den meisten Konzernen ganz anders aus. Da fließen nicht 3,5, sondern 4,5 Prozent in den Außendienst, und zwar nicht von 90 Prozent der Versicherungssumme, wie das Aufsichtsamt vorgibt, sondern häufig von den vollen 100 Prozent. Um ihre provisionshungrigen Vertreter zu motivieren und die »Strukis« bei der Stange zu halten, greifen selbst die größten Gesellschaften, wie etwa die Allianz, zu dubiosen Verschleierungsmethoden, damit dem Bundesaufsichtsamt der höhere Provisionsanteil verborgen bleibt.

Üble Verschleierungstricks

Reinhard Schmidt-Tobler beschreibt in seinem Buch *Tatort Glaspalast* einige dieser Tricks: Mal schloß er mit einer Allianz-Niederlassung mehrere Verträge, wobei der eine über den offiziellen Höchstsatz lautete, der andere eine Zusatzprovision beim Erreichen einer bestimmten Sollmenge verhieß und der dritte noch einen zusätzlichen Bonus für Spitzenergebnisse einbrachte. Damit das System in der Zentrale keinen Anstoß erregte, wurden die Verträge mit drei unterschiedlichen Allianz-Niederlassungen abgeschlossen.
Genauso gut funktionierte die Masche, einen Allianz-Spitzenvertreter einzuschalten, der innerhalb des Konzerns die höchste Provisionsstufe erreicht hatte und gerne bereit war, seinen Spitzensatz von 4,5 Prozent mit anderen Kollegen zu teilen.
Kehrseite der wilden Provisionsjagd sind die hohen Stornoquoten. Immer mehr überrumpelte Kunden besinnen sich, wenn die ersten Prämien fällig werden, und geben die bereits unterschriebenen Verträge innerhalb eines Jahres wieder zurück. Zwar verlieren sie dadurch oft die eingezahlten Beiträge, aber sie ersparen sich über viele Jahre Zahlungen, die möglicherweise ihre finanzielle Leistungsfähigkeit übersteigen.
Die Stornoquoten der einzelnen Gesellschaften geben den Prozent-

satz an, um den sich das Neugeschäft einer Versicherungsgesellschaft im ersten Jahr nach dem Abschluß durch zurückgegebene Verträge reduziert. Im Branchendurchschnitt betrug diese Quote bei allen Versicherern 1992 rund neun Prozent, doch bei einzelnen Gesellschaften erreichte die Abspringerquote verheerende Ausmaße. So kam der Iduna mehr als ein Viertel des Neugeschäfts abhanden, bei der Bonner Leben betrug es fast 40 Prozent, bei der Transleben gar mehr als 50 Prozent.

Jede Stornierung kostet die Gesellschaft Geld, oft ist ein Großteil der ausbezahlten Provision für immer verloren. Bei einer Lebensversicherung über 100 000 Mark zum Beispiel kassiert der Strukturvertrieb bis zu 5 000 Mark auch dann, wenn der Kunde im Laufe des ersten Jahres wieder abspringt.

Böse erwischt hat es auch die Alte Leipziger mit 16 und die Hamburg-Mannheimer (HM) mit gut zwölf Prozent Stornierungen. Vor allem die HM, nach der Allianz Deutschlands zweitgrößter Lebensversicherer, war mit ihren umstrittenen Vertriebsmethoden ins Gerede gekommen. Als einzige unter den großen Versicherungsgesellschaften gab die Hamburg-Mannheimer ihrem 1973 von dem ehemaligen IOS-Mann Werner Kunkler gegründeten Strukturvertrieb sogar den eigenen Namen: Hamburg-Mannheimer-Invest. Heute heißt diese Kloppertruppe, die rund 4 500 hauptberufliche und 25 000 nebenberufliche Vertreter beschäftigt, verschämt nur noch HMI, doch die Methoden der »Hamburg-Mafia« (Branchenspott) haben sich kaum geändert.

Immer wieder klagen Verbraucherschützer über die dreisten Anwerbemethoden der HMI-Strukis, die vor allem in Discos Jagd auf neue Kunden und Vertreter machen. Die zweite Hälfte ihres Neugeschäfts holen sich die HMI-Bosse über allerlei obskure Vereine und Organisationen wie die OAB (Organisation für Akademiker und Beamte) oder OVG (Organisation für Verbandsgruppengeschäfte).

OVG-Vertreter zum Beispiel tarnen sich als Abgesandte von Kriegsopfer- und Sozialverbänden, um unter deren Mitgliedern neue Kunden anzuwerben. Ein ganz übler Trick dieser Truppe ist es, solche Kunden mit angeblich verbilligten Gruppentarifen zu ködern, ihnen aber gleichzeitig einen Teil der Überschüsse wieder abzuknöpfen, die

sie als »Spende« für den Verein deklarieren. Die Sozialverbände kamen letztes Jahr so zu Spenden von rund 50 Millionen Mark und die »Hamburg-Mülleimer« zu einem stattlichen Neugeschäft.
Auch die rund 1000 Hostessen der »Felicitas GmbH«, die den Standesämtern die Adressen von frisch Vermählten und Neugeborenen abluchsen, spielen den Türöffner für HM-Vertreter, wenn sie mit Probepäckchen aus Babynahrung und Windeln ihre Hausbesuche machen. Urteilte das *Manager Magazin:* »Der Versuch, zum Branchenprimus und Mitaktionär Allianz aufzuschließen, ist kläglich gescheitert. Das Management ist überfordert und reagiert hilflos auf die zahlreichen Probleme.«
Ihren Ruf als rüdeste Kloppertruppe verteidigten die HM-Außendienstler sogar mit Hilfe der Bundesanstalt für Arbeit. 1992 entdeckte eine Sondertruppe des Hamburger Arbeitsamtes, die eigens zur Fahndung nach Schwarzarbeitern gegründet worden war, daß eine verdächtig große Zahl von Mitarbeitern der Hamburg-Mannheimer Versicherung Arbeitslosengeld bezog. Nach intensiven Recherchen stellte sich heraus, daß rund 5900 HM-Drücker offiziell arbeitslos gemeldet waren, während sie gleichzeitig von der Versicherung hohe Provisionen bezogen. Rund zehn Millionen Mark »Stütze« landeten so zu Unrecht in den Taschen der HM-Vertreter.
Als das schöne Spiel aufgeflogen war, überkam manche der Drücker offenbar eine tiefe Lustlosigkeit, denn bald darauf ließen sich 500 von ihnen gegen stattliche Handgelder abwerben. Ihr neuer Arbeitgeber war die Bayerische Beamtenversicherung (BBV), die sich nun vor Gericht mit einer Klage des gekränkten Konkurrenten herumschlagen muß.
Die Hatz auf den Kunden wird von den Versicherungskonzernen mit immer größerem Einsatz angefacht. So gab die inzwischen zur ABM-Gruppe zählende Volksfürsorge rund 60 Millionen Mark für eine 15-Prozent-Beteiligung an der OVB-Struki-Truppe des Otto Wittschier aus, obwohl sie schon einmal mit einem Strukturvertrieb ziemlich schlechte Erfahrungen machen mußte. 1991 ging die »Genius Vermittlungsgesellschaft für Finanzdienstleistungen«, die der Volksfürsorge pro Jahr rund 100000 Verträge gebracht hatte, in einer

Millionenpleite unter. Die AUA-Verkaufsmethode (»Anhauen, Umhauen, Abhauen«) wilder Vertreterkolonnen vom Schlag der OVB führte dazu, daß nach Schätzungen von Branchenkennern mittlerweile jeder erwachsene Bundesbürger rund 1 000 Mark im Jahr für absolut überflüssige Versicherungen ausgibt. Überversichert sind nach Beobachtung unabhängiger Makler viele Haushalte bei der Hausrat-, Unfall- und Haftpflichtversicherung. Viele Arbeitnehmer, die schon über die staatliche Rentenversicherung abgesichert sind, ließen sich in den vergangenen Jahren hohe Lebensversicherungssummen »aufs Auge drücken«.

Drohen, Einschüchtern, Vergleichen

Während die Konzerne sich mit Provisionen für Neuabschlüsse gegenseitig überbieten und Milliarden in ihre kostspieligen Vertriebsapparate investieren, zeigen sie sich oft erstaunlich knauserig, wenn es ans Auszahlen geht. »In der Abteilung Schadenregulierung sitzen unsere härtesten Brocken«, bekannte der Mitarbeiter einer Münchener Lebensversicherung, und er war sichtlich stolz darauf.

Berüchtigt sind die harten Brocken für die Art, wie sie mit den Hinterbliebenen von Unfallopfern umspringen. Beliebter Dreh: Reicht zum Beispiel die Witwe eines an den Folgen eines Autounfalls gestorbenen Versicherten die Sterbeurkunde mit der Bitte um Auszahlung der Versicherungssumme ein, dann erhält sie für gewöhnlich nach längerer Wartezeit erst mal einen Brief, in dem der Unfalltod des Verstorbenen angezweifelt wird. Es könne sich ja auch um Selbstmord gehandelt haben, argwöhnt der Sachbearbeiter aus der Leistungsabteilung und bittet um Geduld, bis die Ermittlungen der Polizei abgeschlossen seien.

Auch wenn bis dato gar keine Ermittlungen angestellt wurden, weil die Umstände des Unfalls einen Selbstmord ausschlossen, so gewinnt die Versicherung erst mal Zeit. Inzwischen setzt sie Detektive ein, die das Vorleben des Versicherten durchforsten, und wenn sich dabei nur der geringste Hinweis auf depressive Stimmungen, Schwierigkeiten

am Arbeitsplatz oder die Aufnahme eines Kredits findet, dann wird die Versicherung die Eröffnung eines Ermittlungsverfahrens verlangen. Das pflegt sich für gewöhnlich in die Länge zu ziehen.
Unterdessen erhält die trauernde Witwe Besuch von einem freundlichen Herrn, der ihr klarmacht, daß mit der Auszahlung der Lebensversicherung für längere Zeit nicht zu rechnen sei. Hat er damit hinreichend Wirkung erzielt, wird er am Ende seines Besuchs wie beiläufig erwähnen, daß es ja die Möglichkeit eines Vergleichs gäbe. Man habe bei der Versicherungsgesellschaft volles Verständnis für die schwierige Lage der Hinterbliebenen und biete die sofortige Auszahlung eines Betrages in Höhe von, sagen wir, 50 Prozent der vertraglich vereinbarten Versicherungssumme.
Läßt sich die geschockte Frau auf ein solches Angebot ein, hat sie verspielt. Die Versicherung zahlt und hat die Hälfte des Betrages, den sie leisten müßte, eingespart. Schon deswegen sind die Versicherer bemüht, die Mär von den vielen unentdeckten Selbstmorden immer wieder in die Zeitungen zu lancieren.
Hilft die Einschüchterungs- und Vergleichstaktik nicht, dann werden härtere Bandagen angelegt. So im Fall eines Münchener Kürschnermeisters, der am 1. Oktober 1989 in seinem Haus stürzte, die Treppe hinunterfiel und sich dabei eine so schwere Kopfverletzung zuzog, daß er wochenlang im Koma lag. Seither ist er zu 100 Prozent arbeitsunfähig. Da er schon seit 1972 Beiträge in eine Unfallversicherung eingezahlt hatte, bat er um Auszahlung der Invaliditätsentschädigung in Höhe von 276000 Mark und verlangte darüber hinaus ein Krankentagegeld über 10740 Mark. Seine Frau hatte die Schadensmeldung ausgefüllt und darin angegeben, daß der Verunglückte vor dem Unfall vollständig gesund gewesen sei.
Prompt weigerte sich die Versicherung zu zahlen und beschuldigte die Ehefrau, falsche Angaben gemacht zu haben. Der Versicherte sei nämlich, behaupten die Versicherer, seit Jahren alkoholkrank gewesen. Es folgte ein jahrelanger Rechtsstreit, bis hinauf zum Bundesgerichtshof. Zunächst klagte das Kürschnermeisterehepaar beim Landgericht München und verlor. Auch ihre Berufung hatte keinen Erfolg, denn das Oberlandesgericht wies den Antrag ab. So mußten die

Versicherten das höchste deutsche Gericht bemühen, und hier hatten sie endlich Erfolg: Der Bundesgerichtshof nahm die Revision an und verwies die Klage an das Oberlandesgericht zurück.
Noch ist der Fall nicht entschieden, doch die Aussichten des invaliden Kürschnermeisters haben sich dadurch erheblich verbessert. Immerhin kann die Frau des Kürschners darauf verweisen, sie habe keineswegs verschwiegen, daß ihr Mann in den letzten 24 Stunden vor dem Unfall Alkohol getrunken habe. Bei der Frage nach »bekannten Krankheiten« habe sie nur organische oder körperliche Leiden gemeint.

Die Gutachter und das Schleudertrauma

Daß im Kleingedruckten der Versicherungsverträge oft viele Fallen stecken, die es den Gesellschaften leicht machen, sich um ihre Leistungen zu drücken, hat auch schon die Stiftung Warentest festgestellt. Bei den Hausratsversicherungen zum Beispiel prüften die Tester die Antragsformulare von 46 Gesellschaften und vergaben dann achtmal die Note »mangelhaft«. Mängel wiesen demnach alle Formulare aus, und nur sechs Versicherern erteilten die Prüfer gute Noten. Vor allem kritisierten sie die Formulierung mancher Fragen, die so abgefaßt waren, daß der Kunde den Versicherern Gründe für die Verweigerung der Auszahlung zu liefern hatte. Das waren zum Beispiel Fragen nach den sogenannten »Gefahrenumständen«.
Interessant ist in diesem Zusammenhang, daß nun auch schon die Versicherer selbst anfangen, das Kleingedruckte als Argument gegen die ausländischen Wettbewerber aus den EU-Staaten zu verwenden, die ab 1. Juli 1994 auch hierzulande Hausratpolicen anbieten dürfen. Victoria-Chef Edgar Jannott zum Beispiel wies kürzlich darauf hin, daß bei bestimmten ausländischen Versicherern Sturmschäden erst ab Windstärke 11 ersetzt würden, die hierzulande kaum auftreten, während die Policen seiner Gesellschaft bereits bei Windstärke 7 Schutz gewährten.
Wie zäh manche Gesellschaften um jeden Posten feilschen, bewies ein

Prozeß, bei dem es um die Folgen eines Autounfalls ging. Eine junge Frau, die am Unfall selbst völlig unschuldig war, verlor dabei das Augenlicht, konnte deshalb nicht mehr arbeiten und mußte von ihrer Mutter versorgt werden. Die Haftpflichtversicherung des Unfallverursachers zahlte zwar zunächst eine Erwerbsunfähigkeitsrente und auch das gesetzlich vorgeschriebene Blindenpflegegeld. Erst per Gericht aber mußte sich das Unfallopfer ein Schmerzensgeld von der Versicherung erstreiten.

Hartnäckig aber weigerte sich die Gesellschaft bis zum Schluß, die Pflegekosten der Blinden zu übernehmen, weil diese ja bereits das Blindenpflegegeld erhalte. Doch dann verurteilte das Landgericht München die Versicherung zur Zahlung von rund 96000 Mark und einer monatlichen Rente von 1213 Mark. Aber ehe sie das Geld herausrückte, schöpfte die Versicherung den Rechtsweg bis zur Neige aus. Zuerst legte sie Berufung beim Oberlandesgericht ein; als auch dies nichts half, beantragte sie Revision beim Bayerischen Oberlandesgericht. Und hier entschied der erste Zivilsenat endlich, daß der erblindeten jungen Frau auch die Kosten der Pflege zu bezahlen seien.

Das sind durchaus keine Einzelfälle, bestätigt die Schutzgemeinschaft Unfallgeschädigter, der sogenannte Zeller Kreis. Gründerin Gisela Breitrock legte sich vor allem mit Haftpflichtversicherern an, die das bei Autounfällen häufiger auftretende Schleudertrauma nicht als Schadensfall anerkennen wollen. Die Schutzgemeinschaft ließ zum Beispiel anhand von 6000 Unfällen untersuchen, wie Versicherer Personenschäden regulieren, und kam zu dem Schluß, daß keine einzige der 156 Haftpflichtversicherungen als vorbildlich anzusehen wäre.

Typische Methode, mit der die Versicherer die Folgen eines Schleudertraumas behandeln: Sie lassen die Opfer nur von ausgesuchten Gutachtern untersuchen, die dann regelmäßig zu dem Schluß kommen, daß die Verletzung nach ein paar Wochen ausgeheilt sei. Folglich zahlt die Versicherung dann nur die Behandlungskosten, erkennt jedoch keinerlei Verpflichtungen für später auftretende Nachwirkungen an. In mehr als 3000 Fällen, so weist die Schutzgemeinschaft nach, hätten die Versicherungen Unfallopfern über Jahre hinweg eine Entschädigung für ihre gesundheitliche Beeinträchtigung vorenthalten. Der Zeller Kreis gibt deshalb eine Negativliste mit den Namen jener Versicherungsgesellschaften heraus, die Personenschäden am schlechtesten regulieren. An der Spitze steht die HUK Coburg, gefolgt von der R & V-Versicherungsgruppe, Wiesbaden, der Gothaer Versicherung, Köln, sowie der Vereinigten Haftpflicht in Hannover. Gisela Breitrocks Rat an alle Unfallopfer: »Niemals den von der Versicherung vorgeschlagenen Gutachter akzeptieren!«

Rechtsstreit um das Wundermittel

Man muß keinen Unfall erleiden, um zu erfahren, wie hartleibig Versicherungskonzerne sein können, wenn sie zur Kasse gebeten werden. Dies erfuhr der Dingolfinger Architekt und Heimatkundler Fritz Markmiller, der 1989 wegen eines scheinbar harmlosen Juckreizes in der Hüftgegend im Dingolfinger Krankenhaus behandelt wurde. Der Chefarzt diagnostizierte bei dem zuckerkranken Patienten »diabetische Polyneuropathie« und verordnete ihm das von den Kölner Madaus-Werken hergestellte Medikament Cronassial.
Das als Wundermittel gepriesene Präparat verfehlte jedoch beim Patienten Markmiller seine heilende Wirkung und führte statt dessen zu überraschenden Symptomen wie starken Schmerzen in beiden Beinen, heftigen Fieberanfällen, Haarausfall und vollständiger Entkräftung. Das Mittel war zu der Zeit schon in der Fachwelt umstritten, und vier Wochen, nachdem Fritz Markmiller die letzte von elf Doppelampullen gespritzt bekommen hatte, zog der Madaus-Konzern das Präparat aus dem Verkehr.
Als der Dingolfinger Architekt dann Schadenersatzsansprüche gegen Madaus geltend machen wollte, erhielt er überraschend Besuch von einem Vertreter des Kölner Versicherungskonzerns Gerling. Dieser Herr mit Namen Friedhelm Martin verlangte zunächst, daß bei der Besprechung kein Anwalt zugegen sein durfte. Dann machte er den Eheleuten Markmiller nachdrücklich klar, daß ein Prozeß gegen Ma-

daus und seinen Versicherer Gerling nicht die geringsten Aussichten auf Erfolg haben würde, da es wegen Cronassial insgesamt nur drei Schadensfälle gegeben habe. Daß dies nicht stimmte, erfuhren die ahnungslosen Dingolfinger erst lange danach. Deshalb akzeptierten sie schließlich das Angebot des Gerling-Vertreters, der ihnen 70000 Mark versprach, wenn sie auf sämtliche weiteren Ansprüche verzichteten.
Erst später dämmerte den Markmillers, daß sie von dem Gerling-Vertreter über den Tisch gezogen worden waren. Ihre Klage vor dem Landgericht Landshut gegen den Chefarzt des Dingolfinger Krankenhauses und den Kölner Madaus-Konzern blieb erfolglos. Ihre einzige Genugtuung bestand darin, daß die Münchener TV-Journalistin Sylvia Matthies den Fall aufgriff und ihn in einer brisanten Sendung für den WDR unter dem Titel »Gesucht wird ... ein übler Versicherungstrick« ans Licht der Öffentlichkeit brachte.
Übel spielten Deutschlands private Krankenversicherer in den letzten beiden Jahren vielen älteren Versicherten auch dann mit, wenn diese gesund blieben und das Krankenhaus nur von außen sahen. Mit brutalen Beitragserhöhungen erschreckten zahlreiche Gesellschaften wie die Vereinte Krankenversicherungs AG aus München oder die Hallesche Nationale aus Stuttgart die bei ihnen versicherten Senioren. Bei einem 70jährigen, der seit über 40 Jahren Beiträge gezahlt hatte, erhöhte die Vereinte von heute auf morgen die monatliche Prämie um 41 Prozent. Eine 80jährige Frau mußte bei der Halleschen Nationalen ab April 1993 plötzlich 807 statt vorher 659 Mark Beitrag bezahlen, obwohl sie seit 55 Jahren bei dieser Gesellschaft versichert ist. Radikal kürzten die Gesellschaften den Treuebonus für langjährige Mitgliedschaft auf magere 16 bis 20 Prozent zusammen. »Es ist viel faul in der privaten Krankenversicherung«, erboste sich Versicherungsspezialist Horst Schmitz im Wirtschaftsmagazin *Capital.*
Nicht nur da! Das gesamte Versicherungswesen krankt offenbar an der hemmungslosen Ausbeutermentalität der Assekuranzmanager. Sie sind Teil des »Kartells der Kassierer« und haben offenbar nichts anderes im Sinn als eine möglichst schnelle Bereicherung ihrer Gesellschaften. Daß sie dies in den letzten Jahren mit so bemerkenswertem

Erfolg erreichen konnten, spricht für die desolaten Zustände im gesamten Finanzbereich.
Wenn die staatliche Aufsicht versagt und beinahe rechtsfreie Räume entstehen, in denen milliardenschwere Konzerne mit den rüdesten Methoden nach Gutdünken operieren können, dann bleibt dem einzelnen Bürger nur noch die Selbsthilfe. Niemand braucht sich dann mehr zu wundern, wenn der Versicherungsbetrug zum Volkssport avanciert, wenn sich immer neue Solidargemeinschaften zum Schutz der Versicherten bilden, wenn die Gerichte überlastet sind mit Schadenersatzprozessen, und wenn sich eine Popmusikgruppe spöttisch »Erste Allgemeine Verunsicherung« nennt.

Gespart wird jetzt an der falschen Stelle

Überhöht wie die Vertriebskosten sind bei vielen Gesellschaften aber auch die Aufwendungen für ihre eigene Verwaltung. Verschwendungssucht und Mißmanagement trieben den Kostenanteil bei einigen Unternehmen weit über die vom Bundesaufsichtsamt genehmigte Siebenprozentmarke hinauf. Schamhaft versuchen die Konzernmanager zwar, die wahre Höhe ihrer Ausgaben zu verschleiern, doch ein Branchenexperte, der Hamburger Journalist Manfred Poweleit, Herausgeber des *MAP-Report,* entschlüsselte die Versicherungsbilanzen immerhin so weit, daß er die Rangliste der sparsamsten Gesellschaften aufstellen konnte.
Demnach wirtschaften besonders effizient die Bayern Versicherung, die Debeka und die Allianz Leben. Überdurchschnittlich teuer ist das Management der Nürnberger Leben, der Alten Leipziger und der Victoria. Den Vogel allerdings schossen die Bosse der Citi Versicherung ab, die mehr als zwölf Prozent ihrer Prämieneinnahmen für sich selbst und die Verwaltung ihres Unternehmens verpulverten.
Kronzeuge Reinhard Schmidt-Tobler bestätigt, wie derart hohe »Verwaltungsaufwendungen« entstehen können: »Wir waren mit der DBV in Kopenhagen, mit der LV von 1861 in Budapest, mit der Münchner Leben in Paris, mit der Winterthur in Montpellier (natürlich Fußball-

Länderspiel), mit der Vita auf Kreuzfahrt auf Rhodos und mehrmals am Oktoberfest. Die Berlinische lud nach Bali ein, die Ideal will im Frühjahr nach Hongkong, und die Condor Versicherung reist mit ihrem elitären Condor Club sowieso mehr oder weniger rund um die Welt.«

Kein Wunder, daß jetzt gespart werden muß. Und natürlich sparen die Manager am liebsten dort, wo es ihnen selbst nicht weh tut, also bei den Versicherten. Mit Blick auf die gesunkenen Renditen am Kapitalmarkt kündigte die Allianz Leben für 1994 die Kürzung der Gewinnbeteiligung an, und andere Gesellschaften wie die Volksfürsorge folgten dem Beispiel des Branchenführers. Daß diese Kürzungen nicht gerechtfertigt sind, hält *MAP-Report*-Herausgeber Manfred Poweleit für erwiesen: »Als die bisherige Gewinnbeteiligung versprochen wurde, gab es noch niedrigere Zinsen als heute.«

Überdies erzielten festverzinsliche Wertpapiere im Jahr 1993 beträchtliche Kursgewinne, und auch die Notierungen der Aktien legten kräftig zu, so daß die Kassen der Versicherer eigentlich überquellen müßten. Wohl nicht zu Unrecht vermutet Poweleit, daß die Konzerne einen größeren Teil der Überschüsse dazu verwenden, ihr Eigenkapital aufzustocken. In der bereits erwähnten EU-Richtlinie verlangt die Brüsseler Kommission nämlich von den Lebensversicherern höhere Eigenkapitalquoten. »Damit«, juxt Branchenexperte Poweleit, »ist die Lebensversicherung die einzige Branche, in der die Kunden das Eigenkapital stellen müssen.«

Damit verschlechtert sich das Gesamtergebnis einer Kapitallebensversicherung wieder einmal erheblich. Wer jetzt zum Beispiel eine solche Police bei der Allianz abschließt, bekommt nach 30 Jahren etwa sieben Prozent weniger ausbezahlt, als wenn er den Vertrag noch 1993 unterschrieben hätte.

»Die Rückzahlung der Beiträge lehnen wir ab«

Wer eine Lebensversicherung zur Finanzierung eines Immobilienprojekts abschließt, muß heutzutage mit Ungemach rechnen. Zwar verleihen die im Geld schwimmenden Versicherer Darlehen meist günstiger als Banken und Sparkassen, doch nicht immer laufen solche Darlehensgeschäfte für den Kunden vorteilhaft ab.

Manchmal nämlich schalten sich allerlei Finanzierungsfirmen ein, die dem Interessenten für eine Immobilie konkurrenzlos niedrige Zinsen verheißen und von ihm im Gegenzug die Unterschrift unter Lebensversicherungspolicen verlangen, die zur Absicherung des Darlehens dienen sollen. Dabei muß der Kunde seine Ansprüche aus der Lebensversicherung an eine zwischengeschaltete Gesellschaft abtreten, die sich somit den Zugriff auf die Rückkaufswerte der Versicherungen sichert.

Nicht selten haben es die beteiligten Finanzierungsfirmen nur darauf abgesehen, bei dem Deal tüchtig abzukassieren. Vor allem sind sie an den hohen Provisionsvorschüssen interessiert, die sie durch die Vermittlung der Lebensversicherungsverträge sofort ausbezahlt bekommen. Den Kunden täuschen sie niedrigere Beiträge vor, als tatsächlich anfallen; deshalb werden die ersten Prämienzahlungen auch von ihnen subventioniert. Wenn der Kunde später, nachdem er die Wahrheit über die volle Höhe seiner Prämien erfahren hat, die Versicherung kündigt, verliert er auf jeden Fall die bis dahin eingezahlten Beiträge.

So erging es zum Beispiel Christa Hart aus Germering bei München. Über eine Zeitungsanzeige lernte sie die Firma ZBF Zentrale Baufinanzvermittlungs GmbH und ihren Geschäftsführer Jürgen Rudolph-Dengel kennen, der ihr ein konkurrenzlos günstiges Baudarlehen versprach. Zusammen mit einer Frau Hofstetter von der Firma ELP Leasingpartner GmbH in Eching am Ammersee vermittelte er Frau Hart die Lebensversicherungsverträge beim Deutschen Ring.

Tatsächlich wurde das Darlehen von der Versicherung an die ZBF und von dort aufs Konto der Kundin überwiesen. Frau Hart mußte dann ihre monatlichen Zins- und Tilgungsraten an die ZBF zahlen, die daraus wiederum die Prämien für die Lebensversicherung beglich.

Nach einer Weile freilich stellte die ZBF die Zahlungen ein, und der Deutsche Ring schrieb am 5. Mai 1993 an Christa Hart: »Die Rückzahlung der bei uns eingezahlten Gelder lehnen wir ab. Denn uns ist durch das Verhalten des Herrn Rudolph-Dengel und der Frau Hofstetter ein hoher Schaden entstanden, da die ZBF finanziell außerstande ist, die an sie gezahlten Provisionsvorschüsse für die vermittelten, jedoch nach Einstellung der Beitragszahlung stornierten Lebensversicherungsverträge zurückzuzahlen. Da Sie durch die Unterzeichnung des Versicherungsantrags die Vorschußzahlung an die ZBF mit verursachten, sind Sie für den jetzt eingetretenen Schaden in Höhe des auf Ihre Versicherung geleisteten Vorschusses mitverantwortlich. Die Geltendmachung weiteren Schadens behalten wir uns ausdrücklich vor.«

So übel also kann es Bauherren oder den Käufern einer Eigentumswohnung gehen, wenn sie sich bei der Finanzierung von den scheinbar so günstigen Konditionen der Lebensversicherungen blenden lassen und den Werbesprüchen dubioser Finanzvermittler vertrauen.

Wie die miserablen Rückkaufwerte zustande kommen

Wie dürftig der Ertrag einer Lebensversicherung sein kann, erfährt der Versicherte vor allem dann, wenn er den Vertrag vorzeitig kündigt. Denn bei den meisten Tarifen beginnt die sogenannte Ansparphase erst lange nach Vertragsabschluß. Monate- oder gar jahrelang zahlt der Versicherte Prämien, die in den Taschen des Vertreters und der Versicherungsgesellschaft landen. Dadurch liegen die sogenannten Rückkaufwerte der Policen auch noch nach vielen Jahren weit unter dem, was der Versicherte in dieser Zeit tatsächlich einbezahlt hat.

Welche Verluste hier anfallen können, zeigt das Beispiel eines Apothekers, der 1985 eine Kapitallebensversicherung abschloß, die ihn pro Jahr 11 120 Mark an Prämienzahlungen kostete. Nach fünf Jahren – er hatte also bereits 55 600 Mark eingezahlt – beschloß er, nach Japan auszuwandern, und kündigte deshalb den Vertrag. Statt der eingezahlten Summe überwies ihm die Versicherungsgesellschaft den lächerlichen Rückkaufswert von 1 264 Mark und sechs Pfennigen.

Nur wenig besser erging es einem Versicherungsnehmer namens Bodo H., der in dreieinhalb Jahren 23 340 Mark in seine Lebensversicherung einbezahlt hatte, die über insgesamt 36 Jahre laufen sollte. Ausbezahlt bekam er nach der vorzeitigen Kündigung nur 5 678 Mark. Auf seine Klage hin beschieden ihm die Richter am Oberlandesgericht Düsseldorf, dieser Betrag sei »angemessen«.

Mittlerweile mußten die Versicherer zwar ihre »kriminelle Rückkaufswertregelung« (Hans Dieter Meyer) zugunsten der Versicherten verbessern und auch solche Tarife anbieten, bei denen schon Teile der ersten Prämienzahlungen zum Ansparen eines Kapitalstocks verwendet werden, doch noch immer dürfen die Versicherungsvertreter ihren neugeworbenen Kunden verschweigen, daß sie bei vorzeitiger Kündigung in jedem Fall viel Geld verlieren.

Nach einer brancheninternen Faustregel erstattet die Lebensversicherung bei einer Kündigung nach fünf Jahren lediglich etwa zwei Drittel der kassierten Prämien. Erst nach zehn Jahren hat der Kunde die Aussichten, wenigstens sein eingezahltes Kapital zurückzubekommen; die Zinsen darauf allerdings verbleiben auch dann noch bei der Versicherung.

Experten raten deshalb einem Versicherten, der seine Beiträge nicht mehr in voller Höhe bezahlen kann, statt vorzeitiger Kündigung

- die Laufzeit zu verlängern: Bei derselben Versicherungssumme verringert sich somit automatisch die monatliche Prämienzahlung;
- um Stundung zu bitten: Bis zu einem Jahr verzichten die meisten Gesellschaften bei langlaufenden Lebensversicherungen auf die Beiträge, wenn der Kunde sich bereit erklärt, die gestundeten Beiträge plus Zinsen nachzuzahlen;
- die Summe herabzusetzen: Verringert sich die Versicherungssumme bei selber Laufzeit, sinken logischerweise die monatlichen Beiträge, dafür bekommt der Kunde am Ende aber auch weniger Geld ausbezahlt;
- ein Darlehen zu beantragen: Wenn der Vertrag nur noch wenige Jahre läuft, kann es sich lohnen, die restliche Zeit mit einem Policendarlehen zu überbrücken. Der Kunde beantragt bei der Versi-

cherung einen Kredit und finanziert damit die noch ausstehenden Prämien. Als Sicherheit dient ihm seine Police.

Nicht nur die Lebensversicherung ist für viele Kunden der Assekuranzkonzerne ein schlechtes Geschäft, auch bei der Sachversicherung kassieren die Konzerne meist über Gebühr ab. Nur selten gelingt es freilich, die Versicherungsgesellschaften des Wuchers zu überführen, da sie ihre Kalkulationsgrundlagen wie Staatsgeheimnisse behandeln. Immerhin wurde bekannt, daß zum Beispiel die Allianz im Jahr 1983 für die Verwaltung ihrer Unfallversicherungssparte rund 130 Millionen Mark ausgab, während ihre Leistungen an Unfallopfer im selben Jahr nur 110 Millionen Mark ausmachten. Das heißt: Der Versicherungsbetrieb war beachtlich teurer als der gesamte zu regulierende Schaden.
Tatsächlich geben fast alle Unfallversicherer nur einen Bruchteil der Einnahmen aus Prämien zur Regulierung der Schäden aus. Im Schnitt sind es bei der Haftpflichtversicherung von jeder Prämienmark nur 63 Pfennige, bei der Unfallversicherung gar nur 37 Pfennige. Möglicherweise wird hier der verschärfte Wettbewerb durch ausländische Anbieter ab 1. Juli 1994 die Verhältnisse etwas zugunsten der Versicherten verbessern.

Das Ärgernis der Zehn-Jahres-Verträge

Das größte Ärgernis aber sind nach wie vor die zu langen Laufzeiten der üblichen Sachversicherungsverträge. 90 Prozent aller Hausrat-, Haftpflicht- und Unfallversicherungen laufen nämlich in Deutschland über mehr als zehn Jahre. Obwohl immer mehr Gerichte diese unkündbaren »Dauerbrenner« für illegal erklären, halten die Gesellschaften mit größter Hartnäckigkeit daran fest. Der Grund ist klar: Die Endlosverträge hindern die Kunden, zur preiswerteren Konkurrenz überzulaufen. Und: Sie spielen im Laufe der Jahre satte Gewinne ein. 25 deutsche Gerichte, darunter drei Oberlandesgerichte, erklärten zumindest die vor 1991 abgeschlossenen Zehn-Jahres-Verträge für

ungültig, weil in jenen Policen die Laufzeit nur im Kleingedruckten angegeben war.
Unzählige Versicherungskunden, die aus ihren Zehn-Jahres-Verträgen aussteigen wollen, warten jetzt auf ein Grundsatzurteil des Bundesgerichtshofs. Zwar wollte die Bundesregierung dem Richterspruch mit einem verbraucherfreundlichen Gesetzentwurf zuvorkommen, der den Versicherten das Recht einräumte, einen solchen Zehn-Jahres-Vertrag schon nach drei Jahren zu kündigen, doch auch da hatte Justizministerin Sabine Leutheusser-Schnarrenberger die Rechnung ohne den Wirt gemacht. Offensichtlich unter dem Druck ihrer eigenen Parteifreunde akzeptierte sie, daß der im September 1993 fertiggestellte Entwurf das Kündigungsrecht bei langlaufenden Versicherungsverträgen weiterhin nur in Ausnahmefällen zuläßt. Klarer Punktsieg also für die Versicherungslobby.
Gewitzte Kunden freilich schaffen es auch ohne Rückendeckung aus Bonn, langlaufende Verträge vorzeitig aufzulösen. Wer sich zum Beispiel von einem Vertreter überreden läßt, einen Versicherungsantrag zu unterschreiben, darf dieses Papier innerhalb von zehn Tagen nach Unterschrift widerrufen. Kunden, die diese Frist versäumen, haben des weiteren die Möglichkeit, nach jeder Schadenszahlung (und sei sie noch so klein) innerhalb eines Monats zu kündigen, entweder mit sofortiger Wirkung oder zum Ablauf der bezahlten Versicherungsperiode. Bürger aus den neuen Bundesländern dürfen sogar alle Verträge, die sie bis Ende 1992 abgeschlossen haben, jährlich zu dem Monat kündigen, an dem der Vertrag zu laufen begann.

Rausschmisse für Porschefahrer und Ausländer

Nicht nur das erschwerte Kündigungsrecht der Versicherten sorgt für Ärger. Vor allem in der Kfz-Haftpflicht- und -Kaskoversicherung häufen sich die Fälle, in denen Versicherungsgesellschaften von sich aus unliebsamen Kunden den Stuhl vor die Tür setzen. Unliebsam ist in den Augen der Kfz-Versicherer jeder Kunde, der zu einer Gruppe zählt, die als hohes Schadensrisiko eingestuft ist. Dazu zählen zum

Beispiel die Besitzer von Luxuswagen, die das besondere Interesse der Autodiebe finden. Ebenso Rallyefahrer, Ausländer und die Bewohner besonders unfallträchtiger Gegenden.
1993 zum Beispiel weigerten sich zahlreiche Gesellschaften, für neugekaufte oder geleaste Sportwagen von Porsche Vollkaskoversicherungen abzuschließen, und auch mancher BMW-, Mercedes- und Jaguarfahrer hatte Mühe, eine passende Versicherung zu finden. Besonders hart traf die »Kampagne der Versicherer zur Risikominimierung« (so ein Münchner Allianz-Vertreter) die ausländischen Mitbürger. So kündigte zum Beispiel die Victoria Versicherung in Fürstenfeldbruck dem aus Kroatien stammenden Kunden Nicola Krivosic aus der Münchner Ehrenbreitsteinerstraße am 20. September 1993 abrupt und ohne Angabe von Gründen seine seit April 1969 bestehende Haftpflichtversicherung: »Den Versicherungsvertrag möchten wir nicht mehr fortsetzen. Wir erlauben uns deshalb, ihn gemäß § 4, Ziff. 1a der ›Allgemeinen Bedingungen für die Kraftfahrtversicherung (AKB)‹ zum Ablauf, dem 1.1.1994, 0 Uhr zu kündigen. Der zuständigen Zulassungsstelle für Kraftfahrzeuge müssen wir gemäß gesetzlicher Vorschrift die Aufhebung der Kraftfahrzeughaftpflichtversicherung anzeigen.«
Wenn es um ihre eigenen Interessen geht, kennen die Konzerne also keinen Pardon. Die Interessen ihrer Kunden indes sind ihnen ziemlich egal, wie die rapide anwachsende Welle von Beschwerden beim Aufsichtsamt für das Versicherungswesen beweist.
Die langlaufenden Versicherungsverträge, die nach einem Gutachten des Hamburger Instituts für Finanzdienstleistungen (IFF) gegen die Vorschriften des europäischen Wettbewerbsrechts verstoßen, sind auch, neben den Überrumplungstaktiken der LV-Vertreter, der häufigste Beschwerdegrund der Versicherten. Über 32000 solcher Beschwerden gingen 1992 beim Bundesaufsichtsamt für das Versicherungswesen ein – eine blamable Quittung für eine Branche, die nicht müde wird, in ständig wiederholten Werbespots und Anzeigen ihre Seriosität und Solidität zu betonen.
Nur wenige Gesellschaften sind überhaupt bereit, über die Ärgernisse ihrer Kunden zu reden. So die besonders stark betroffene Iduna-No-

va-Gruppe, über die sich 1992 fast 950 Kunden beim Bundesaufsichtsamt beschwerten, nach nur 350 im Jahr zuvor. Die meisten Versicherten beklagten sich über die rüden Methoden der Strukis aus der OVB-Truppe des Otto Wittschier, die der Iduna fast 20 Prozent des Neugeschäfts bei Lebensversicherungen zutrieben.

Nur 45 wirklich unabhängige Vertreter

Abhilfe schaffen, da sind sich die Experten einig, könnten nur die Versicherer selbst, indem sie nämlich den Keilertruppen aus den Strukturvertrieben den Laufpaß geben und sich auf eigene Vertreter beschränkten, die sie schulen und disziplinieren müßten. Doch weil daran nicht zu denken ist – die Vorstände nahezu aller Gesellschaften haben bewiesen, daß ihnen ihre Umsatzziele stets wichtiger sind als die Zufriedenheit ihrer Klientel –, müssen die Versicherten selbst dafür sorgen, daß sie nicht übervorteilt werden.
Das könnte schon damit beginnen, daß sie weder Strukis noch die sogenannten Einfirmavertreter ins Haus lassen. Die einen kassieren in jedem Fall zuviel Provisionen, die anderen haben nur Produkte einer einzigen Gesellschaft im Köcher und müssen diese verkaufen, auch wenn sie im Branchenvergleich viel zu teuer sind. Einen Ausweg könnten wirklich unabhängige Berater bieten, doch von dieser Sorte gibt es bisher noch viel zuwenig. Im Riesenheer der rund 450000 Versicherungsvertreter ortete Rüdiger Falken, Gründer der Arbeitsgemeinschaft deutscher Versicherungsberater in Hamburg, gerade mal 45, die solchen Anforderungen genügen.
Ein wirklich freier Berater muß in der Lage sein, Konditionen und Leistungen der auf dem deutschen Markt angebotenen Versicherungen der verschiedensten Sparten miteinander zu vergleichen und dem Kunden eine auf seine Bedürfnisse und seine Leistungsfähigkeit zugeschnittene Kombination zusammenzustellen. Bewerten kann der Versicherungskunde freilich auch ein solches Angebot nicht, weil ihm dazu das Fachwissen fehlt. Er muß sich also auch hier auf die Integrität des Beraters verlassen.

Der Staat

13.

Die Geldeintreiber

Wer den Gebührenschneidern der Banken entkam, den Verlockungen der Absahner auf dem grauen Markt widerstand und den Strukis der Versicherer die Tür wies, darf sich gratulieren. Gewonnen hat er damit aber noch lange nicht. Das gierigste Mitglied im Kartell der Kassierer wird ihn auf jeden Fall erwischen: der Staat.

Gegen die Räuber in den Parlamenten und in der öffentlichen Verwaltung nehmen sich selbst die Herren der Allianz und der Deutschen Bank wie Zwerge aus. Mit einer Streitmacht von rund 120 000 bestens geschulten Finanzbeamten und jährlich etwa 250 neuen Gesetzen und Verordnungen ist der Fiskus ein Finanzpartner, an dem sich fast jeder Deutsche die Zähne ausbeißt.

Die geballte Macht von Bürokraten und Parlamentariern liftete die Staatsquote in den vergangenen Jahrzehnten von einst 30 auf fast 50 Prozent hoch. Das heißt: Von jeder in Deutschland verdienten Mark greift sich die öffentliche Hand 50 Pfennig. Zufrieden ist sie damit noch lange nicht, denn anstatt ernst zu machen mit den Sparbeschlüssen und der seit langem versprochenen »Deregulierung« des öffentlichen Dienstes, langen die Finanzminister von Bund und Ländern den Bürgern immer tiefer in die Taschen.

Das geschieht vor allem mit einer kaum noch zu überblickenden Flut neuer Gesetze und Verordnungen, die ein gemeinsames Ziel eint: die Umverteilung des Volkseinkommens aus den Taschen der Steuerzahler in jene der öffentlich-unrechtlichen Machthaber. Wenn es darum geht, den Bürger abzukassieren, schreckt die große Koalition der

Absahner vor keinem Etikettenschwindel zurück. Als Regierung und Opposition zum Beispiel den »Solidarpakt« verabschiedeten, taten sie so, als sei ihnen ein großer Kraftakt zugunsten der öffentlichen Kassen gelungen. In Wahrheit aber hatten sich Bund und Länder gegen die Steuerzahler verbündet, denen sie höhere Benzinpreise verordneten, die Zinserträge aus ihren Kapitalanlagen wegsteuerten, das Rauchen und das Trinken verteuerten.

In immer schnellerem Tempo steigen die Staatsausgaben – die öffentlichen Haushalte wuchsen 1993 fast dreimal so schnell wie geplant –, und was sich nicht durch erhöhte alte und neu erfundene Steuern hereinholen läßt, das besorgen sich die eifrigen Diener unseres Staates auf dem freien Kapitalmarkt. Beängstigend wächst darum nicht nur die Steuerlast, sondern auch der Schuldenberg von Bund, Ländern und Gemeinden. Statt geplanter 38 Milliarden mußte sich Bundesfinanzminister Theo Waigel rund 70 Milliarden pumpen, und auch das ist noch nicht die ganze Wahrheit. Einschließlich sämtlicher Nebenhaushalte nahm die Neuverschuldung des Bundes 1993 um fast 100 Milliarden zu.

»Chaos, Chaos, wohin man blickt«

Wenn es darum geht, den Bürger zu schröpfen, sind die Steuereintreiber des Staates kreativ wie sonst kaum. Aus den ursprünglich 90 Steuergesetzen machten sie durch immer neue Zusätze, durch eine Flut von Verwaltungsanordnungen und Einzelvorschriften einen Abgabedschungel, in dem sich nicht mal mehr die erfahrensten Steuerberater zurechtfinden. Neben den eigentlichen Gesetzen, die schon für sich oft unklar und widersprüchlich abgefaßt sind, hat der Steuerzahler über 20000 Verwaltungsanordnungen und mehr als 5000 bindende Urteile des Bundesfinanzhofs zu beachten. »Überkompliziert, undurchsichtig und oft ungerecht« ist nach Ansicht des Münchner Rechtsprofessors Klaus Vogel das deutsche Steuerrecht. Der Präsident der Steuerberaterkammer, Wilfried Dann, ortete gar ein »Chaos, Chaos, wohin man blickt«.

Das fiskalische Tohuwabohu, angerichtet von ausgabewütigen Parlamentariern, von machtbesessenen und perfektionistischen Beamten, macht die Steuererklärung zu einer fast unlösbaren Aufgabe. Wenn selbst Finanzbeamte öffentlich erklären, daß sie nicht mehr in der Lage seien, ihre Steuererklärung richtig abzugeben, dann hat sich der heilige deutsche Bürokratius endgültig selbst überholt.
Rund 54 600 hauptberufliche Steuerberater sind notwendig, damit der Geldeintreibungsmechanismus noch einigermaßen funktioniert, und wenn der Staat seine Steuerbürger nicht auch noch per Gesetz dazu verpflichtet hätte, bei ihrer Ausplünderung mitzuwirken, säße der Finanzminister längst vor leeren Kassen. Auf rund 30 Milliarden Mark schätzt zum Beispiel das Institut der Deutschen Wirtschaft den Wert der Hilfsarbeiten, die die Unternehmer und Freiberufler für den Fiskus leisten müssen.
»Kaum ein Tag vergeht, an dem nicht eine neue Steuer erfunden wird«, klagte *Der Spiegel* nach einem Blick in die Schubladen der Gesetzesmacher: »Wirtschaftsminister Günter Rexrodt will eine Deponiesteuer einführen, Umweltminister Klaus Töpfer träumt von einer Energiesteuer, die EG bastelt an einer Klimaschutzsteuer, Niedersachsen plant den Windpfennig, Schleswig-Holstein will sich mit einem Wasserpfennig zusätzliche Millionen in die Landeskasse spülen. Sachsen-Premier Kurt Biedenkopf hätte am liebsten eine eigene Kultursteuer.«
Da Bund und Länder den Löwenanteil der direkt erhobenen Steuern unter sich aufteilen, versuchen die Kommunen ihre Kassen mit drastisch erhöhten Gebühren und immer neuen indirekten Steuern aufzubessern. Fast überall klettern die Preise für die Müllabfuhr und die Abwasserbeseitigung, die Straßenreinigung und den öffentlichen Nahverkehr, für Museen, Tierparks und Vergnügungstempel. Gleichzeitig aber kürzen Bonns Geldbeschaffer die Sozialhilfe und das Arbeitslosengeld, kappen Zuschüsse und Vergünstigungen für Sparer und Bauherren, und schließlich wollen sie Deutschlands Autofahrer zusätzlich zur Kfz- und Mineralölsteuer auch noch mit einer Autobahnvignette abkassieren.

Mit List gegen das flüchtige Kapital

Listig und vorsichtig wie bei kaum einer anderen Steuerart gehen die staatlichen Geldsauger gegen Deutschlands Sparer und Anleger vor. Denn sie wissen nur zu genau, welch flüchtige Materie das Kapital ist. Viel leichter und schneller gleitet es ihnen durch die Finger als sein Eigentümer, der Kapitalist. Den vermögen die Häscher vom Finanzamt immer und überall dingfest zu machen, sofern er den Hoheitsbereich der Bundesregierung nicht endgültig verläßt.

Sein kostbarstes Gut hingegen, das mußte Theo Waigel schmerzlich erfahren, flutscht durch tausenderlei Kapillaren geschwinder nach Luxemburg und Liechtenstein als eine Gesetzesvorlage durch die Rohrpostanlage im Bundesfinanzministerium. Um also des scheuen Kapitals habhaft zu werden, versuchen es die Geldbeschaffer des Staates seit Jahren immer auf die gleiche Tour: Sie lassen dem Bürger ein paar Schlupflöcher offen, um dann, wenn sich dort genügend Milliarden angesammelt haben, blitzschnell die Falle zuschnappen zu lassen. So lockten sie erst die nach steuerbegünstigten Anlagen lechzenden Investoren in den privaten Wohnungsbau, indem sie großzügige Abschreibungsmöglichkeiten offerierten. Flugs konstruierten daraus gewitzte Anbieter die sogenannten Bauherrenmodelle mit Verlustzuweisen, die oft die Höhe des eingesetzten Eigenkapitals überstiegen. Zehntausende sogenannter Besserverdiener ließen sich ködern und investierten Milliarden in dieses Geschäft, weil sie annahmen, daß sie auf diese Weise mit ersparten Steuern dauerhaftes Eigentum bilden könnten.

Doch auf der Höhe des Bauherrenbooms zog der Finanzminister die Schlinge zu und schränkte die Abschreibungsmöglichkeiten so weit ein, daß sich derlei Konstruktionen nicht mehr lohnten. Zahllose Steuerbescheide wurden annulliert, Millionen Mark an Nachzahlungen waren fällig. Reihenweise kamen Wohnungen, Häuser, ganze Wohnblocks unter den Hammer, und nicht wenige der düpierten Bauherren mußten Konkurs anmelden.

Kaum besser dürfte es jetzt jenen Anlegern gehen, die den Versprechungen der Banken glaubten und ihre Ersparnisse in allerlei exoti-

sche Wertpapiere wie Zerobonds, Kombizinsanleihen, Capped Warrants, Grois oder Saros investierten. Alle diese Finanzinstrumente waren von den findigen Köpfen der Geldhäuser entwickelt worden mit dem Ziel, steuerpflichtige Zinseinnahmen in freie Kursgewinne zu verwandeln. Elegant, so meinten die Bankkunden, ließ sich auf diese Weise die 1993 eingeführte Zinsabschlagssteuer umgehen.
Sie hatten freilich die Rechnung ohne Theo Waigel gemacht, denn inzwischen erging aus dem Bonner Finanzministerium Order an sämtliche Finanzämter des Landes, Erträge solcher Papiere ebenso rigide zu besteuern wie jeden Sparbrief. Und wenn sich der Zinsertrag nicht genau ermitteln lasse, forderte der Erlaß, sollte er einfach fiktiv festgelegt werden. Wieder wurden Milliarden Mark fehlinvestiert, an denen ausschließlich die Banken und Sparkassen verdienten, nicht aber die Geldanleger.
Zerstoben sind auch die Hoffnungen vieler tausend Anleger, die dem Rat ihrer Bankberater folgten und Anteile an Rentenfonds stets vor der fälligen Ausschüttung verkauften, weil sie annahmen, daß sich so die steuerpflichtigen Ausschüttungen in steuerfreie Kursgewinne verwandeln ließen. Inzwischen ist klar, daß der Trick nicht funktioniert, denn die Finanzämter unterwerfen auch die Kursgewinne der Steuer.
Auf ähnliche Weise dürfte auch die Massenflucht des schwarzen Geldes in die europäischen Anrainerstaaten enden. Wieder machen sich hier die Banken zu geheimen Komplizen des Staates, indem sie bei ihren Kunden die Illusion vom steuerfreien Zinsvermögen nähren und ihnen bei der Flucht über die Staatsgrenzen hinweg tatkräftige Hilfe zuteil werden lassen. Obwohl jeder Banklehrling wissen müßte, daß die Freude der deutschen Geldanleger über ihre versteckten Auslandskonten nur von kurzer Dauer sein wird: Vermutlich schon ab 1995 wird Luxemburg eine Quellensteuer nach deutschem Vorbild einführen, das um einen EU-Anschluß bemühte Österreich soll spätestens 1996 folgen. Auch die Schweiz und Liechtenstein werden sich dem Druck der vereinten europäischen Finanzminister beugen müssen. Aus ist es dann mit den Geldverstecken auf anonymen oder Nummernkonten, ebenso mit den steuerfreien Erträgen der Luxemburger Investmentfonds.

Attacke auf die Grundbesitzer

Und schon steht die nächste Attacke der Bonner Geldbeschaffer bevor. Sie zielt auf ihre bisher verwöhnteste Klientel, die Eigentümer von Grund und Boden. Geschont wurden die Immobilienbesitzer wohl aus dem gleichen Grund wie die Zeichner von Schiffsbeteiligungen, Bauherrenmodellen und Nullcouponanleihen: Sie sollten erst mal kräftig investieren und bauen, was das Zeug hielt, ehe man ihnen die Daumenschrauben zudreht.

Als einziges Handelsgut unterlagen Häuser und Wohnungen nicht der Mehrwertsteuer, mußten Immobilieneigentümer den bei einem Verkauf erzielten Gewinn nicht versteuern (sofern sie mindestens zwei Jahre lang Eigentümer gewesen waren), durften Häuser und Wohnungen Jahr für Jahr steuermindernd abgeschrieben werden, obwohl ihr Wert in Wahrheit laufend zunahm.

Das größte Steuerbonbon aber schenkte der Staat den Haus- und Grundbesitzern, indem er die Immobilien zu einem völlig irrealen, weil viel zu niedrigen »Einheitswert« zur Vermögens-, Erbschafts- und Schenkungssteuer veranlagte. Wer also Vermögen auf seine Kinder, Enkel oder andere Personen übertragen wollte, tat gut daran, Wertpapierbestände zu versilbern und den Erlös in Immobilien zu investieren. Nach dem steuermilden Besitzwechsel konnten die Gebäude ja wieder verhökert werden.

Das Bonbon entpuppt sich nun als Giftpille, denn in der Schublade von Theo Waigels Finanzstaatssekretär Franz-Christoph Zeitler liegt fix und fertig ein Entwurf, der die drastische Anhebung der Einheitswerte vorsieht. Jeder Besitzer einer Eigentumswohnung, eines Einfamilien- oder Mietshauses wird also demnächst – wahrscheinlich aber erst nach Ablauf des Wahljahres 1994 – nachdrücklich zur Kasse gebeten.

Wie schon bei der Zinsabschlagssteuer wollen die Bonner Politiker den Schwarzen Peter der Justiz zuschieben. Damit die Wähler nicht etwa auf die Idee kommen, den Bonner Beutelschneidern mit dem Stimmzettel eins auf die Mütze zu geben, wollen Theo Waigels Ministerialen den Spruch des Bundesverfassungsgerichts abwarten, das

sich voraussichtlich im Winter mit der Frage beschäftigen wird, ob sich die niedrigen Einheitswerte für Immobilien mit dem Grundgesetz vereinbaren lassen.
Wenn es nach dem Willen der an hohen Staatseinnahmen interessierten Politiker geht, werden die Karlsruher Richter die Unvereinbarkeit bestätigen. Deshalb haben die Gesetzesmacher im Finanzressort schon mal vorgesorgt. Steigt der Einheitswert, wie von Pessimisten vermutet, auf das Fünffache des heutigen Niveaus an, dann werden zum Beispiel für ein Einfamilienhaus im Verkehrswert von einer Million Mark statt bisher rund 10000 künftig rund etwa 60000 Mark an Erbschafts- oder Schenkungssteuer anfallen.
Ebenso brutal wie bei den in Steuerfallen gelockten Anlegern greift der Fiskus sogar noch den bereits geschädigten Opfern von Finanzbetrügern in die Tasche. So müssen viele der rund 55000 betrogenen Kunden der Pleitefirmen VBS und Ambros S. A. damit rechnen, daß sie demnächst noch mal abkassiert werden. Der Fiskus will nämlich die fiktiven Gewinne aus den Spekulationsgeschäften der Ambros S. A. besteuern. Diese Gewinne wurden zwar den Anlegern auf dem Papier gutgeschrieben, in den meisten Fällen aber gar nicht ausbezahlt. Andere hatten Glück und bekamen Teilbeträge aufs Konto überwiesen. Das Geld dazu aber stammte nicht aus erwirtschafteten Gewinnen, sondern aus den Einzahlungen neuer Ambros-Kunden. Im Fall eines Kunden, der 20000 Mark bei Ambros investiert und auf dem Papier 80000 Mark Gewinn gemacht hatte, entschied das Finanzgericht Münster zugunsten des Fiskus: der Geschädigte muß den fiktiven Gewinn versteuern, obwohl seine gesamte Einlage verloren ist. »Viele unserer Mandanten werden durch diese Entscheidung in den endgültigen Ruin getrieben«, sorgt sich der Münchner Anwalt Gerhard Kleiner, der zusammen mit seinem Freiburger Kollegen Horst Gill rund 600 Ambros-Geschädigte vertritt.

Die armen Millionäre

Wenn dem Gesetzeswirrwarr, in dem der Kölner Staatsrechtler Karl-Heinrich Frieauf nur ein »chaotisches Konglomerat von Einzelregelungen« zu erkennen vermag, überhaupt ein politischer Gestaltungswille zugrunde liegt, dann doch wohl der, daß der Bürger auf keinen Fall erreichen soll, was er eigentlich will: von seinem Einkommen so viel zu sparen, daß er eines Tages davon leben kann und nicht mehr auf Arbeit angewiesen ist.

Deshalb zählen private Vorsorgeaufwendungen nicht zu den absetzbaren Ausgaben, werden Zinserträge weggesteuert und Vermögen jeder Art mit der staatlichen Steuerschere gekappt, auch wenn sie aus bereits versteuertem Einkommen gebildet wurden. Selbst ein Vermögen von einer Million Mark, einst das Traumziel der meisten Sparer, reicht wegen des fiskalischen Zugriffs und der durch die unsolide Schuldenpolitik des Staates entstandenen Inflation schon lange nicht mehr für ein sorgenfreies Leben.

Dazu ein paar Zahlen: Im Frühjahr 1994 bringt die Million, in langlaufende Staatsanleihen investiert, gerade mal 5,5 Prozent Zinsen. Das sind 55 000 Mark im Jahr. Ist der Millionär ledig, kann er darauf 6 000 Mark Freibeträge geltend machen, und wenn er dann noch Sonderausgaben und sonstige Vergünstigungen abzieht, verringert sich sein zu versteuerndes »Einkommen aus Kapitalerträgen« auf vielleicht 40 000 bis 45 000 Mark. Darauf werden erst mal rund 10 000 Mark Einkommensteuer fällig. So bleiben ihm von den 55 000 Mark tatsächlicher Einnahmen allenfalls 45 000 Mark übrig.

Nun muß er aber auch noch Vermögenssteuer zahlen, und zwar, nachdem er wieder sämtliche Freibeträge nutzt, auf 920 000 Mark. Macht bei einem Satz von zehn Prozent exakt 9200 Mark, die er erneut ans Finanzamt überweisen muß. Sein Zinseinkommen reduziert sich also nochmals auf 35 800 Mark. Macht eine Nettozinsrendite auf das eingesetzte Kapital von 3,58 Prozent. Mindestens so hoch aber ist auch die Geldentwertungsrate, so daß ihm unterm Strich nicht eine müde Mark übrigbleibt. Er hat also in Wahrheit von der gesamten Million keinen Pfennig Ertrag.

Nun mag man die armen Millionäre bedauern oder nicht – auch der arbeitende Mensch wird von den Folterknechten der Finanzverwaltung so in die Zange genommen, daß ihm trotz hoher Bruttoeinkünfte am Ende kaum genug zum Leben bleibt. Rainer Stephan zum Beispiel, ein gutverdienender Redakteur des *SZ-Magazins* aus München, machte in seinem Blatt die Haushaltsrechnung auf und wies nach, daß selbst sein 8500-Mark-Gehalt nicht für die Ausgaben des täglichen Lebens ausreicht.
Obwohl er mit seiner vierköpfigen Familie eine vergleichsweise günstige Wohnung außerhalb der Stadt gemietet hat und seine Frau sich nebenbei noch ein paar 100 Mark dazuverdient, mußte er sich mit rund 30000 Mark verschulden, um nur die notwendigsten Anschaffungen finanzieren zu können.
Wurden noch vor 20 Jahren nur die Besserverdiener aus dem oberen Drittel der Lohn- und Gehaltspyramide von der Steuerprogression erfaßt, so muß heutzutage schon der Normalverdiener Steuersätze von 30 Prozent und mehr verkraften. Einschließlich der ebenfalls horrend gestiegenen Beiträge an die Sozialversicherung bleibt der Mehrzahl der Lohn- und Gehaltsempfänger in den alten Bundesländern kaum mehr als die Hälfte ihrer Bruttobezüge netto übrig. Und das reicht, bei der Höhe der Mieten und den gesalzenen Preisen für fast alle Güter des täglichen Lebens, oft gerade so zum Überleben.

Das Privatleben wird ausgeschnüffelt

Pingelig wie nie zuvor prüfen die Beamten des Fiskus heutzutage auch den sogenannten »kleinen Steuerfall«. Wegen der leeren Staatskassen sind die – keineswegs beneidenswerten – Sachbearbeiter in den Finanzämtern von ihren vorgesetzten Behörden angewiesen worden, tief ins Privatleben der Steuerzahler hineinzuschnüffeln.
Kaum aus purer Bosheit, sondern weil der Dienstherr es so will, müssen die an der wirren Rechtslage oft verzweifelnden Staatsdiener zum Beispiel prüfen, ob die Entfernung zwischen Wohnort und Arbeitsplatz in der Steuererklärung richtig angegeben ist, ob das Arbeits-

zimmer wirklich nur der Arbeit diente, zu welchem Anteil der PC privat genutzt wurde und ob es sich bei der angegebenen »Fachliteratur« nicht etwa um einen Roman handelte.
Der beim Bayerischen Rundfunk beschäftigten Fernsehansagerin Petra Schürmann strich das Finanzamt Starnberg die Ausgaben für Kostüme und Kosmetika auf der Liste ihrer Werbungskosten, weil die Beamten darin nicht nur berufsbedingte Anschaffungen, sondern »ein menschliches Grundbedürfnis« nach repräsentativer Kleidung witterten. »Unerträglich« findet Susanne Tiemann vom Bund der Steuerzahler die tägliche Schnüffelpraxis in den Finanzämtern.
Geht es bei Arbeitnehmern, Freiberuflern und kleinen Gewerbetreibenden meist nur um Petitessen, bei denen der erforderliche Kontrollaufwand nicht selten den Steuereffekt übersteigt, so gibt sich der Fiskus am anderen Ende der Sozialskala oft unerwartet generös. Wenn mächtige Interessen aus Industrie und Handel über ihre höchst effizienten »Verbindungsbüros« in Bonn oder Brüssel an der Gestaltung der Steuergesetze mitwirken, zeigt sich das Ergebnis häufig in Form verblüffend großer Schlupflöcher, durch die dem Fiskus Milliardenbeträge entgleiten.
Auffällig ist zum Beispiel der relative Rückgang der Körperschaftssteuer. Obwohl die deutsche Wirtschaft bis 1992 einen Boom ohnegleichen erlebte, stagnieren die Einnahmen aus dieser Steuerart seit 1985. Dadurch sank der Anteil der Firmensteuer am gesamten Steueraufkommen von rund 7,3 Prozent Mitte der achtziger Jahre auf gut vier Prozent 1992. Als Ursache vermuten die Experten zum einen die forcierten Auslandsinvestitionen der Industrie, zum anderen die Taktik der Konzerne, Gewinne dort anfallen zu lassen, wo die niedrigsten Steuern zu zahlen sind.

Die Tricks der Konzerne

Selbst solche Unternehmen, an denen Bund, Länder und Kommunen Anteile halten, wie etwa die Veba, der VW-Konzern oder das RWE, beteiligten sich an dem einträglichen Gewinnverlagerungsspiel. Während die auf ihre inländischen Einkünfte angewiesenen Steuerzahler kaum noch legale Schlupflöcher finden, durch die sie ihr Eingemachtes vor dem Zugriff des Fiskus in Sicherheit bringen können, gelingt den Konzernen mit ihren internationalen Verbindungen mühelos eine Steuerersparnis, die Fachleute auf mindestens zehn Milliarden Mark im Jahr taxieren.

Das Spiel wird in verschiedenen Variationen gespielt. Eine davon ist das Dutch-Swiss-Sandwich: Ein deutsches Unternehmen läßt seine Finanzanlagen von einer in Holland gegründeten Gesellschaft verwalten und unterhält gleichzeitig eine Betriebsstätte in der Schweiz. 90 Prozent des Ertrags an den Finanzanlagen dürfen so in der Schweiz versteuert werden, und zwar zum lächerlich niedrigen Satz von fünf Prozent.

Beliebt ist auch das Brüsseler Coordination Center: Ein Konzern, der in mindestens vier Ländern Niederlassungen unterhält, richtet in der belgischen Hauptstadt ein Koordinationszentrum ein, von dem aus er seine Finanzgeschäfte, das Marketing und die Werbung managt. So kann er praktisch seine ganzen Finanzerträge steuerfrei genießen, denn die belgische Regierung verlangt lediglich auf einen Teil der anfallenden Kosten einen Aufschlag von maximal zehn Prozent. Ferdinand Piëchs VW-Konzern zum Beispiel leistet sich ein solches Coordination Center, das 1992, als das Wolfsburger Autogeschäft schon rote Zahlen schrieb, einen Gewinn von 267 Millionen Mark verbuchte und damit die ertragreichste Auslandstochter war.

Großer Wertschätzung erfreuen sich die Dublin Docks, die schon auf Seite 87 kurz beschrieben wurden. Die Niederlassung in der irischen Hauptstadt kann der deutschen Muttergesellschaft zum Beispiel ein Darlehen zur Verfügung stellen und dafür die Zinsen kassieren. In Deutschland mindern die Zinszahlungen natürlich den Gewinn, der in Dublin anfällt und dort nur mit zehn Prozent besteuert wird. Der

Gewinn der irischen Tochter darf dann ohne weiteres nach Deutschland transferiert werden und bleibt hier, da er ja bereits vor Ort besteuert wurde, vom Fiskus unbehelligt. Auf diese Weise können Konzerne wie Daimler-Benz, Siemens, Bayer oder BASF Milliarden an der Steuer vorbeischleusen.

Neben den Konzernen nutzen auch immer mehr Künstler, Showstars und Sportler trickreich die Löcher in den internationalen Steuerabkommen. Deutschlands bekanntester Tennisspieler zum Beispiel läßt seine Lizenzeinnahmen an eine Gesellschaft holländischen Rechts überweisen, die ihren Sitz auf den niederländischen Antillen hat. Von dort fließen die Gelder, nur um sieben Prozent Hollandsteuern gekürzt, an den monegassischen Residenten Boris Becker, der an seinem Wohnsitz nur einen symbolischen Betrag von wenigen 1000 Francs abzuführen hat. Voraussetzung dafür ist allerdings, daß der Tennisstar mindestens 183 Tage Aufenthalt in Monaco nachweisen kann, was mit Hilfe rechnergesteuerter Automaten, die Lichtschalter und Wasserhähne im Appartement des Residenten nach vorprogrammierten Zeitplänen einschalten, leicht möglich sein dürfte.

Es geht also nicht, wie uns die Politiker stets glauben machen wollen, um Gerechtigkeit im Steuersystem, sondern um die Frage, welchen Aufwand sich ein Steuerzahler leisten kann, um ungeschoren durch die Maschen des Gesetzes zu schlüpfen. Es soll Milliardäre geben, die keinen Pfennig Steuern zahlen, weil sie ihr Vermögen so geschickt getarnt oder ins Ausland verlagert haben, daß ihnen der deutsche Fiskus nichts anhaben kann.

Der Hamburger Immobilienkrösus Robert Vogel zum Beispiel, dessen Vermögen auf etwa 1,2 Milliarden Mark geschätzt wird, führte vor, wie leicht die staatlichen Kontrollmechanismen unterlaufen werden können. Der Milliardär, von dem nicht bekannt ist, wieviel Steuern er tatsächlich bezahlt, stellte Antrag auf Bezug einer Sozialwohnung. Dem Antrag wurde stattgegeben. Die kommunale Wohnungsbehörde behandelte ihn sogar als »dringlich«.

Die Vielzahl der Steuergesetze, Sonderregelungen, Ausnahmeverordnungen, Freibeträge und Förderprogramme dienen denn auch keineswegs dem Streben nach größtmöglicher Gerechtigkeit im Einzelfall,

sondern fast immer den Interessen irgendeiner Branche, eines Verbandes oder eines einzelnen Unternehmens. In Schwung gehalten wird die Bonner Gesetzesmaschinerie von einer vielköpfigen Schar ausgefuchster Experten auf fast jedem steuerlich relevanten Gebiet, die die Abgeordneten aus den Bundes- und Länderparlamenten ebenso umschwirren wie die leitenden Beamten in den Ministerien.
Allein in Bonn treiben etwa 20 000 Lobbyisten ihr Unwesen, und viele dieser hochdotierten »Landschaftspfleger« haben die Aufgabe, mit Geld und guten Worten Einfluß auf die Gesetzgebung zu nehmen. Aus diesem undurchschaubaren Beziehungsgeflecht heraus entwickeln sich dann Gesetze und Verordnungen, die einigen wenigen Konzernen zusätzliche Abschreibungsmöglichkeiten oder gar direkte Subventionen einbringen, der Masse der Steuerzahler in der Regel aber stets höhere Abgaben auferlegen.

Steuerskandale fördern Staatsverdrossenheit

Blasenartig steigen aus dem Lobbysumpf immer wieder neue Steuerskandale auf, die von der Komplizenschaft zwischen Politikern, Bürokraten und dem großen Kapital künden. Die Spur reicht vom Flick-Fall, bei dem 800 Millionen Mark Gewinn an der Steuer vorbeigeschleust werden sollten, über die Parteispendenaffäre bis hin zu den Amigos im niederbayerischen Bäderdreieck.
Deutlich wie kaum ein anderer Fall zeigt die Affäre um den »Bäderkönig« Eduard Zwick und seinen Sohn Johannes, wie unendlich gerecht die fiskalischen Mühlen in Bayern mahlen. Erst nachdem die Medien darüber berichteten, daß der ehemalige Strauß-Spezi Zwick nach seiner Flucht ins Tessin so etwa 70 Millionen Mark Steuern schuldig geblieben war und der Freistaat »par ordre de mufti« großzügig auf diese Summe verzichtet hatte, entdeckte Bayerns Finanzminister Georg von Waldenfels Handlungsbedarf. Pech für Zwick-Sohn Johannes, daß er nicht über einen gleich mächtigen Gönner wie sein Vater verfügte, denn so wurde er verhaftet, als er seine Kinder zur Schule bringen wollte.

Gleichbehandlung aller Bürger ist ein elementarer Grundsatz der Demokratie. Doch manche Bürger, nicht nur in Bayern, sind eben ein wenig gleicher. Das weiß der Mindelheimer Flugzeugbauer Burkhard Grob, dessen Freundschaft den bayerischen Ministerpräsidenten Max Streibl den Job kostete, so gut wie Alexander Moksel, über den die *Süddeutsche Zeitung* am 20. März 1993 berichtete: »Bundesfinanzminister Theo Waigel, CSU, hat per Sondererlaß verhindert, daß der Allgäuer Fleischkonzern Moksel wegen Subventionsbetrug belangt werden kann. Nach den Erkenntnissen der Augsburger Staatsanwaltschaft hat die Firma im Zuge der Wiedervereinigung Exportbeihilfen in Höhe von 300 Millionen Mark erschlichen.«

Die ausufernde Komplexität des Steuerrechts macht schon lange keinen rechten Sinn mehr. Sie begünstigt einzelne und belastet die Masse der Steuerzahler in einem kaum noch erträglichen Maß. Sie erfordert einen riesigen Verwaltungs- und Kontrollapparat und führte in 20 Jahren zu einer Verdoppelung der Zahl freiberuflicher Steuerberater. Statt die Leistungsbereitschaft der Bürger zu motivieren, provozierte sie Staatsverdrossenheit und Steuerflucht.

Längst sind sich unabhängige Fachleute darüber einig, daß das Steuerrecht entrümpelt werden muß. Nicht zufällig haben gerade zu Beginn des Wahljahres 1994 die deutschen Bundesländer eine Arbeitsgruppe zur Steuervereinfachung eingesetzt, und selbst Bundesfinanzminister Theo Waigel redet neuerdings von der Notwendigkeit einer Reform. Der Effekt der Bemühungen dürfte indes wohl kaum größer sein als jener des einstigen Wirtschaftsministers Jürgen W. Möllemann, als er vollmundig versprach, den Subventionsdschungel zu durchforsten.

Anläufe, das deutsche Steuerrecht zu vereinfachen, endeten bisher stets wie das Hornberger Schießen. Alles wurde noch komplizierter, die Abgabenlast stieg unaufhörlich, die Unsicherheit nahm zu, die Gerechtigkeit verflüchtigte sich vollends. Die Vielzahl der Verordnungen vernebelte vollständig Sinn und Zweck der Besteuerungsgrundsätze. Niemand vermag mehr einzusehen, warum zum Beispiel einem Arbeitnehmer der Tarifgruppe II rund die Hälfte seiner Bruttobezüge abgeknöpft werden, ein Konzern wie Daimler-Benz aber die

Hälfte seiner Milliardeninvestitionen am Potsdamer Platz zu Berlin vom Fiskus praktisch geschenkt bekommt.

Der halbe Steuersatz würde reichen

Selbst sozialistischer Umtriebe völlig unverdächtige Experten wie Franz Klein, der Präsident des Bundesfinanzhofs, oder Volkswirtschaftsprofessor Wolfram Engels, Herausgeber der *Wirtschaftswoche,* fordern seit Jahren vergebens die Rückkehr zu einfacheren und damit auch leichteren Besteuerungsgrundsätzen.

BFH-Präsident Klein zum Beispiel hat einen Plan zur Reform des Steuersystems entwickelt und dabei folgende Erkenntnis gewonnen: »Wenn man sämtliche Vergünstigungen und Sonderregelungen aus dem Einkommenssteuerrecht streichen würde, bräuchte jedermann nur noch den halben Steuersatz zu zahlen.« Von jeder Bruttomark verblieben dem Spitzenverdiener statt der 47 Pfennige von heute also 72 Pfennige netto in der Brieftasche. Und trotz der durchgehend halbierten Sätze nähme der Staat am Ende genauso viele Steuern ein wie heute.

Franz Klein: »Die Schweiz macht es so, sie hat ein sehr einfaches Steuerrecht, aber halb so hohe Spitzensätze wie wir. Genauso die Amerikaner. Zur Zeit Reagans wurden dort alle Vergünstigungen abgeschafft. Dennoch kriegen sie mehr Steuern als wir mit unseren hohen Steuersätzen.«

Wolfram Engels kommt zu ganz ähnlichen Ergebnissen: »Weil die Steuerbemessungsbasis löchrig ist wie ein Schweizer Käse, braucht man hohe Steuersätze, um ein geringes Steueraufkommen zu erzielen. Diese hohen Steuersätze verhindern Wirtschaftsaktivitäten, lenken Kapital wie Arbeit in falsche Verwendungen und verstärken die Anreize zu Schattenwirtschaft und Steuerhinterziehung.«

Im Klartext: Wir alle müßten weniger Steuern bezahlen, wenn der Staat nicht die vielen Extrawürste für jene braten würde, die ihn mit der Macht des Kapitals (wie die Wirtschaftsverbände) oder der Wählerstimmen (wie die Gewerkschaften) längst korrumpiert haben. Ein vereinfachtes Steuerrecht mit halbierten Sätzen hätte sicher für fast alle Steuerzahler Vorteile; seine Nachteile indes wiegen offensichtlich ungleich schwerer: ein solches System würde die meisten der 54000 freiberuflichen Steuerberater ebenso überflüssig machen wie das Gros der 120 000 Finanzbeamten und die vielen sündteuren »Verbindungsbüros« der Unternehmen und Verbände. Und es würde viele Abgeordnete und Ministerialbeamte aus den Spesenlokalen verjagen und zum täglichen Mittagstisch in die Kantinen ihrer Ämter zurücktreiben.

»Je komplizierter das Steuerrecht«, erkannte Wolfram Engels, »um so mehr Beamte brauchen Finanzministerium und Finanzverwaltung und um so höher müssen sie eingestuft werden. Wer sein Leben lang den komplizierten Paragraphen 15a oder den 6b oder den 10e des Einkommenssteuergesetzes als Ministerialrat verwaltet hat, der darf sich dann Hoffnung machen, zum Leiter der Steuerabteilung aufzusteigen. Als beim Kindergeld die Arbeitsamtslösung anstelle der Finanzamtslösung gewählt wurde, brauchte man 3000 zusätzliche Beamte.«

Selbstbedienungsladen »Staat«

Der von Beamten und Angestellten des öffentlichen Dienstes beherrschte und von den vielen Parlamentariern in Stadt, Land und Bund auf Touren gehaltene Selbstbedienungsladen namens »Staat« betrachtet seine Bürger, wie in der Wirtschaft manches Unternehmen seine Kunden, längst nur noch als lästige Störfaktoren, deren Nützlichkeit sich allein an der Höhe ihrer Steuerzahlungen bemißt.

Viel zu sehr ist dieser Staat mit sich selbst beschäftigt, als daß er sich um die Belange der Bürger kümmern könnte. Er läßt durch seine gewählten Vertreter unentwegt die heftigsten Sparappelle verkünden, während er selber nicht die geringsten Anstalten macht, den Luxus, der sich zumindest in den oberen Etagen des Gemeinwesens breitgemacht hat, auch nur im geringsten einzuschränken. Auf rund 50 Milliarden Mark taxiert der Bund der Steuerzahler den Schaden, den die

öffentlichen Hände Jahr für Jahr durch schlampigen Umgang mit Steuergeldern verursachen.
Die in dem jährlich erscheinenden »Schwarzbuch« des Steuerzahlerbundes aufgegriffenen Fälle von Mißmanagement, Schlamperei und Verschwendung der öffentlichen Verwaltung stellen nur die Spitze des Eisbergs dar. Diese reichen von den in den Ufersand des Rheins gesetzten 800 Millionen für den falsch gebauten und längst überflüssigen »Schürmann-Bau« in Bonn bis hinunter zur 220 000 Mark teuren öffentlichen Luxustoilette aus Marmor und Edelstahl im sächsischen Dippoldiswalde.
Gravierender noch als solche dingfest zu machenden Verfehlungen ist der von außen kaum sichtbare, aber unaufhaltsame Wucherungsprozeß im Inneren des öffentlichen Dienstes. Schneller als Krebszellen vermehrten sich Deutschlands Staatsdiener allein im Westen seit Anfang der achtziger Jahre um rund 300000 auf derzeit knapp fünf Millionen. Einschließlich der neuen Bundesländer sind es rund 6,8 Millionen, die sich an den vom Steuerzahler gespeisten Fleischtöpfen des Staates laben. »Eine verschwiegene Koalition der Politiker mit den öffentlich Bediensteten, an deren Tarifen und Einkommenserhöhungen sie sich großenteils orientieren, hat alle Angriffe auf Beamtentum und Dienstrecht stets erfolgreich abgewehrt«, klagte *Der Spiegel* verbittert.
Würden die Beamten, die den Steuerzahler im Jahr schätzungsweise 350 Milliarden Mark kosten, sorgsamer mit den ihnen anvertrauten Geldern umgehen, könnten nach Berechnungen des Bundes der Steuerzahler in den nächsten drei Jahren mindestens 155 Milliarden eingespart werden. Das würde wenigstens ausreichen, die Neuverschuldung von Bund, Ländern und Gemeinden in erträglichem Rahmen zu halten.
Die dem kameralistischen Rechnungswesen verpflichteten Finanzverweser der öffentlichen Hand denken jedoch gar nicht daran, ihre Investitionen etwa nach Wirtschaftlichkeits- oder Rentabilitätskriterien zu bemessen. Oberstes Ziel jeder Behörde ist es offenbar, im nächsten Jahr stets mehr Geld zu erhalten als im laufenden. Deshalb pflegen die Beamten gegen Jahresende stets von einem heftigen »De-

zemberfieber« befallen zu werden, in dessen Verlauf sämtliche noch vorhandenen Etatmittel verheizt werden, damit die Anforderung fürs nächste Jahr nicht gefährdet erscheint. Eilends werden darum Aufträge vorgezogen, laufende Projekte kräftig aufgestockt und allerlei begleitende Maßnahmen in die Wege geleitet, die sich möglicherweise gegenüber dem Bundesrechnungshof vertreten lassen, aber nicht unbedingt notwendig gewesen wären.

Das Klima wird ruppiger

Derlei sorgloser Umgang mit dem Geld der Steuerzahler erzeugt, im Verein mit immer maßloseren Forderungen einzelner Pressuregroups und den ausufernden Wahlgeschenken der Parlamentarier, einen Ausgabendruck, dem kein Finanzminister mehr gewachsen ist. Auch Theo Waigel hat längst kapituliert und versucht nur noch, sich wenigstens nach außen hin als ein Kassenwart zu verkaufen, der gerade noch das Schlimmste verhindern konnte. Statt wie geplant um 38 Milliarden schwoll die Neuverschuldung des Bundes 1993 auf fast 70 Milliarden an, und in diesem Jahr klafft bereits eine Etatlücke von annähernd 100 Milliarden. Die so lautstark verkündeten Einsparmaßnahmen in Höhe von fünf Milliarden haben angesichts solcher Dimensionen nicht mehr Wirkung als der berühmte Tropfen auf dem heißen Stein.

Längst ist die genaue Höhe des Schuldenbergs der öffentlichen Hand im Dunkeln der Schattenhaushalte und Sondervermögen nicht mehr präzise auszumessen. Mit ziemlicher Sicherheit beliefen sich die Gesamtschulden des Staates Ende 1993 auf über 2000 Milliarden Mark. Jeder Deutsche, ob Säugling oder Greis, ist also allein von Staats wegen mit rund 25000 Mark verschuldet. Und weil unsere teuren Politiker in ihrem Eifer, das nicht vorhandene Geld auszugeben, keineswegs nachlassen, läuft der Finanzminister bereits Gefahr, mit Artikel 115 der Verfassung in Konflikt zu geraten, nach dem die Neuverschuldung eines Jahres die Summe der Investitionen nicht überschreiten darf.

Beinahe zwangsläufig müssen die geldhungrigen Parlamentarier deshalb weiter an der Steuerschraube drehen. Sie werden also nach den Wahlen viele der Vergünstigungen, mit denen sie vorher auf Stimmenfang gingen, wieder einkassieren, sie werden versuchen, die letzten Steuerschlupflöcher abzudichten, und zur Hatz auf alle blasen, die in dieser Republik noch einigermaßen gut verdienen.
Schon gibt es Ministerpläne in der Graurheindorfer Straße zu Bonn, die Zahl der Betriebsprüfer und Steuerfahnder kräftig aufzustocken, um säumigen Steuerzahlern Mores beizubringen. Das Klima zwischen Bürgern und Bütteln der Finanzverwaltung wird zunehmend ruppiger: »Die Leute rebellieren, wenn sie aus versteuertem Geld noch mal zur Kasse gebeten werden«, beobachtet der Freiburger Steueranwalt Gerhard Geckle.
Im Einzelfall freilich hilft Rebellion nicht weiter. Die »Hilfsorgane der Staatsanwaltschaft« von der Steuerfahndung sitzen stets am längeren Hebel. Über 1,1 Milliarden Mark spürten die gut 1000 Steuerfahnder der Republik 1993 in den Geldverstecken steuermüder Bürger auf. Mit einer durchschnittlichen Pro-Kopf-Einnahme von einer Million Mark sind die »goldenen Sheriffs« die produktivsten Beamten der Nation. Wohl nicht zuletzt deshalb wurden sie von ihrem Dienstherrn mit umfassenden Befugnissen ausgestattet, um die sie mancher Kripokommissar beneidet. Steuerfahnder dürfen zum Beispiel Wohnungen durchsuchen, Gegenstände beschlagnahmen, Bankkonten und Schließfächer öffnen und, wenn Gefahr im Verzug ist, mutmaßliche Steuerhinterzieher sogar an Ort und Stelle verhaften.
Bei der Jagd auf das Eingemachte seiner Bürger ist dem Staat kein Aufwand zu groß, kein Mittel zu gering. Er steckt seine Nase ins Intimleben der Bürger, bespitzelt ihr Finanzgebaren mit einer von Jahr zu Jahr anschwellenden Flut von Kontrollmitteilungen von Finanzamt zu Finanzamt, verpflichtet die meisten seiner Behörden und sogar die Justiz, Informationen zu sammeln und Vorgänge zu melden, die auf Steuervergehen schließen lassen. Und er hat nicht die geringsten Hemmungen, selbst Notare, Rechtsanwälte und sämtliche Geldinstitute als Spitzel zu mißbrauchen.
Bei jedem Grundstücksgeschäft zum Beispiel muß der Notar gezwun-

genermaßen eine Kopie des Kaufvertrags ans zuständige Finanzamt senden, und wenn ein Bankkunde stirbt, ist das Institut verpflichtet, den Finanzbehörden binnen weniger Tage Mitteilung über Kontenstände, Wertpapierdepots und Schließfächer zu machen. Nicht mal das Brief- und Fernsprechgeheimnis ist den Steuerschnüfflern heilig, denn bei hinreichendem Verdacht dürfen sie sich mit einer – leicht zu beschaffenden – richterlichen Genehmigung jederzeit in die Kommunikationswege eines verdächtigen Steuerzahlers einklinken.

OR- und BAT-Geschäfte

Kein Wunder, daß der Widerstand gegen die gierige Staatsgewalt wächst. »Steuerhinterziehung ist der heimliche Sport Nummer eins der Deutschen«, registrierte das Wirtschaftsmagazin *Forbes* und liegt damit wohl nicht verkehrt. Je mehr sich die Steuerlastquote der für 1995 errechneten Rekordquote von 47,7 Prozent der Bruttoeinkünfte nähert, desto mehr Mogeleien stellen die Finanzämter fest. Die 1993 eingeführte Zinsabschlagssteuer zum Beispiel brachte dem Bund nicht die erhofften 24 Milliarden Mark, sondern nur elf Milliarden in die Kasse. Grund: Allein in Luxemburg kauften die deutschen Steuerflüchtlinge bis Ende 1993 ausländische Investmentzertifikate im Wert von mehr als 100 Milliarden Mark.

Sofern sie nicht ihr Eingemachtes ins abgabenfreie Ausland schaffen, nutzen immer mehr steuermüde Bürger jeden legalen und auch manchen illegalen Trick, ihre wahren Einkünfte vor dem Staat zu verschleiern und private Kosten als steuermindernde Betriebsausgaben zu deklarieren. Das beginnt beim einfachen Lohnsteuerzahler, der die Fahrt zwischen Wohnung und Arbeitsstätte um ein paar Kilometer verlängert, reicht über den Freiberufler, der aus seinem Urlaub eine Bildungsmaßnahme macht, bis hin zum Unternehmer, der seine Gewinne über Lizenz- oder Werbeverträge ins Ausland verlagert.

Fast jeder zweite private Immobilienkauf wird heutzutage nach Schätzungen von Immobilienmaklern in München, Frankfurt, Hamburg und Berlin »unterverbrieft«, das heißt, Käufer und Verkäufer geben beim Notar einen niedrigeren als den tatsächlichen Preis an. So sparen sie Steuern, Notarkosten – und erhöhen den Schwarzgeldbestand. Längst haben sich unter Geschäftsleuten Kürzel für bestimmte Steuertransaktionen herausgebildet. Sie heißen zum Beispiel OR-Geschäfte, wenn sie ohne Rechnung auskommen, am Telefon spricht man dann von »Otto-Richter-Geschäften«. Spaßvögel kassieren gern zum BAT-Tarif, also »Bar auf Tatze«. Gebildetere Stände nennen so etwas »BFN«, brutto für netto. Auf 150 Milliarden Mark schätzt die Gewerkschaft der Steuerbeamten den Batzen, der auf diese Weise dem Fiskus jährlich durch die Lappen geht.

»Die kritische Schwelle ist erreicht«, beschreibt Susanne Tiemann vom Bund der Steuerzahler den Zwischenstand im ewigen Gefecht ihrer Klientel mit der Fiskalmacht. Versuchen die Finanzverwaltungen, den Bürger noch weiter auszupressen, indem sie ihren Überwachungs- und Kontrollapparat verstärken, dann verwandeln sie Deutschland beinahe zwangsläufig in einen Polizeistaat. Jeder, der es sich leisten kann, wird das Weite suchen, und die Zurückgebliebenen müssen mit einer rapide schrumpfenden Wirtschaft immer größere Lasten bewältigen.

Die totale Kontrolle freilich wird es wohl nie geben, die scheitert schon an den technischen Unzulänglichkeiten der Überwachungsbehörden, am europäischen Einigungsprozeß und an der Exportlastigkeit unserer Wirtschaft. Italienische Verhältnisse, mit einer rigiden Devisenbewirtschaftung, sind für die Exportnation Deutschland auch bei drohendem Staatsbankrott schlecht vorstellbar. Schon deshalb werden die größeren Unternehmen immer Mittel und Wege finden, einen erheblichen Teil ihrer erzielten Gewinne an der Steuer vorbei ins Ausland zu lenken.

Die Hoffnungen der Steuereintreiber ruhen deshalb auf den Arbeitnehmern, die bisher ohne zu murren bis zur Hälfte ihres Bruttoverdienstes an die öffentlichen Kassen ablieferten. Schon einmal ist in Dänemark der Versuch gescheitert, den Staat durch die Verweigerung der Steuerzahlungen zu disziplinieren. Aber vielleicht gibt es eines Tages einen deutschen Parteigründer wie den Dänen Mogen Glystrup, der mit mehr Erfolg die Steuerverweigerung organisiert.

Vernünftiger als eine solche Eskalation des Kampfes um das Geld der Bürger wäre zweifellos die Abrüstung. Nur wenn der Staat erkennbar Ernst macht mit seinem Willen, die Ausgaben einzudämmen, seinen eigenen Apparat auf das Nötigste zu beschränken und das Steuerrecht grundlegend zu vereinfachen, wird die Leistungs- und Abgabebereitschaft der Bürger wieder zunehmen. Wenn die Steuersätze auf die Hälfte gesenkt, die Privilegien der Steuertrickser gekappt werden, dann verflüchtigen sich die Motive für Steuerflucht und Schummelei ganz von allein.

Voraussetzung dazu wäre, daß das gesamte Steuersystem so einfach gestaltet wird, daß jeder auf Anhieb weiß, warum und wieviel Steuern er zu zahlen hat. Der nach dem Direktoriumsmitglied der Deutschen Bundesbank Johann Wilhelm Gaddum benannte Gaddum-Plan zur Steuerreform, an dem BFH-Präsident Klein wesentlich beteiligt war, bräuchte dazu nur aus der Schublade gezogen zu werden.

14.

Die entmündigten Bürger

Der Großangriff auf das Einkommen und die Ersparnisse der Bürger läuft also über mehrere Fronten. Der Staat führt ihn mit der Macht seiner Gesetze und der Gewalt seiner Organe; die Banken und Sparkassen haben den Zahlungsverkehr und den Anlagemarkt monopolisiert und nutzen ihre in Deutschland besonders großen Befugnisse zur unverschämten Bereicherung an ihren Kunden; die Versicherer übertölpeln die Nation mit an eine Heuschreckenplage erinnernden Vertreterschwärmen, mit psychologischer Raffinesse und einem völlig undurchsichtigen Finanzgebaren; die Anbieter des grauen Kapitalmarkts schließlich nutzen die Habgier und Unerfahrenheit ihrer Kunden zu oft kriminellen Abzockergeschäften.

Der hart arbeitende und gutverdienende Sparer, Mittelpunkt und Motor des Wohlstands unserer Leistungsgesellschaft, wird von einer riesigen Industrie, die krisensicherer zu sein scheint als die Hersteller der meisten anderen Produkte, systematisch und planmäßig um die Früchte seiner Arbeit gebracht. Sie gaukelt ihm Sicherheit vor, wo höchste Unsicherheit herrscht, verspricht ihm traumhafte Renditen, wo nicht mal der Erhalt des Kapitals gewährleistet ist, verleitet ihn zur Kreditaufnahme, um ihn doch nur abzukassieren.

Virtuos spielt sie mit den Wünschen und Sehnsüchten der Kundschaft nach Wohlstand und materieller Sicherheit und hat doch nur ihren eigenen Profit im Sinn. Wirksamste Waffe der Finanzbranche ist die Komplexität ihrer Produkte, die auf eine geradezu abenteuerliche Unwissenheit beim breiten Publikum treffen. Und diesen Bildungsmangel in Sachen Ökonomie zu beheben wäre denn auch der wirksamste Ansatz, das ungleiche Kräfteverhältnis zwischen den profitgierigen Verkäufern aus der Finanzbranche und den meist allzu naiven Kunden zu verändern.

Kein Hauptschüler sollte heutzutage mehr ins Berufsleben entlassen werden, ohne gelernt zu haben, was eine abgezinste Anleihe oder eine fondsgebundene Lebensversicherung ist. Viel wichtiger als die Kenntnis von den linken Nebenflüssen der Donau wäre für die meisten Jugendlichen ein solideres Basiswissen über Soll und Haben. Erst die Ignoranz gegenüber Geldangelegenheiten, die sich weite Teile der Bevölkerung bis hinauf zum millionenschweren Chefarzt leisten, macht die Raubzüge der Finanzhaie so erfolgreich.

Träfen zum Beispiel die im Schnellverfahren angelernten »Strukis« der Versicherungsgesellschaften auf gut informierte und selbstbewußte Kunden, müßten die meisten von ihnen wahrscheinlich schnell Sozialhilfe beantragen. Gegen die Allmacht der Banken freilich ist so schnell kein Kraut gewachsen, da sie praktisch den gesamten Geldkreislauf der Nation beherrschen. Der Kunde muß versuchen, Differenzen im Preis-Leistungs-Verhältnis zwischen den einzelnen Geldhäusern aufzuspüren. Ein Girokonto zum Beispiel, das ausschließlich für die Abwicklung des privaten Zahlungsverkehrs dient, ist bei einer der Sparda-Banken wahrscheinlich kostengünstiger zu haben als bei einer Großbank.

Wer Kredit braucht, sollte natürlich Angebote von möglichst vielen unterschiedlichen Instituten einholen, denn im direkten Vergleich kann er so möglicherweise sogar noch das günstigste Angebot herunterhandeln. Das gleiche gilt für Geldanlagen: Angebote einholen, vergleichen und die günstigste Offerte auswählen. Meist bieten kleinere Banken zum Beispiel höhere Zinsen als die großen Institute.

Aktien- und andere Anlagetips indes kann man überall einholen, nur nicht bei der Bank. Die sogenannten Bankberater verstehen meistens nichts davon und sind nur daran interessiert, die hauseigenen Produkte zu verkaufen. Anlageofferten, die einen per Telefon oder über irgendwelche Haustürvertreter erreichen, sind zu negieren.

Grundsätzlich gilt für den Umgang mit Banken: Sich nicht beeindrucken lassen, sondern aus der Position der Stärke heraus verhandeln. Ein Banker ist keine Respektsperson, sondern ein einfacher Händler in Sachen Geld. Und eine Bank ist, auch wenn sie noch so prächtig aussieht, kein weihevoller Tempel, sondern ein Ort für recht ordinäre Geschäfte. Ohne zu zögern sollte der Kunde die Bank wechseln, wenn er mit ihrer Leistung oder ihren Preisen nicht mehr zufrieden ist.

Informationen über die aktuellen Konditionen der Banken liefern die Wirtschaftsblätter oder auch die Verbraucherschutzorganisationen. Nirgendwo bewahrheitet sich die Binsenweisheit, daß nur ein informierter Kunde ein starker Kunde sei, so sehr wie im Kreditgewerbe. Je besser ein Bankkunde informiert ist, desto schwerer läßt er sich das Fell über die Ohren ziehen.

Störrisch sei der Kunde, unbelehrbar und stur: So beißen sich die halbseidenen Aufreißer des grauen Kapitalmarkts am ehesten die Zähne an ihm aus. Ob sie mit einer Lebensversicherung locken oder mit einer Geldanlage mit »garantiert sicherer Superrendite« – die Offerte ist in jedem Fall zu teuer. Dafür sorgen schon die hohen Provisionen der Haustürverkäufer, die selber gar nicht erkennen können, wie gut ein Finanzprodukt wirklich ist. Deshalb ist höchste Vorsicht angebracht, wenn der Finanzmann zweimal klingelt.

Die Kapitallebensversicherung, wohl die beliebteste Sparform der Deutschen, ist ein ziemlich zweifelhaftes Produkt. Nur wenn das Steuerprivileg auf längere Sicht bestehen bleibt, kann sie von den Erträgen her mit Sparplänen, langlaufenden Anleihen oder Immobilienfonds einigermaßen mithalten. Da die Erhaltung des Steuerprivilegs aber in Anbetracht der leeren Staatskassen höchst zweifelhaft erscheint, verliert die Kapitallebensversicherung immer mehr an Attraktivität.

Zur Absicherung der Familie taugt eine – viel billigere – Risikoversicherung auf den Todesfall mehr als die beliebte Kapitalvariante. Sie bringt dem Vertreter freilich nur eine geringe Provision, deswegen wird sie nicht so gern genommen.

Bei den Sachversicherungen sollte man sich ebenfalls stets die billigste

Offerte heraussuchen, denn in ihren Leistungsangeboten unterscheiden sich die Gesellschaften nur unwesentlich voneinander. Auf keinen Fall Zehnjahresverträge unterschreiben, denn damit begibt man sich völlig in die Hand der Gesellschaften, die ihre Tarife beinahe nach Belieben heraufsetzen können. Je kürzer der Vertrag läuft, desto besser ist es für den Kunden.
Zu welchen Prämiensteigerungen die Gesellschaften fähig sind, führen sie immer mal wieder in der privaten Krankenversicherung vor, wo gerade die älteren Mitglieder gnadenlos abkassiert werden. Ehepaare, die vor 40 Jahren zum Beispiel mit einem Monatsbeitrag von 30 Mark in die private Krankenversicherung eingestiegen sind, zahlen heute nicht selten das 60fache davon, nämlich Beiträge zwischen 1500 und 2000 Mark pro Monat. Dies hat erst kürzlich der Bund der Versicherten angeprangert. Wer aus der gesetzlichen in die private Krankenversicherung wechseln möchte, ist gut beraten, wenn er anhand dieser Beispiele ausrechnet, was er dann mit 60 einbezahlen muß.

Am geringsten sind wohl die Möglichkeiten des Steuerzahlers, sich gegen die Ausplünderung durch einen gefräßigen, verschwenderischen Staat zu wehren. Alle Versuche, sich der totalen Kontrolle seiner finanziellen Transaktionen durch den Fiskus zu entziehen, führen fast zwangsläufig in die Illegalität. Wer sich außerhalb der Gesetze begibt, ist jedoch erpreßbar, von Geschäftspartnern, Banken, Treuhändern, Anwälten oder Steuerberatern. Die Schicksale vieler Steuerflüchtlinge, die am Ende doch erwischt wurden, sollten eine Warnung sein.
Der Widerstand muß also anders organisiert werden. Am besten geschieht dies mit dem Stimmzettel, und wenn sich keine Partei findet, die der Verschwendungssucht der öffentlichen Hände den Kampf ansagt, so müßte sie wohl schleunigst gegründet werden. Auch der Bund der Steuerzahler ist es wert, daß man ihm den Rücken stärkt. Hier sind Spenden oder Mitgliedsbeiträge wahrscheinlich besser angelegt als bei vielen anderen Vereinigungen. Denn momentan bildet der BDSt das einzige Gegengewicht gegen die von Lobbyisten um-

garnten Parlamentarier und die dem wirtschaftlichen Denken längst entwöhnten Staatsdiener.
Viele von diesen oft zu Unrecht gescholtenen Staatsdienern haben freilich selbst hinreichend Grund, über ihren Dienstherrn verärgert zu sein. Denn er hat sie um etwa 100 Milliarden Mark betrogen. Diese astronomische Summe fehlt in der Versorgungskasse des Bundes und der Länder (VBL). Seit 1986 kämpft der Verband der Rentner, Arbeiter und Angestellten vom Öffentlichen Dienst e. V. in Koblenz verbissen und mit allen juristischen Mitteln gegen die »Sozialkriminalität« (so Vorsitzender Otto Kuhlmann) ihres früheren Arbeitgebers. 2000 Prozesse wurden bereits geführt, doch keiner hatte bisher Erfolg. Kuhlmann: »Alle wurden nach dem gleichen Muster abgeschmettert.«
Es geht um die betriebliche Zusatzrente der öffentlich Bediensteten. Sie wurde vom Bund und den Ländern nach dem Vorbild in der privaten Wirtschaft in der VBL organisiert. Die nicht beamteten Diener des Staates zahlten dort regelmäßig ihre Beiträge ein, nochmal soviel steuerte der Arbeitgeber bei.
Lange Zeit funktionierte das Modell genauso gut wie in den meisten größeren Betrieben der Privatwirtschaft. Die VBL wurde nach den gleichen Prinzipien wie eine private Lebensversicherung geführt, ihr Deckungskapital mußte also stets so hoch sein, daß alle künftigen Ansprüche befriedigt werden konnten.
Ausgerechnet die SPD-Regierung unter Willy Brandt vergriff sich als erste an den aufgetürmten Milliardenschätzen der Staatsdiener. Um Haushaltslöcher zu stopfen, ließ der damalige Arbeitsminister Herbert Ehrenberg das VBL-Vermögen anzapfen. Gleichzeitig stockte der Zufluß aus den Umlagen der öffentlichen Hand. Bund und Länder hielten ihren »Arbeitgeberanteil« zurück.
Ende der siebziger Jahre waren die Kassen schon so leer, daß die VBL die Auszahlung der Zusatzrenten in der bisherigen Höhe nicht mehr gewährleisten konnte. Im Schnitt erhielt damals jeder der rund 500 000 versicherten Rentner etwa 500 Mark im Monat. Da traf es sich gut, daß die Gewerkschaft ÖTV damals gerade die Öffentlichkeit mit einer Streikwelle gegen sich aufbrachte. Die Tarifverhandlungen verliefen äußerst hart, denn CSU-Innenminister Friedrich Zimmermann be-

harrte als Vertreter der Arbeitgeber auf einer Nullrunde. So fiel es leicht, die Beschäftigten des öffentlichen Dienstes wegen ihrer angeblichen Überversorgung im Alter zu denunzieren. Verbandsvorsitzender Otto Kuhlmann heute: »Wir wurden damals in den Medien regelrecht fertiggemacht.«

Bund und Länder nutzten die Situation, um zwei Fliegen mit einer Klappe zu schlagen. Zum einen beendeten sie den Arbeitskampf, indem sie der ÖTV eine knapp dreiprozentige Lohnerhöhung zugestanden und sich dafür deren Zustimmung zu einer folgenschweren Satzungsänderung der VBL erkauften. Zum anderen lösten sie mit dem Gewerkschaftsplazet das Problem der verschwundenen Milliarden in der Versorgungskasse. Die angeblich »überversorgten« Rentner des öffentlichen Dienstes mußten sich plötzlich mit einer halbierten Zusatzrente zufriedengeben. Statt 500 Mark erhielt im Schnitt jedes VBL-Mitglied nur noch 250 Mark im Monat.

Die handstreichartige Enteignung der Staatsdiener wurde von den Gerichten abgesegnet. Selbst das Bundesverfassungsgericht verweigerte die Annahme einer Verfassungsbeschwerde. Um doch noch zu ihrem Recht zu kommen, wandten sich drei Mitglieder des Kuhlmann-Verbands an die Menschenrechtskommission des Europäischen Parlaments in Straßburg. Werden sie dort angenommen, muß sich erneut das Bundesverfassungsgericht mit der heiklen Angelegenheit beschäftigen, die den Staat pro Jahr mindestens etwa eineinhalb Milliarden Mark an Zuschüssen für die VBL kosten würde. Verbittert klagt Verbandsmitglied Heinz Sundermann, Privatdozent an der Technischen Universität Wien und langjähriger Mitarbeiter am Kernforschungszentrum Karlsruhe, die Bundesrepublik Deutschland an: »Ein Staat, der so mit seinen eigenen Bediensteten umspringt, ist zutiefst unmoralisch.«

Dieser Staat hält es jedoch für rechtens, mit einer halben Hundertschaft von Beamten über eine Woche lang die Geschäftsräume der Dresdner Bank in Frankfurt und Düsseldorf zu durchkämmen. Systematisch durchforsteten die Fahnder den gesamten Geldverkehr der Dresdner Bank mit ihrer Luxemburger Tochtergesellschaft, stellten kistenweise Material sicher und schnüffelten in unzähligen Konten und Depots, um herauszufinden, ob einzelne Bankkunden unversteuertes Geld nach Luxemburg verschoben haben.

Wenn sich die großen Tiere aus dem Kartell der Geldkassierer um die Beute streiten, wird es für den Bürger, Steuerzahler, Sparer, Erben oder Versicherungsnehmer immer ungemütlich. Er kann den Kampf gegen die gierigen Geldsauger nicht gewinnen, zu ungleich sind die Kräfte verteilt. Seine Gegenwehr ist individuell, meist schlecht organisiert, aber unübersehbar: Die massenhafte Steuerflucht ins Ausland, der rapide zunehmende Bargeldumlauf, das Abtauchen breiter Bevölkerungsschichten in die Schattenwirtschaft sind ebenso Indizien für den stillen Kampf der ausgebeuteten Bürger gegen den Zugriff der etablierten Geldmächte wie die flächenhafte Verbreitung von Schwarzarbeit, Versicherungsschwindel und Subventionsbetrug.
Wer all das nur als »Wirtschaftskriminalität« wertet und nach schärferen Gesetzen und mehr Polizei verlangt, hat nicht begriffen, daß es hier um sehr viel mehr geht. Die schleichende Enteignung des leistungsfähigsten Teils unserer Bevölkerung verlangt andere Maßnahmen als die Kriminalisierung von Verhaltensweisen, die in Wahrheit oft nichts anderes sind als reine Notwehr. Wer die Ursachen beseitigt, hat mit den Symptomen keine Probleme mehr.

Dieses Buch ist allen gewidmet, die sich zu Recht als Opfer der Finanzwirtschaft und ihrer Komplizen im Staat fühlen.

Literaturverzeichnis

Arnim, Hans Herbert von: *Der Staat als Beute.* München 1993

Feldmann, Kim: *Der Traum vom schnellen Geld.* Frankfurt/Berlin 1992

Flieder, Paul: *Ihr Sparbuch in Gefahr.* Wien/München/Zürich 1993

Flubacher, Rita: *Flugjahre für Gaukler.* Zürich 1993

Grosjean, René-K.: *Umgang mit Banken.* Planegg 1991

Habenicht, Stefan: *Die Praxis der Geldwäsche.* Hamburg 1990

Helkenberg, Wilhelm Ch.: *Anlegerschutz am Grauen Kapitalmarkt.* Wiesbaden 1989

Huster, Ernst-Ulrich (Hg): *Reichtum in Deutschland.* Frankfurt 1993

Merkle, Klaus: *Ver(un)sichern.* Stuttgart 1986

Meyer, Hans Dieter: *Das Versicherungs(un)wesen.* München 1990

Ders.: *Ratgeber Versicherung.* München 1987

Peimann/Peimann: *Banken im Zwielicht.* Hamburg 1993

Pfeiffer, Hermanus: *Die Macht der Banken.* Frankfurt 1993

Pilzer, Paul Zane: *Other People's Money.* New York 1989

Schmidt-Tobler, Reinhardt: *Tatort Glaspalast.* Hamburg 1993

Thieltges, Hans-Werner: *Lebensversicherungen im Vergleich.* München 1990

Ferner wurden Artikel aus folgenden Zeitschriften, Zeitungen und Informationsdiensten verwendet:

Capital
Cash
Der Spiegel
Die Welt
Die Woche
Die Zeit
DM
finanztip
Focus
Forbes
Frankfurter Allgemeine Zeitung
Frankfurter Rundschau
Gerlach-Report
Handelsblatt
Impulse
kapital-markt intern
Manager Magazin
map-Report
Platow Brief
Stern
Stuttgarter Zeitung
Süddeutsche Zeitung
Verbraucher-Rundschau
Verbraucherpolitische Korrespondenz
Wirtschaftswoche

Wichtige Adressen

Institut für Finanzdienstleistungen
und Verbraucherschutz e. V.
Große Bleichen 23
20354 Hamburg
Tel. 0 40/34 28 59

Verbraucherzentrale Berlin e. V.
Bayreuther Straße 40
10787 Berlin
Tel. 0 30/21 90 70

Bundesarbeitsgemeinschaft der Schuldnerberatungsstellen e.V.
Gottschalkstr. 51
34127 Kassel
Tel. 05 61/89 30 99

Verbraucherzentrale Nordrhein-Westfalen
Mintropstraße 27
40215 Düsseldorf
Tel. 02 11/3 80 90

Deutsche Finanzdienstleistungs-Informations-Zentrum GmbH
Karl-Hermann-Flach-Str. 15 b
61440 Oberursel
Tel. 0 61 71/5 60 66

Roter Ring e. V. der
Solidargemeinschaft kreditgeschädigter Unternehmer e. V.
Im Höfecken 2
34346 Hannoversch-Münden
Tel. 0 55 41/87 33

Aktion Solidarität e. V.
Schutzgemeinschaft für Erwerbermodellgeschädigte
und Schutzverband für Opfer von Anlagebetrug mit Immobilien
Kerschlacher Str. 28
81477 München
Tel. 0 89/78 40 96

Schutzgemeinschaft gegen unlautere Baufinanzierung e. V.
Postfach 390 230
14029 Berlin
Tel. 0 30/8 05 14 11

Bund der Versicherten e. V.
Postfach 1153
24547 Hennstedt-Ulzburg
Tel. 0 41 93/9 42 22

Register

Z